高等职业教育"十三五"教研成果系列规划教材·酒店管理专业

酒店财务管理

主　编　李志宏

副主编　戴　薇　司　阳

参　编　杨　波　温昭苏

北京理工大学出版社
BEIJING INSTITUTE OF TECHNOLOGY PRESS

版权专有　侵权必究

图书在版编目（CIP）数据

酒店财务管理/李志宏主编. —北京：北京理工大学出版社，2019.5（2024.2重印）

ISBN 978-7-5682-4864-8

Ⅰ.①酒…　Ⅱ.①李…　Ⅲ.①饭店-财务管理　Ⅳ.①F719.2

中国版本图书馆 CIP 数据核字（2018）第 245136 号

出版发行/北京理工大学出版社有限责任公司	
社　　　址/北京市海淀区中关村南大街 5 号	
邮　　　编/100081	
电　　　话/（010）68914775（总编室）	
（010）82562903（教材售后服务热线）	
（010）68944723（其他图书服务热线）	
网　　　址/http://www.bitpress.com.cn	
经　　　销/全国各地新华书店	
印　　　刷/北京紫瑞利印刷有限公司	
开　　　本/787 毫米×1092 毫米　1/16	
印　　　张/16.5	责任编辑/潘　昊
插　　　页/4	文案编辑/潘　昊
字　　　数/390 千字	责任校对/周瑞红
版　　　次/2019 年 5 月第 1 版　2024 年 2 月第 4 次印刷	责任印制/施胜娟
定　　　价/49.00 元	

图书出现印装质量问题，请拨打售后服务热线，本社负责调换

前　言

　　随着我国市场经济的不断发展，我国酒店业的发展规模不断扩大，经营管理模式和经营管理水平不断提高。酒店作为以营利为目的的企业，必然面临着财务管理问题。酒店财务管理人才的培养至关重要。在强化酒店财务管理实践技能理念的指导下，针对酒店适用财务管理人员的培养目标，结合编者多年的教学经验和企业实践经验，编写了此书。本书注重体现酒店财务管理各岗位的技能，在编写中既强调财务管理的基础理论体系构建，又注意财务管理专业技能的实践性。本书适用于普通本科院校、高职院校和成人教育中的酒店管理专业和旅游管理专业，以及旅游企业财务管理岗位培训。

　　本书共分十一个项目。项目一为酒店财务管理概述，首先概括介绍酒店财务管理的基本内容，项目二为酒店筹资管理，项目三为酒店投资管理，项目四为酒店收入管理，项目五为酒店成本税费管理，项目六为酒店利润分配管理，项目七为酒店营运资金管理，项目八为酒店固定资产管理，项目九为酒店财务预算管理，项目十为酒店财务分析，项目十一为酒店集团财务管理。每个项目都包括以下栏目：学习目标（包括知识目标和技能目标）、案例导入、任务、项目小结、思考与练习。项目以案例导入展开对教学内容的分析，每个项目设若干任务，在系统阐述理论的基础上，设置大量案例和习题进行形象说明，项目小结概括本项目内容。思考与练习部分包括客观题和主观题，对项目内容进行巩固练习。

　　本书由高职院校中多年从事一线教学的骨干教师和企业高级管理人员共同编写。其中，李志宏担任主编。具体分工如下：项目一、项目二、项目三、项目四、项目六由渤海船舶职业学院李志宏编写，项目五由辽宁林业职业技术学院温昭苏编写，项目七和项目八由渤海船舶职业学院戴薇编写，项目九和项目十一由沈阳迈亚物业管理集团司阳编写，项目十由辽宁生态工程职业学院杨波编写。

　　本书在编写过程中，参考了大量论著与文献资料，特向各位作者表示深深的谢意！同时在编写过程中还受到各界同人的大力支持和帮助，在此一并感谢！

　　由于编者水平有限，书中难免有不妥之处，敬请广大同人和读者批评指正。

编　者

目　录

项目一　酒店财务管理概述 ……………………………………………………（ 1 ）
　任务一　酒店财务管理的内容 ……………………………………………（ 2 ）
　任务二　酒店财务管理的目标与原则 ……………………………………（10）
　任务三　酒店财务管理的组织与环境 ……………………………………（14）
　任务四　酒店财务管理的主要工具 ………………………………………（17）
　任务五　货币的时间价值 …………………………………………………（20）
　项目小结 ……………………………………………………………………（24）
　思考与练习 …………………………………………………………………（24）

项目二　酒店筹资管理 ……………………………………………………………（28）
　任务一　酒店筹资概述 ……………………………………………………（29）
　任务二　酒店资金需要量预测 ……………………………………………（34）
　任务三　酒店资金成本 ……………………………………………………（36）
　任务四　酒店财务风险控制与结构优化 …………………………………（40）
　项目小结 ……………………………………………………………………（43）
　思考与练习 …………………………………………………………………（43）

项目三　酒店投资管理 ……………………………………………………………（47）
　任务一　酒店投资概述 ……………………………………………………（48）
　任务二　酒店项目投资决策评价指标分析 ………………………………（52）
　任务三　酒店证券投资评价指标分析 ……………………………………（59）
　项目小结 ……………………………………………………………………（63）
　思考与练习 …………………………………………………………………（63）

项目四　酒店收入管理 ……………………………………………………………（68）
　任务一　酒店收入概述 ……………………………………………………（69）
　任务二　酒店客房收入管理 ………………………………………………（71）
　任务三　酒店餐饮收入管理 ………………………………………………（78）
　任务四　酒店收入审计与稽核 ……………………………………………（84）

项目小结 …………………………………………………………………（91）
　　思考与练习 ………………………………………………………………（91）

项目五　酒店成本税费管理 ………………………………………………（95）
　　任务一　酒店成本费用管理概述 ………………………………………（96）
　　任务二　酒店成本费用管理与控制 ……………………………………（101）
　　任务三　保本点分析法及其运用 ………………………………………（112）
　　任务四　酒店税金管理 …………………………………………………（114）
　　项目小结 …………………………………………………………………（121）
　　思考与练习 ………………………………………………………………（122）

项目六　酒店利润分配管理 ………………………………………………（126）
　　任务一　酒店财务成果概述 ……………………………………………（128）
　　任务二　酒店利润分配 …………………………………………………（135）
　　项目小结 …………………………………………………………………（141）
　　思考与练习 ………………………………………………………………（141）

项目七　酒店营运资金管理 ………………………………………………（145）
　　任务一　酒店营运资金管理概述 ………………………………………（145）
　　任务二　酒店现金管理 …………………………………………………（146）
　　任务三　酒店应收账款管理 ……………………………………………（151）
　　任务四　酒店存货管理 …………………………………………………（156）
　　任务五　酒店流动负债管理 ……………………………………………（164）
　　项目小结 …………………………………………………………………（167）
　　思考与练习 ………………………………………………………………（167）

项目八　酒店固定资产管理 ………………………………………………（170）
　　任务一　酒店固定资产管理概述 ………………………………………（170）
　　任务二　酒店固定资产日常管理 ………………………………………（173）
　　任务三　酒店固定资产折旧管理 ………………………………………（175）
　　项目小结 …………………………………………………………………（178）
　　思考与练习 ………………………………………………………………（178）

项目九　酒店财务预算管理 ………………………………………………（180）
　　任务一　酒店财务预算概述 ……………………………………………（181）
　　任务二　酒店财务预算的编制说明 ……………………………………（184）
　　任务三　酒店财务预算日常检视 ………………………………………（198）
　　项目小结 …………………………………………………………………（200）
　　思考与练习 ………………………………………………………………（200）

项目十　酒店财务分析 ……………………………………………………（204）
　　任务一　酒店财务分析概述 ……………………………………………（205）
　　任务二　酒店财务比率分析 ……………………………………………（207）

任务三　酒店财务综合分析 …………………………………………………（220）
  项目小结 ……………………………………………………………………（224）
  思考与练习 …………………………………………………………………（224）
项目十一　酒店集团财务管理 ……………………………………………（235）
  任务一　财务结算中心管理架构 ……………………………………………（235）
  任务二　财务结算中心日常工作 ……………………………………………（238）
  任务三　高风险事项 …………………………………………………………（246）
  任务四　酒店财务工作须知 …………………………………………………（247）
  项目小结 ……………………………………………………………………（251）
  思考与练习 …………………………………………………………………（251）
参考文献 ……………………………………………………………………（254）
附　　表 ……………………………………………………………………（255）

酒店财务管理概述

学习目标

【知识目标】

1. 掌握酒店财务管理的概念、基本职能及内容；熟悉酒店财务部门岗位设置及各岗位职能；了解酒店财务关系。
2. 熟悉酒店财务管理的目标与原则；熟悉酒店财务管理的组织与环境。
3. 了解酒店财务管理的主要工具；理解货币时间价值的概念，掌握货币时间价值的计算方法。

【技能目标】

1. 明确酒店财务管理各岗位职责，能够模拟各岗位工作过程。
2. 能明确各种财务关系，正确处理各种财务关系。
3. 能运用酒店财务管理目标理论来具体分析某一类酒店的财务管理目标。
4. 能运用货币的时间价值进行筹资决策。

案例导入：

某星级酒店注册资本9 000万元，职工300余人，拥有客房200间，餐饮营业面积1 500余平方米，2014年开业，试营业半年后发现亏损250余万元。酒店委托财务部对酒店进行全方位的财务调查，通过对酒店各营业部门经营情况进行了解，认为是酒店营业部门财务控制不力的问题：一是采购部采购环节漏洞较多，采购的物品和低值易耗品价格偏高，验收部门验收不严格，计量单位控制不力；二是餐饮厨房没有严格按照菜谱标准进行操作，菜品原材料浪费严重，用电控制不力，造成酒店经营费用严重超支。以上因素造成酒店餐饮成本率高达56%，比行业平均水平高出13%，废品保费率超过行业标准，水、电、气等能源浪费严重，财务税收也没有进行合理的规划。

针对上述情况，酒店财务部门出台财务管理各项严格规定，并对酒店人员编制、税收进行有效优化,仅房产税一项就节约 50 万元,营业税年节约 10 万元,酒店经营成本率下降 8%,年利润增加 298 万元,2015 年成功实现盈亏平衡并营利 100 余万元。

思考:实地走访 1~2 家酒店财务部门,调研该酒店财务管理方面的主要内容,并体会酒店财务管理的重要作用。

任务一 酒店财务管理的内容

酒店是以其建筑物为凭证,借助客房、餐饮及综合服务设施向客人提供服务,获得经济收益的组织。现代酒店不仅向客人提供舒适、安全的客房和美味可口的佳肴,还提供会议设施、文体娱乐设施以及其他服务等项目。酒店活动是为了将其掌握的资源转化为有利可图的商品,从而为其他经营活动或最终客户创造价值。所以,酒店也需要利用价值形式,对其经营活动进行综合性管理,即酒店财务管理。财务管理是酒店经营管理系统中的一个重要子系统,是有关资金的获得和有效使用的一项经济管理活动,在酒店管理中占有重要地位。酒店财务管理是指酒店企业利用货币形式的组织管理活动,以营利为主要目的,按照资金运动规律和国家财经政策,筹集、运用、分配和监督企业资金,协调、处理酒店企业同各方面的财务关系的一项经济管理工作。

一、酒店财务管理基本职能

酒店的财务部门对整个酒店经营管理工作起着"管家"的作用,担负酒店资金总核算,监督和指导业务部门进行资金运用和管理,增加营业收入,节约费用开支,维护酒店的经济利益,树立酒店稳健的财务管理实力与形象,这些都是酒店财务部门应当担负的基本职能。

酒店财务管理的具体职能包括以下几方面。

1. 严格执行国家的各种财务制度,完善酒店的财务管理制度

严格遵守和执行财经纪律,检查督促财务人员遵章守法。同时要根据国家的法律及相关财务规定,结合本酒店的实际,制定酒店内部的财务管理制度,作为日常财务工作的依据。

2. 负责酒店资金的筹集、运用、组织、调度,统一安排资金的使用

在酒店筹建过程中,要依法合理地筹集国家规定的最低资本金限额以及酒店建设所需资金;在业务经营过程中,要合理分配和有效监督各部门资金的使用,财务部门必须保证各部门需要使用的资金,保证酒店正常运营,但对计划外资金必须严格审批。

3. 负责财务预算的组织、综合平衡和统一汇总

财务预算一般包括销售预算、成本费用预算、利润预算、现金预算、预计资产负债表等。编制财务预算一般包括四个步骤。

(1) 进行财务预测。

(2) 编制部门预算草案。每年第四季度由酒店总经理向各部门经理下达编制下年部门财务预算的通知书,各部门制定出部门预算指标。

(3) 在各部门的预算指标基础上编制酒店财务预算。财务部门对各部门的各项指标进行核对和研究,本着综合平衡的原则编制出财务预算草案。

(4) 年底由总经理召开预算会议,由总会计师(财务总监)宣布财务预算草案的各项指标,经过充分修订后,正式下达给各部门。

4. 负责酒店各项财产物资的登记、核对、检查和督导

负责酒店各项财产物资的登记、核对、检查和督导，并按照有关规定分摊折旧费用，保证资产的资金来源，不断对酒店的设施进行更新换代。

5. 负责酒店的经营成本、费用、利润的核算，按时编制各类会计报表，并进行财务分析

按照权责发生制度及时完成收支核算，及时做好财务记载，正确核算酒店经营成本、费用、利润，按时准确编制财务报表，做出酒店的财务分析。

二、酒店财务部门岗位设置

酒店财务部门岗位设置见表1-1。

表1-1 酒店财务部门岗位设置

岗位级别	1	2	3	4	5	6
岗位名称	财务总监	财务部经理、秘书	会计部经理	总出纳	出纳员	
				应付账款主管	应付账款会计员	
				总账主管	总账资产核算员	
				工资主管	工资核算员	
				前厅收银主管	前厅收银员	
				餐厅收银主管	餐厅收银员	
				夜审主管	夜审员	
				信贷收款主管	信贷收款员	
			成本控制部经理	成本控制部主管	成本控制员	
				收货部主管	仓库领班	仓管员
					收货员	

1. 财务总监岗位职责

财务总监直属上司是总经理，下属是财务部经理和秘书。

（1）制定本企业会计制度。财务总监根据国家财经法规、会计制度和其他法规、政策，结合本单位实际情况，主持起草本单位具体会计制度及实施办法，科学地组织会计工作，并领导、督促会计人员贯彻执行。

（2）组织领导财会部门工作。财务总监要落实会计部门岗位职责和人员分工，领导本部门人员认真贯彻遵守国家财经法律和政策，遵守会计法规，严格按照本企业会计制度和其他规定，加强会计核算。财务总监还要组织本部门有关岗位人员会同有关部门，制定本企业办理有关财产物资的各项会计事务的规章制度，协调各部门共同执行。财务总监有行使监督职能、严格财经纪律、防范和制止违法乱纪行为的责任。

（3）充当高层领导的财务管理助手。财务总监要作为高层领导的财务会计助手，充分提取和利用会计信息资料，为企业高层领导提供经济预测和经营决策的依据。财务总监要参

与经营决策，主持制定和考核财务预算。财务总监还要从会计和经济法角度参与审查或拟定重要的经济合同和经济协议。

（4）加强日常财务管理和成本控制。财务总监要经常掌握货币资金收支结存情况和各种有价证券、短期投资的市场变动，按期编制各种长、短负债的偿债计划；开展全面预算管理，严格控制财务收支；组织有关部门和会计岗位人员按期汇集、计算和分析成本控制情况，加强成本控制和管理，向高层领导提出成本控制分析报告和成本计划。

（5）保证按时纳税及应交利润。财务总监应负责按照国家税法和其他规定，严格审查应交税金、应交利润和其他应交款项，督促有关岗位人员及时办理转交手续，做到按期完成上交任务，不挪用、不截留、不拖欠。

（6）负责定期财产清查。财产清查制度是企业财经制度的一个内容，财务总监的职责在于定期组织有关部门人员共同进行财产清查工作。结合财产清查，促使有关部门不断完善管理制度，改进管理方法。财务总监还要根据管理当局决定，按经营管理要求，协助有关部门核定机器设备需要量和物资储备定额。

（7）搞好财务部门人力资源管理。建立政治、业务学习制度，组织财务部门人员学习政治、业务，不断提高财务部门的整体素质。

2. 财务部经理岗位职责

财务部经理直属上司是财务总监，下属是会计部经理和成本控制部经理。

（1）在财务总监的领导下，直接负责财务部的日常管理。
（2）督导会计部和成本控制部的业务操作。
（3）协助财务总监起草各种管理制度，并监督检查落实各有关制度。
（4）协助财务总监编写年度、季度、月度财务计划。
（5）审核财务日报表、月报表及年度报表。
（6）负责酒店的财产管理。
（7）监督检查酒店内部的财务收支情况，确保酒店一切营业收入、开支及有关经济活动能按国家的有关法规和制度进行。
（8）当财务总监不在岗时，代行总监职责。

3. 会计部经理岗位职责

会计部经理直属上司是财务部经理，下属是总出纳、应付账款主管、总账主管、工资主管、前厅收银主管、餐厅收银主管、夜审主管、信贷收款主管。

（1）审核检查全部记账凭证和原始凭证。
（2）核对总账与各明细账的电脑账及手工账。
（3）督促检查各种财务报告，做好财务决算，按时向财务总监呈报会计报表。
（4）督促检查各项税金的计算上交，加强与财政部门的业务联系。
（5）审核检查总出纳的收支凭证、备用金情况，以保证现金的安全。
（6）督促检查应付账款金额是否正确，挂账是否准确，账务处理是否及时。
（7）及时检查银行存款未还账款调节表的编制情况。
（8）及时检查各明细账项，督促检查往来账项的核对与催收。

4. 秘书岗位职责

秘书直属上司是财务总监。

（1）负责接待财务部的来客和接听电话。
（2）做好各类文件、信件、报表的收发、存档、传送工作。
（3）建立财务档案，以便随时通知财务总监当天应办事项。
（4）根据财务总监的要求起草、打印各类文件。
（5）接受并完成总监临时指派的其他工作。

5. 总出纳岗位职责

总出纳直属上司是会计部经理，下属是出纳员。
（1）负责酒店的流动现金，确保酒店日常营业的需要。
（2）计算、汇集及验收收银员每天的现金收款总金额。
（3）负责收入现金、支票和将每天营业收入存入银行。
（4）编制收款凭证，登记现金、银行日记账。
（5）负责编制每日出纳报告。
（6）负责做好预收定金及各部门暂支款的辅助台账，并及时催收暂支款。
（7）定期检查各部门的备用金，并做好检查报告。
（8）负责编制收入分析表、银行调节表。

6. 应付账款主管岗位职责

应付账款主管直属上司是会计部经理，下属是应付账款会计员。
（1）负责指导监督应付账款会计员的业务工作。
（2）负责对应付款、未付款项的核算和管理工作。
（3）根据成本控制部转入的入库单、无发票收货记录等编制转账凭证并挂账。月末与成本控制部进行核对，并做好与总账的核对工作。
（4）负责支票的签发、登记、购买、保管。
（5）与供应商核对应付款项，按照双方合同办理有关财务结算手续。
（6）根据酒店的收入和银行存款实际情况，控制应付账款支出，保证做到不透支。

7. 应付账款会计员岗位职责

应付账款会计员直属上司是应付账款主管。
（1）收集每天收货部的收货记录汇总表及有关发票。
（2）检查发票的数量、单价、印章等项内容。
（3）编制银行付款传票和银行汇款单，交应付账款主管审核。
（4）负责落实付款事宜。
（5）每天向成本控制主管提供应付货款资料。

8. 总账主管岗位职责

总账主管直属上司是会计部经理，下属是总账资产核算员。
（1）根据已经审核的记账凭证，登记费用及成本明细账。
（2）月末按时编制财务报表并做到账表相符。
（3）按规定打印报表，按顺序装订成册，按要求发放。

9. 总账资产核算员岗位职责

总账资产核算员直属上司是总账主管。
（1）正确划分固定资产与低值易耗品，编制固定资产目录，对固定资产进行分类编号，加强管理。

（2）认真核定固定资产需用量，了解固定资产的使用情况，根据固定资产登记卡定期核对，编制增减情况表，做好账、卡、物相符。

（3）按月正确计提固定资产折旧。

（4）做好固定资产的盘点工作。

10. 工资主管岗位职责

工资主管直属上司是会计部经理。

（1）在接到人事部审核的各种考勤报告和病事假等的扣款通知后，及时输入电脑。

（2）将人事部转来的工资变动表进行登记、编号、计算，并输入电脑。

（3）计算工资、打印工资报表，及时送交人事部。

（4）打印工资条，发放至员工。

（5）每月把工资、各种福利通知单及工资变动表分类装订成册妥善保管，注意保密。

11. 收银主管岗位职责

收银主管直属上司是会计部经理，下属是收银员。

（1）带领收银员严格执行酒店各项规章制度。

（2）检查各班现金、票证的上交和保管情况，不定期检查各收银员的备用金。

（3）检查客人的付款和结账情况。

12. 收银员岗位职责

收银员直属上司是收银主管。

（1）前厅收银员要准确、快捷地为客人做好入住预付、各类消费入账、离店结算工作，餐厅收银员要负责做好餐饮结算工作。

（2）每天收入现金，必须切实执行"长缴短补"的规定，不得以长补短，发现长款或短款，必须如实向上级汇报。

（3）备用金必须天天核对，班班交换，并在班前班后准备好足够零钞。

（4）按规定妥善处理现金、支票、信用卡、客账及挂账，并与报表、账单保持一致。

（5）爱护及正确使用各种收款设备，并做好清洁保养工作。

（6）耐心解答客人提出的有关财务方面的问题。

（7）严格执行外汇管理制度，不得套换外币。

13. 夜审主管岗位职责

夜审主管直属上司是会计部经理，下属是夜审员。

（1）担任夜间前台收银主管工作，分配和检查夜审员的工作。

（2）负责更新电脑中的有关记录。

（3）编制当日营业额分析表和营业收入汇总表。

（4）检查团体系统登记主账单内容。

（5）审核当天到达客人和团体房价变更和变更授权有效签署的情况。

（6）布置下属夜审员派送每日的夜审电脑报表给有关部门主管。

14. 夜审员岗位职责

夜审员直属上司是夜审主管。

（1）核对餐厅收银机清机报告。

（2）核对前台收银员报告及营业单据。
　（3）审核各收银交款报告表。
　（4）将当日餐饮收入及其他收入过账。

15. 信贷收款主管岗位职责

信贷收款主管直属上司是会计部经理，下属是信贷收款员。
　（1）向会计部经理负责，确保信贷程序按管理层要求正常运行。
　（2）负责离店客人账务。
　（3）每天做收款计划，催收挂账。

16. 成本控制部经理岗位职责

成本控制部经理直属上司是财务部经理，下属是成本控制部主管和收货部主管。
　（1）检查每日成本报告，及时为厨房、餐厅提供信息。
　（2）根据每天的经营情况，检查审核每日各种物品、食品及饮品材料的数量、价格。
　（3）编制当月成本报告及与成本相关的各种报告，并报上级管理部门。
　（4）每月对库房、厨房、酒吧进行盘点，每半年对客房及厨房进行在用物品的盘点，写出报告，并向有关领导报告。
　（5）与采购、餐饮部门定期进行市场调查、分析，有效地控制进价。
　（6）做好每年的食品、饮品成本计划，对新的菜单计算成本。
　（7）做好采购部食品的数量及价格审核。
　（8）每次大型宴会要进行宴会订单及账单收款审核，防止浪费。
　（9）根据收银员的收银报告做好对食品、饮品的销售分析和比较，向餐饮部提供数据。

17. 成本控制部主管岗位职责

成本控制部主管直属上司是成本控制部经理，下属是成本控制员。
　（1）了解副食品市场行情和收货组收货质量及价格。
　（2）负责检查各部门的明细账，经常核对数量，正确计算内部调拨。
　（3）及时反映仓库物品存量，控制补货量，协助财务部经理控制储备资金周转。
　（4）定期做好食谱成本估计表，根据销售价，估算毛利。
　（5）每月负责盘点食品饮料、客用品、印刷品等，编制盘点表和转账凭证。
　（6）每季监盘各仓库的用品用具，确保账实相符，并协助成本控制部经理编写盘点报告。
　（7）查验每日仓库申领单，并按成本项目汇集计算各部门领货成本，编制转账凭证。
　（8）查看入厨单、餐单与收银报告，编制餐饮饮食项目销售记录。
　（9）每月编制各部门领用物品报表，收、发、存报表和存货报表。

18. 成本控制员岗位职责

成本控制员直属上司是成本控制部主管。
　（1）做好在库物品的入库、出库记录。
　（2）做好月底盘点工作。
　（3）记录各部门的申领物品时间，计算发放物品的成本以及数量和金额。
　（4）做好每天收货部的收货记录，确保收货单和发票核对无误。
　（5）做好每月总仓库的消耗报告。

（6）管理好总仓库物品，做好盘点盈亏情况报告和出入库及结存后物资动态表。

19. 收货部主管岗位职责

收货部主管直属上司是成本控制部经理，下属是收货员。

（1）制定收货部的各项制度、操作程序和要求，并督导收货员认真执行。

（2）协调与采购部、各厨房和有关部门的联系。

（3）负责存货的盘点工作。

20. 收货员岗位职责

收货员直属上司是收货部主管。

（1）严格按照酒店的收货程序、采购单内容要求，办理验收手续。

（2）负责填制好每日收货汇总表。

（3）协助采购部跟踪和催收应到而未到的物品。

（4）负责做好采购单据的存档工作。

21. 仓库领班岗位职责

仓库领班直属上司是收货部主管，下属是仓管员。

（1）管理物品库和食品库，做到物品的使用心中有数，库房干净整洁，堆放安全整齐。

（2）入库严把质量关，出库严把制度关。

（3）做到账物相符。

22. 仓管员岗位职责

仓管员直属上司是仓库领班。

（1）随时检查库房各种物资的情况。

（2）物品、食品、饮品入库必须严格检查，及时入账，准确登记。

（3）发货时要根据规章制度办事。

（4）经常与使用部门保持联系，如有积压，要提醒各部门，以防浪费。

（5）积极配合各部门做好每月的盘点工作，做到账物相符。

（6）在下班前要对库房进行安全检查。

三、酒店财务管理的内容

酒店财务管理是在酒店整体经营目标的要求下，有关资金的筹措和有效使用的管理活动和决策，是酒店管理的重要组成部分和核心。

酒店财务管理是对酒店资金的管理，贯穿于酒店资金运动循环的始终。其实质是利用价值形成对酒店生产经营活动进行的综合性管理。酒店财务管理的内容包括筹资决策、投资决策和资金的分配。

1. 筹资决策

酒店企业要从事经营活动，首先必须筹集一定数量的资金，筹集资金是酒店财务管理的一项基本内容，是资金运动的起点。

在筹资决策时，应侧重以下两方面。

（1）根据投资需要，确定筹资总规模。

（2）选择合理的融资渠道、融资方式、融资工具。

在保证数量和时间的前提下，合理确定融资结构，以降低融资成本与风险。

可供酒店选择的资金来源渠道，按不同的标准分为以下几种。

（1）权益资金与借入资金。权益资金是指酒店股东提供的资金。它不需要归还，筹资的风险小，但其期望的报酬率较高；包括国家资本金、外商资本金、法人资本金和个人资本金。借入资金是指债权人提供的资金。它需要按期归还，有一定的风险，但其要求的回报率比权益资金低；包括银行借款、应付预收款项、应交未付款项、发行债券和融资租赁。

（2）长期资金和短期资金。长期资金是指酒店长期使用的资金，包括权益资金和长期负债。习惯上把一年以上、五年以内的借款称为中期资金，把五年以上的资金称为长期资金，短期资金是指一年内要归还的资金。由于长短期资金的融资速度、成本、风险等影响不同，酒店筹资决策中要解决的一个重要问题就是如何安排长期和短期筹资的相对比重。

（3）内部筹资和外部筹资。酒店应在充分利用内部资金来源后，再考虑外部筹资的问题。内部筹资是指在酒店内部通过计提折旧而形成的以及通过留用利润等而增加的现金来源。内部筹资是在酒店内部"自然地"形成的，它一般不需要花费筹资费用。外部筹资是指向酒店外部筹集形成的资金来源。刚开始营业的酒店内部筹资能力有限，处于成长阶段的酒店，内部筹资往往也难以满足需要。因此，酒店就要广泛开展外部筹资。外部筹资通常需要花费筹资费用，如发行股票、债券需支付发行成本，取得借款需支付一定的手续费等。

2. 投资决策

投资是以收回现金并取得收益为目的而发生的现金流出。投资决策应侧重以下几个方面。

（1）考虑投资规模，评估在何种投资规模下酒店的经济效益最佳。

（2）选择合理的投资方向、投资方式和投资工具。

（3）确定合理的投资结构，提高投资效益，降低投资成本和风险。

酒店的投资决策，按不同的标准可以分为以下几类。

（1）直接投资与间接投资。直接投资也称为生产性投资，是将资金直接投放于酒店的经营性资产，以便获取利润的投资，如兴建酒店、购置设备、存货等。间接投资又称为金融性资产投资、证券投资，包括政府债券、企业债券、股票等的投资。

（2）长期投资与短期投资。长期投资是指在一年或一个营业周期以上才能收回的投资，主要是对固定资产的投资。有时长期投资也称为固定资产投资。短期投资是指可以在一年或者一个营业周期以内收回的投资，主要包括应收账款、存货、短期有价证券的投资，短期投资也称为流动资产投资。

（3）对内投资与对外投资。对内投资主要有两个方面：一是用于购买房屋、设备、运输工具等劳动资料，形成固定资产；二是用于购买原材料等劳动对象、支付工资等费用，形成流动资产。资金运用是酒店财务的重要环节，一方面，资金运用过程是资金消耗占用、价值转化过程，即成本费用形成过程；另一方面，资金运用过程是资金增值过程，即利润形成过程。对外投资是指酒店以购买股票、债券等有价证券方式或以现金、实物资产、无形资产等方式向企业以外的其他经济实体进行的投资。其目的是获取投资收益、分散经营风险、加强企业间联合、控制或影响其他企业。

3. 资金的分配

酒店通过投资取得的收入要进行分配，一部分用以弥补生产耗费，使酒店生产经营活动能持续进行；另一部分按规定缴纳各种税金；剩余部分是酒店的净利润，所有权属于企业的投资者。酒店获得销售收入后的资金分配包括以下程序。

（1）缴纳营业税及其附加。
（2）抵补生产经营过程中支付的各项费用。
（3）税后利润分配。主要表现为提取盈余公积金和支付投资者利润。

四、酒店财务关系

酒店在经营过程中必然发生资金的形态变化，即资金运动，酒店资金运动是酒店企业的财务活动。酒店财务活动是酒店为生产经营需要而进行的资金筹集、资金运用和资金分配等一系列活动。在财务活动中与有关各方所发生的经济利益关系就是酒店财务关系。

1. 酒店与投资者和受资者之间的财务关系

企业与投资者、受资者的关系，即投资同分享投资收益的关系，在性质上属于所有权关系。处理这种财务关系必须维护投资、受资各方的合法权益。酒店从不同的投资者处筹集资金，进行生产经营活动，并将所实现的利润按各投资者的出资比例进行分配。酒店还可以将自身的资金向受资者投资，受资者即被投资单位，受资者应向酒店分配投资收益。

2. 酒店与债权人、债务人和购销客户之间的财务关系

企业与债权人、债务人、购销客户的关系，在性质上属于债权关系、合同义务关系。处理这种财务关系，必须按有关各方的权利和义务保障有关各方的权益。酒店由于经营需要，如购买原材料、销售产品，都要与购销客户发生货款收支结算关系。由于商业信用的存在，就会发生应付账款和应收账款。酒店资金不足或资金闲置时，则要向银行借款、发行债券或购买其他单位债券。无论何种原因，一旦形成债权债务关系，债务人需要还本付息。所以，业务往来中的收支结算，要及时收付款项，以免相互占用资金。

3. 酒店与税务机关之间的财务关系

企业与税务机关之间的财务关系反映的是依法纳税和依法征税的税收权利义务关系。

4. 酒店内部各部门之间的财务关系

在企业财务部门同各部门、各单位之间，各部门、各单位相互之间，就发生资金结算关系，它体现着企业内部各单位之间的经济利益关系。处理这种财务关系，要严格分清有关各方的经济责任，以便有效地发挥激励机制和约束机制的作用。

5. 酒店与员工之间的财务关系

企业与职工之间的结算关系，体现着职工个人和集体在劳动成果上的分配关系。处理这种财务关系，要正确地执行有关的分配政策。

企业的现金流动，从表面上看是钱和物的增减变动。其实，钱和物的增减变动都离不开人与人之间的关系。我们要透过现金流动的现象，看到人与人之间的财务关系，自觉地处理好财务关系，促进生产经营活动的发展。

任务二 酒店财务管理的目标与原则

一、酒店财务管理的目标

酒店财务管理的目标是指酒店财务管理所要达到的最终目的。因为酒店财务管理是在酒

店整体经营目标的要求下，对酒店资金运动及其形成的财务关系的管理，因此，酒店财务管理的目标取决于企业的目标。企业通常以获取利润为最终目的，所以酒店财务管理的目标，主要有以下三种观点。

1. 利润最大化

该种观点认为，利润代表了企业新创造的财富，利润越多，则说明企业的财富增加得越多，越接近企业的目标。但利润最大化目标存在以下缺点。

（1）不符合货币时间价值的理财原则，它没有考虑利润的取得时间，不符合现代企业"时间就是价值"的理财理念。例如，今年获利100万元和明年获利100万元，明显今年获利时间早，可用所获利润再投资，取得额外报酬，最终其投资报酬应大于明年获利。

（2）没有考虑利润取得与投入资本额的关系。例如，同样获利100万元，一个企业投入资本500万元，另一个企业投入资本600万元，则投入500万元的投资报酬率要高。该利润是绝对指标，不能真正衡量企业经营业绩的优劣，也不利于本企业在同行业中竞争优势的确立。

（3）不符合风险与报酬均衡的理财原则。它没有考虑利润和所承担风险的关系，这可能会使财务人员不顾风险的大小去追求利润，增大企业的经营风险和财务风险。

（4）利润最大化往往会使企业财务决策带来短期行为的倾向，即只顾实现目前的最大利润，而不顾企业的长远发展。

2. 股东财富最大化

股东财富最大化是指通过财务上的合理经营，为股东创造最多的财富，实现企业财务管理目标。股东创办企业的目的是增加财富，如果企业不能为股东创造价值，股东就不会为企业提供资金。没有了权益资金，企业也就不存在了。因此，企业要为股东创造价值。在股份经济条件下，股东财富由其所拥有的股票数量和股票市场价格两方面来决定，在股票数量一定、股票价格达到最高时，股东财富也达到最大。所以，股东财富最大化，又演变为股票价格最大化。不可否认，其具有积极的意义，主要表现在以下几方面。

（1）股东财富最大化目标科学地考虑了风险因素，因为风险的高低，会对股票价格产生重要影响。

（2）股东财富最大化目标在一定程度上能够克服企业在追求利润上的短期行为，因为不仅目前的利润会影响股票价格，未来的利润对企业股票价格也会产生重要影响。

（3）股东财富最大化目标比较容易量化，便于考核和奖惩。

然而，该目标仍存在以下不足之处。

（1）适用范围存在限制。该目标只适用于上市公司，不适用于非上市公司，因此不具有普遍的代表性。

（2）只强调股东的利益，而对企业其他关系人的利益重视不够。

（3）股票价格受多种因素影响，这些因素并非都是公司所能控制的，把不可控因素引入理财目标是不合理的。

3. 企业价值最大化

企业价值最大化是指通过企业财务上的合理经营，采用最优的财务政策，充分考虑资金的时间价值和风险与报酬的关系，在保证企业长期稳定发展的基础上，使企业总价值达到最大。该目标的基本思想是将酒店长期稳定发展摆在首位，强调在企业价值增长过程中满足各方利益。以企业价值最大化作为财务管理的目标，具有以下优点。

（1）企业价值最大化目标考虑了取得报酬的时间，并用时间价值的原理进行了计量。

（2）企业价值最大化目标科学地考虑了风险与报酬的关系。

（3）企业价值最大化能克服企业在追求利润上的短期行为，因为不仅目前的利润会影响企业的价值，预期未来的利润对企业价值的影响所起的作用更大。

但该目标也有许多问题需要我们去探索。

（1）企业价值计量方面存在问题。首先，把不同理财主体的自由现金流混合折现不具有可比性。其次，把不同时点的现金流共同折现不具有说服力。

（2）不易为管理当局理解和掌握。企业价值最大化实际上是几个具体财务管理目标的综合体，包括股东财富最大化、债权人财富最大化和其他各种利益财富最大化，这些具体目标的衡量有不同的评价指标，使财务管理人员无所适从。

（3）没有考虑股权资本成本。在现代社会，股权资本和债权资本一样，不是免费取得的，如果不能获得最低的投资报酬，股东们就会转移资本投向。

二、酒店管理目标与经营者

股东为酒店企业提供了财务资源，而经营者即管理当局在企业里直接从事管理工作。股东委托经营者经营管理酒店，但经营者与股东的目标并不完全一致。股东是企业的所有者，财务管理的目标也就是股东的目标。

1. 经营者的目标

经营者的目标包括增加报酬、增加闲暇时间、避免风险。增加报酬包括物质和非物质的报酬，如工资、奖金、提高荣誉和社会地位等。增加闲暇时间，包括较少的工作时间、较小的劳动强度等。而股东的目标是使自己的财富最大化，要求经营者以最大的努力去完成这个目标。上述两个目标之间有矛盾，增加闲暇时间可能减少当前或将来的报酬，努力增加报酬会牺牲闲暇时间。经营者还面临努力工作可能得不到应有报酬的风险，他们的行为和结果之间有不确定性，经营者总是力图避免这种风险，希望付出一份劳动便得到一份报酬。

2. 经营者对股东目标的背离

经营者的目标和股东的目标不完全一致，可能为自身目标而背离股东利益。这种背离表现在以下两方面。

（1）道德风险。经营者为了自己的目标，不尽最大努力去实现企业的目标。他们没有必要为提高股价而冒险，股价上涨的好处将归于股东，如若失败他们的"身价"将下跌。他们不做什么错事，只是不十分卖力，以增加自己的闲暇时间。这样做不构成法律和行政责任问题，只是道德问题，股东很难追究他们的责任。

（2）逆向选择。经营者为了自己的目标而背离股东的目标。例如，装修豪华的办公室，购置高档汽车等；以工作需要为借口，乱花股东的钱；蓄意压低股票价格，自己借款买回，导致股东财富受损。

3. 防止目标背离的方式

为了防止经营者背离股东目标，一般有两种方式。

（1）监督。监督经营者背离股东目标的条件是双方信息不对称，经营者了解的企业信息比股东多。避免"道德风险"和"逆向选择"的出路是股东获取更多的信息，对经营者进行监督，在经营者背离股东的目标时，减少其各种形式的报酬，甚至解雇他们。但是，全面监督在实际上是行不通的。股东是分散的或者远离经营者的，得不到充分的信息；经营者比股东有更大的信息优势，比股东更清楚什么是对企业更有利的行动方案；全面监督管理行为的代价是高昂的，很可能超过它所带来的收益。因此，股东支付审计费聘请注册会计师，往往限于审计财务报表，而不是全面审查所有管理行为。股东对情况的了解和对经营者的监督是必要的，但受到监督成本的限制，不可能事事都监督。监督可以减少经营者违背股东意愿的行为，但不能解决全部问题。

（2）激励。防止经营者背离股东利益的另一种途径是采用激励计划，使经营者分享企业增加的财富，鼓励他们采取符合股东利益最大化的行动。例如，在企业盈利率或股票价格提高后，给经营者以现金、股票期权奖励。支付报酬的方式和数量大小，有多种选择。报酬过低，不足以激励经营者，股东不能获得最大利益；报酬过高，股东付出的激励成本过大，也不能实现自己的最大利益，因此，激励可以减少经营者违背股东意愿的行为，但也不能解决全部问题。

通常，股东同时采取监督和激励两种方式来协调自己和经营者的目标。尽管如此，仍不可能使经营者完全按股东的意愿行动，经营者仍然可能采取一些对自己有利而不符合股东利益最大化的决策，并由此给股东带来一定的损失。监督成本、激励成本和偏离股东目标的损失之间，此消彼长，相互制约。股东要权衡轻重，力求找出能使三项之和最小的解决办法，它就是最佳的解决办法。

三、酒店财务管理的原则

1. 货币时间价值原则

货币时间价值是客观存在的经济范畴，它是指货币经历一段时间的投资和再投资所增加的价值。货币时间价值原则在财务管理实践中得到广泛的运用。长期投资决策中的净现值法、现值指数法和内含报酬率法，都要运用到货币时间价值原则；筹资决策中比较各种筹资方案的资本成本、分配决策中利润分配方案的制定和股利政策的选择，营业周期管理中应付账款付款期的管理、存货周转期的管理、应收账款周转期的管理等，都充分体现了货币时间价值原则在财务管理中的具体运用。

2. 资金合理配置原则

资金合理配置是指企业在组织和使用资金的过程中，应当使各种资金保持合理的结构和比例关系，保证企业生产经营活动的正常进行，使资金得到充分有效的运用，并从整体上（不一定是每一个局部）取得最大的经济效益。在企业的财务管理活动中，资金的配置从筹资的角度看表现为资本结构，具体表现为负债资金和所有者权益资金的构成比例、长期负债和流动负债的构成比例，以及内部各具体项目的构成比例。从投资或资金的使用角度看，企业的资金表现为各种形态的资产，各种形态的资产之间应当保持合理的结构比例关系，包括对内投资和对外投资的构成比例。

3. 收支积极平衡原则

财务管理实际上是对企业资金的管理，量入为出、收支平衡是对企业财务管理的基本要求。资金不足，会影响企业的正常生产经营，坐失良机，严重时，会影响到企业的生存；资金多余，会造成闲置和浪费，给企业带来不必要的损失。收支积极平衡原则要求企业一方面要积极组织收入，确保生产经营和对内、对外投资对资金的正常合理需要；另一方面，要节约成本费用，压缩不合理开支，避免盲目决策。

4. 成本效益均衡原则

成本效益均衡原则就是要对企业生产经营活动中的所费与所得进行分析比较，将花费的成本与所取得的效益进行对比，使效益大于成本，产生"净增效益"。成本效益均衡原则贯穿于企业的全部财务活动中。企业在筹资决策中，应将所发生的资本成本与所取得的投资利润率进行比较；在投资决策中，应将与投资项目相关的现金流出与现金流入进行比较；在生产经营活动中，应将所发生的生产经营成本与其所取得的经营收入进行比较；在不同备选方案之间进行选择时，应将所放弃的备选方案预期产生的潜在收益视为所采纳方案的机会成本与所取得的收益进行比较。

5. 风险报酬均衡原则

风险报酬均衡原则是指决策者在进行财务决策时，必须对风险和报酬做出科学的权衡，使所冒的风险与所取得的报酬相匹配，达到趋利避害的目的。在筹资决策中，负债资本成本低，财务风险大，权益资本成本高，财务风险小。在进行投资决策时必须认真分析影响投资决策的各种可能因素，科学地进行投资项目的可行性分析，在考虑投资报酬的同时考虑投资的风险。

6. 利益关系协调原则

企业是由各种利益集团组成的经济联合体。这些经济利益集团主要包括企业的所有者、经营者、债权人、债务人、国家税务机关、消费者、企业内部各部门和职工等。利益关系协调原则要求企业协调、处理好与各利益集团的关系，切实维护各方的合法权益，将按劳分配、按资分配、按知识和技能分配、按绩分配等多种分配要素有机结合起来。只有这样，企业才能营造一个内外和谐、协调的发展环境，充分调动各有关利益集团的积极性，最终实现企业价值最大化的财务管理目标。

任务三　酒店财务管理的组织与环境

一、酒店财务管理的组织

酒店财务管理的组织，主要包括建立酒店财务管理制度，健全酒店财务管理机构。

1. 酒店财务管理制度

酒店财务管理制度是酒店在长期服务管理实践中的工作经验的归纳和提炼，是酒店组织财务活动、处理财务关系的规范和准则。

我国财务管理制度可分为三个层次。

(1)《企业财务通则》。财政部于1992年11月30日颁布了《企业财务通则》（2006年12月4日修订），它是我国整个企业财务制度中最基本的法规，是企业从事财务活动必须遵循的基本原则和规范。

(2)《旅游、饮食服务企业财务制度》。财务部根据《企业财务通则》的要求，制定了《旅游、饮食服务企业财务制度》，并于1993年7月1日起执行。

(3) 企业的财务管理规章制度。在行业财务制度的基础上，各酒店还分别制定自身的财务管理规章制度,由此形成了一个完整的财务管理体系。

2. 酒店财务管理机构

为了正确组织酒店的财务管理工作,酒店需要设置财务管理的专职机构。酒店财务管理机构的设置应考虑酒店规模、等级和内部管理的需要等因素。一般来说,在小型酒店,财务管理工作是作为会计工作的一部分来进行的,不单独设置财务管理组织,只需附属于会计部门。在大中型酒店,财务管理非常重要,一般单独设立财务管理机构。财务管理机构的内部分工要明确,职权要到位,责任要清楚,要有利于提高财务管理工作效率。

酒店财务工作的主要负责人是财务总监,或财务副总经理,直接向总经理负责。在财务总监之下,有财务部经理和会计部经理。财务部经理负责资本的筹集、使用和股利分配,会计部经理负责会计和税务方面的工作。

二、酒店财务管理环境

酒店财务管理环境又称理财环境,是指对酒店财务管理活动产生影响的宏观和微观因素,其中主要影响因素有酒店经营所处的外部经济环境、金融环境、法律环境、酒店内部环境。

1. 外部经济环境

(1)经济周期。经济周期对酒店理财有重大影响。在经济衰退时期,酒店的根本目标是维持生存,产量和销量下降,投资减少,财务管理工作的重点是克服资金周转困难,节约成本,保障酒店正常经营。

(2)经济政策。经济政策是国家进行宏观经济调控的重要手段。国家的产业政策、金融政策、财税政策对酒店的投资、投资活动和分配活动都会产生重要影响。例如,金融政策中的货币发行量、信贷规模会影响酒店的资本结构和投资项目的选择;价格政策会影响资本的投向、投资回收期及逾期收益。酒店在财务决策时,要深刻领会国家的经济政策,根据当前经济政策合理安排财务管理。

(3)通货膨胀。一般认为,在产品和服务质量没有明显改善的情况下,价格的持续提高就是通货膨胀。大规模的通货膨胀会引起酒店资金占用的迅速增高,引起利率的上升,增加酒店的筹资成本。为了减轻通货膨胀对酒店造成的不利影响,财务人员应当采取措施予以防范。为降低货币贬值的风险,酒店可以进行投资,实现资本保值;为减少物价上涨造成的损失,酒店可以与供应商签订长期购销供货合同。酒店可以采用比较严格的信用条件,减少酒店债权。

2. 金融环境

金融环境是酒店理财最主要的环境因素。影响酒店财务管理的主要金融环境因素有金融市场、金融机构和利率。

(1)金融市场。金融市场是融通资金的场所。广义的金融市场是指一切资本活动的场所,包括实物资本(如生产资料和企业本身)和货币资本。狭义的金融市场仅指有价证券市场,即股票和债券发行和买卖的市场。金融市场是酒店向社会筹集资金必不可少的条件。

(2)金融机构。金融机构是融通资金的中介,主要包括银行和非银行金融机构。我国的银行主要包括中央银行、国有商业银行、国家政策性银行和其他股份制商业银行。

(3)利率。在金融市场上,利率是资金使用权的价格,一般应由金融市场的资金供求状况来决定。我国还存在官方利率和市场利率两种利率。市场利率要受官方利率的影响，而官方利率也要考虑市场供求状况。利率通常由纯利率、通货膨胀补偿和风险报酬组成。纯利率是指在没有风险和通货膨胀的情况下的资金供求均衡点利率；通货膨胀补偿是指由于持续的通货膨胀会不断降低货币的购买力，为补偿其购买力损失而要求提高的利率；风险报酬分为违约风险报酬、流动性风险报酬和期限风险报酬。违约风险报酬是指借款人无法按时支付利息或偿还本金会给投资人带来风险，债权人为了弥补风险而要求提高的利率；流动性风险报酬是指债务人资产的流动性不好会给债权人带来风险，为补偿这种风险而提高的利率；期限风险报酬是指对于一项负债，到期日越长，债权人承受的不确定性因素就越多，承受的风险也就越大，为弥补这种风险而要求提高的利率。

3. 法律环境

酒店财务管理法律环境是指酒店和外部发生经济关系时应该遵守的各种法律、法规。

（1）企业组织法规。根据法律规定，我国酒店的组织形式主要有根据《公司法》设立的股份有限公司、有限责任公司和国有独资公司，根据《中外合资企业法》设立的中外合资公司，等等。

（2）税法。我国的税法分为三类：所得税法、流转税法和其他税法。任何酒店都有纳税的义务，从企业角度来看，税务是一种费用，增加酒店的现金流出，对酒店理财有重要影响。酒店都希望在不违反税法的前提下，减少税务负担。因此，税务人员都要精通法律。

（3）财务法规。财务法规是规范企业财务行为的法律规范，包括《中华人民共和国会计法》《企业会计准则》《企业财务通则》《企业会计制度》《旅游、饮食服务企业财务制度》等。

4. 酒店内部环境

酒店内部环境主要是指酒店内部自身的环境，包括酒店组织形式、酒店管理体制。

（1）酒店组织形式。酒店组织形式指酒店资金的形成方式，有独资、合伙和公司制三种。①独资酒店。独资酒店是个人业主制企业，指一个自然人出资兴办、财产为投资人个人所有和控制的酒店企业。在法律上不具有法人资格，酒店业主以其个人财产承担酒店经济活动和债务的全部责任。独资酒店开办方便、管理自由、利润独享、受法律限制较少，承担无限责任，风险较大。发展规模有较大局限性，寿命有限，一旦酒店业主死亡、破产、犯罪或退出，酒店在法律上也就经营结束了。②合伙酒店。合伙酒店是指由两个或两个以上的人共同出资和经营并对酒店的债务承担无限连带责任的酒店。合伙酒店容易组建、开办费用低、信用较好。合伙人承担无限的责任，而且各合伙人之间要承担连带责任，如果酒店出现问题，各合伙人的所有财产都具有风险。企业经营寿命有限，所有权转移困难，不容易筹集大额资本。③公司制酒店。公司制酒店是独立的法人，是依据《公司法》组建并登记的具有法人地位和以营利为目的的经济组织，是一种所有权和经营权相分离的企业组织形式。它包括两种形式：有限责任制和股份制。有限责任制酒店是指50个以下股东共同出资设立，股东以其出资额为限对酒店承担责任，酒店以其全部资产为限对酒店的债务承担责任的法人企业，具有独立的法人资格，享有法人财产权。股份可以转让，也可以新增股东，筹资方便。但是有限责任制酒店开办复杂、程序较多；政府管理严格，不能保密信息；双重缴纳所得税，所获利润先按税法缴纳企业所得税，再向股东分配利润，股东在取得利润后，再按税法缴纳个人所得税。股份制酒店是指全部资本分为等额股份，股东以其所持股份为限对酒店承担责任，酒店以其全部资产为限对酒店的债务承担责任的法人企业。股份制酒店可通过发行股票或债券筹集大量资金，股份可以自由转让，有利于酒店筹资；酒店具有法人资格，不受各投资人影响；管理效率高。但是政府管理严格，设立手续复杂，不能对酒店信息保密，需要定期公开酒店经营资料；双重缴纳所得税。

(2) 酒店管理体制。酒店管理体制指酒店管理组织体系及责权划分制度。酒店的经营规模、经营范围、人员素质及管理要求等决定着酒店的管理体制。酒店管理体制对酒店财务管理组织和财务运行方式有重要影响，旅游集团总公司管理的酒店、酒店管理公司下属酒店和独立经营的酒店，其财务管理有明显的不同。

任务四　酒店财务管理的主要工具

财务管理工具是指财务管理中所采用的各种技术和方法的总称。按照财务管理的过程和要求，财务管理工具应包括财务预测、财务计划、财务控制和财务分析。

一、财务预测

财务预测是根据财务活动的历史资料，考虑现实的要求和条件，对酒店未来的财务活动和财务成果做出科学的预计和测算。财务预测环节的作用在于测算各项经营方案的经济效益，为决策提供可靠的依据；预计财务收支的发展变化情况，以确定经营目标；测定各项定额和标准，为编制计划、分解计划指标服务。财务预测环节是在前一个财务管理循环的基础上进行的，运用已取得的规律性的认识来指导未来。它既是两个管理循环的连接点，又是财务计划环节的必要前提。财务预测环节包括以下工作内容。

1. 明确预测的对象和目的

预测的对象和目的不同，对资料的搜集、方法的选择、预测结果的表现方式等有不同的要求。为了达到预期的效果，必须根据管理决策的需要，明确预测的具体对象和目的，如降低成本、增加利润等规定预测的范围。

2. 搜集和整理资料

根据预测的对象和目的，要广泛搜集有关的资料，包括酒店内部和外部的资料、财务会计资料、计划与统计资料、本年和以前年度资料等。对资料要检查其可靠性、完整性和典型性，排除偶然性因素的干扰；还应对各项指标进行归类、汇总、调整等加工处理，使资料符合预测的需要。

3. 确定预测方法，利用预测模型进行测算

对经过加工整理的资料进行系统的分析研究，找出各种指标的影响因素及其相互关系；选择适当的数学模型表达这种关系；对资金、成本、利润的发展趋势和水平做出定量的描述，取得初步的预测结果。

4. 确定最优值，提出最佳方案

对已提出的多种方案，进行科学的经济技术论证，做出有理有据的分析结论，确定预测的最优值，提出最佳方案，以便酒店领导做出决策。

二、财务计划

财务计划是财务预测所确定的经营目标的系统化和具体化，又是控制财务收支活动、分

析经营成果的依据。财务计划工作的本身就是运用科学的技术手段和数学方法，对目标进行综合平衡，制定主要计划指标，拟定增产节约措施，协调各项计划指标。它是落实酒店奋斗目标和保证措施的必要环节。

酒店编制的财务计划主要包括筹资计划、固定资产增减和折旧计划、流动资产及其周转计划、成本费用计划、利润及利润分配计划、对外投资计划等。每项计划均由许多财务指标构成，财务计划指标是计划期各项财务活动的奋斗目标，为了实现这些目标，财务计划还必须列出保证计划完成的主要经营管理措施。

编制财务计划要做好以下工作。

1. 分析主客观原因，全面安排计划指标

审视当年的经营情况，分析整个经营条件和目前的竞争形势等与所确定的经营目标有关的各种因素，按照酒店总体经济效益的原则，制定出主要的计划指标。

2. 协调人力、物力、财力，落实增产节约措施

要合理安排人力、物力、财力，使之与经营目标的要求相适应；在财力平衡方面，要组织资金运用同资金来源的平衡、财务支出同财务收入的平衡等。还要努力挖掘酒店内部潜力，从提高经济效益出发，对酒店各部门经营活动提出要求，制定好各部门的增产节约措施，制定和修订各项定额，以保证计划指标的落实。

3. 编制计划表格，协调各项计划指标

以经营目标为核心，以平均先进定额为基础，计算酒店计划期内资金占用、成本、费用、利润等各项计划指标，编制出财务计划表，并检查、核对各项有关计划指标是否密切衔接、协调平衡。

三、财务控制

为了保证财务计划的实现，必须对日常进行的各项财务活动进行有效的控制。财务控制是指在进行经营活动的过程中，以计划任务和各项定额为依据，对资金的收入、支出、占用、耗费等进行日常的计算和审核，以实现计划指标，提高经济效益。组织和控制酒店日常的财务活动，是实现财务目标的中心环节，主要应做好以下几项工作。

1. 制定标准

按照责权利相结合的原则，将计划任务以标准或指标的形式分解落实到部门、班组以至个人，即通常所说的指标分解。财务指标如资金指标、成本费用指标和利润指标等，是酒店在某一时期经营活动的综合反映，这些指标完成的如何，同酒店各部门、各环节的经营服务活动有着密切的联系。为了充分调动酒店各级、各部门完成财务指标的积极性，就要将财务指标进行分解，落实到有关部门、班组以至个人，并规定相应的职责权限，纳入各自的经济责任制，定期考核。酒店财务指标的分解和落实可以从两方面来进行。一是由各职能部门分口管理其业务范围内的指标，如客房部负责管理宾客用品消耗定额等指标，餐饮部负责食品、酒水成本率等指标，人事部负责管理工资总额等指标，工程部负责管理水、电、煤（煤气）等消耗定额指标，采购供应部负责管理采购资金限额等指标，营销部和前厅部负责管理出租率、客房营业收入等指标，财务部门则对资金、成本费用、利润等指标进行综合管理。二是由各部门分级管理其经营范围内的指标，落实到班组、个人，如餐饮部食品成本率指标下达给总厨师长，总厨师长分解后再落实到中厨房厨师长、西厨房厨师长等。通过计划指标的分解，可以把计划任务变成各部门和个人控制得住、实现得了的数量要求，在酒店形成一个"个人保班组、班组保部门、部门保全店"的经济指标体系，使计划指标的实现有坚实的群众基础。

2. 执行标准

对资金的收付，成本、费用的支出，物资的占用等，要运用各种手段进行事先的监督和控制。凡是符合标准的，就予以支持，并给以机动权限；凡是不符合标准的，则加以限制并研究如何处理。

3. 确定差异

按照"干什么，管什么，就算什么"的原则，详细记录指标执行情况，将实际同标准进行对比，确定差异的程度和性质。要经常预计财务指标的完成情况，考察可能出现的变动趋势，及时发出信号，揭露经营过程中发生的矛盾。

4. 消除差异

深入分析差异形成的原因，确定造成差异的责任归属，采取切实有效的措施，调整实际过程（或调整标准），消除差异，以便顺利实现计划指标。

5. 考核奖惩

考核各项财务指标的执行结果，把财务指标的考核纳入各级岗位责任制，运用激励机制，实行奖优罚劣。

四、财务分析

财务分析是以核算资料为主要依据，对酒店财务活动的过程和结果进行调查研究，评价计划完成情况，分析影响计划执行的因素，挖掘酒店内部的潜力，提出改进措施。借助于财务分析，可以掌握各项财务计划和财务指标的完成情况，检查党的方针、政策和国家财经制度、法令的执行情况，并有利于改善财务预测、财务计划的工作，还可以总结经验，研究和掌握财务活动的规律性，不断改进财务工作。进行财务分析一般包括以下几个程序。

1. 进行对比，做出评价

对比分析是揭露矛盾、发现问题的基本方法。先进与落后、节约与浪费、成绩与缺点，只有通过对比分析才能辨别出来。财务分析要在充分占有资料的基础上，通过数量指标的对比来评价业绩，发现问题，找出差距，明确责任。

2. 因素分析，抓住关键

进行对比分析可以找出差距，揭露矛盾，但为了说明产生问题的原因，还需要进行因素分析。影响酒店财务活动的因素有许多，进行因素分析就是要查明影响财务指标完成的各项因素，并从各种因素的相互作用中找出影响财务指标完成的主要因素，以便分清责任、抓住关键。

3. 落实措施，改进工作

要在掌握大量资料的基础上，去伪存真，去粗取精，由此及彼，由表及里，找出各种财务活动同其他经济活动之间的本质联系，然后提出改进措施。提出的措施，应当明确具体、切实可行。实现措施，应当确定负责人员，规定实现的期限。措施一经确定，就要组织各方面的力量认真贯彻执行。要通过改进措施的落实完善经营管理工作，推动财务管理发展到更高水平的循环。

任务五 货币的时间价值

货币的时间价值，又称资金的时间价值，是指资金在周转的过程中随着时间的推移而产生的价值，也就是资金在投资和再投资过程中随着时间的推移而发生的增值。比如，年初存入100元钱，在存款年利率为3%的条件下，经过一年时间后变为103元。这一简单实例揭示了货币的时间价值，它说明现在等量的钱比未来等量的钱更值钱。

货币的时间价值是任何酒店进行财务决策时必须遵循的基本原则。

一、单利和复利的计算

1. 单利和复利

单利和复利是计算利息的两种不同方法。

单利是指在计算利息时，只按本金及规定的利率计算利息，每期的利息不再加入本金内重复计算利息。其计算公式如下：

$$I = P \times i \times t$$

其中，I 为到期利息；P 为初始本金，也称现值；i 为利率，通常以%表示年利率，用‰表示月利率；t 为时间，通常以年为单位。

【例1-1】 如家酒店将10 000元存入银行，假设年利率为5%，则5年后的利息是多少？

解：

$$I = P \times i \times t = 10\ 000 \times 5\% \times 5 = 2\ 500\ （元）$$

复利是指计算利息时，每经过一个计算期，将利息加入本金中再计算下一期利息，即通常所称的利滚利。

2. 终值和现值

终值，又称将来值、本利和，是指一定量现金在未来某一时点上的价值。

现值，又称本金，是指未来某一时点上的一定量现金，折合到期初时的价值。现值是终值的逆运算。

3. 单利终值和现值计算

（1）单利终值计算。单利终值是指现时一定量的资金按照单利计算方式计算的在未来某一时点的本利和。其计算公式如下：

$$F = P + I = P + P \times i \times t = P \times (1 + i \times t)$$

其中，F 为本金和利息之和，又称本利和或终值。

【例1-2】 承例1-1，酒店到期能获得的本利和是多少？

解：

$$F = P \times (1 + i \times t) = 10\ 000 \times (1 + 5\% \times 5) = 12\ 500\ （元）$$

（2）单利现值计算。单利现值是指在单利计息条件下未来某一时点上的资金相当于现值的价值。其计算公式如下：

$$P = F - I = \frac{F}{1 + i \times t}$$

【例1-3】 如家酒店拟在3年后得到10 000元，银行年利率5%，则酒店现在应存入银行的资金是多少?

解:
$$P = \frac{10\,000}{1+3\times 5\%} \approx 8\,695.65\,(元)$$

4. 复利终值和现值计算

(1) 复利终值计算。复利终值是指现时一定量的资金按照复利计息方式计算的在未来某一时点的本利和。其计算公式如下:
$$F = P\times(1+i)^n$$

其中, $(1+i)^n$ 为复利终值系数或 1 元的复利终值,通常记为 $(F/P, i, n)$,可以通过复利终值系数表查找相应的值。

【例 1-4】 如家酒店将 10 000 元用于投资某项目,该项目的年报酬率为 10%,那么 5 年后酒店所获得的本利和是多少?

解:
$$F = P\times(1+i)^n = 10\,000\times(1+10\%)^5 = 10\,000\times 1.610\,51 = 16\,105.1\,(元)$$

(2) 复利现值计算。复利现值是指未来一定量的资金按照复利计息方式折现到现时的价值。其计算公式如下:
$$P = F\times(1+i)^{-n}$$

其中, $(1+i)^{-n}$ 为复利现值系数或 1 元的复利现值,通常记为 $(P/F, i, n)$,可以通过复利现值系数查找相应的值。

【例 1-5】 如家酒店拟 3 年后更新设备一台,需 100 000 元资金,按复利计息方式,在银行存款利率为 5% 时,现在至少需要存入多少资金?

解:
$$P = F\times(1+i)^{-n} = 100\,000\times(P/F, 5\%, 3) \approx 100\,000\times 0.863\,84 = 86\,384\,(元)$$

二、年金的计算

年金是指在一定时期内,每间隔相同的时间等额收付的一系列款项,通常记作 A。零存整取、债券利息、租金、保险金、养老金、按揭等通常都采用年金方式。年金按收付发生的时间点和延续的时间长短不同,分为普通年金、预付年金、递延年金和永续年金四种。

1. 普通年金的计算

普通年金是指从第一期起,在一定时期内每期期末等额收付的系列款项,也称后付年金。普通年金终值就像零存整取的本利和,是一定时期内每期期末收付款项的复利终值之和。普通年金现值是每期等额收付款项的复利现值之和。

普通年金终值计算公式为:
$$FA = A\times\sum(1+i)^{n-1} = A\times\frac{(1+i)^n-1}{i} = A\times(F/A, i, n)$$

普通年金现值计算公式为:
$$PA = A\times\sum(1+i)^{-n} = A\times\frac{1-(1+i)^{-n}}{i} = A\times(P/A, i, n)$$

其中, FA 为普通年金终值, PA 为普通年金现值, A 为每次收付款项的金额, i 为利率, n 为全部年金的计息期数。$\frac{(1+i)^n - 1}{i}$ 称为"年金终值系数",记作 $(F/A, i, n)$;$\frac{1-(1+i)^{-n}}{i}$ 称为"年金现值系数",记作 $(P/A, i, n)$。

【例1-6】 如家酒店计划在今后5年内,每年年终从留利中提取5万元存入银行,以备改造营业用房。目前银行存款年利率为3%,5年后,该酒店改造营业用房的投资积蓄为多少?

解:
$$FA = 50\,000 \times (F/A, 3\%, 5) \approx 50\,000 \times 5.309\,1 = 265\,455 \text{(元)}$$

【例1-7】 假设如家酒店拟在3年后进行100万元的投资,从现在起每年年末等额存入银行一笔款项。假设银行存款年利率为10%,每年需要存入多少元?

解:
$$FA = A \times (F/A, 10\%, 3) = A \times 3.31 = 1\,000\,000$$
$$\text{则 } A = 1\,000\,000 \div 3.31 \approx 302\,114.80 \text{(元)}$$

【例1-8】 假设如家酒店计划未来5年每年末投资500 000元用于开发新项目,银行存款年利率为5%,按复利计息方式测算,现在需存入多少资金?

解:
$$PA = A \times (P/A, 5\%, 5) \approx 500\,000 \times 4.329\,5 = 2\,164\,750 \text{(元)}$$

2. 预付年金的计算

预付年金指一定时期内每期期初等额的系列收付款项,按复利计算的在最后一期期末所得的本利和,即各期收付款项的复利终值之和。

预付年金终值比普通年金终值多计一期的利息,即在普通年金终值的基础上,乘以 $(1+i)$ 便可以计算出预付年金终值,即

$$FA = \frac{A \times (1+i)^n - 1}{1+i} \times (1+i) = A \times \left[\frac{(1+i)^{n+1}-1}{i} - 1\right] = A \times [(F/A, i, n+1) - 1]$$

其中,$\left[\frac{(1+i)^{n+1}-1}{i} - 1\right]$ 称为预付年金终值系数,用符号 $[(F/A, i, n+1) - 1]$ 表示,可利用普通年金终值系数表查得 $(n+1)$ 期的值,然后减1得出1元预付年金终值。

预付年金现值比普通年金现值少计一期的利息,因此在普通年金现值的基础上,乘以 $(1+i)$ 便可以计算出预付年金的现值,即

$$PA = A \times \frac{1-(1+i)^{-n}}{i} \times (1+i) = A \times \left[\frac{1-(1+i)^{-(n-1)}}{i} + 1\right] = A \times [(P/A, i, n-1) + 1]$$

其中,$\left[\frac{1-(1+i)^{-(n-1)}}{i} + 1\right]$ 称为预付年金现值系数,用符号 $[(P/A, i, n-1) + 1]$ 来表示,可利用普通年金现值系数表查得 $(n-1)$ 期的值,然后加1得到1元预付年金现值。

【例1-9】 假设如家酒店决定连续9年于每年年初存入100 000元作为年金,银行存款年利率为5%,则该公司在第9年年末,能一次取出本利和是多少?

解:
$$FA = A \times [(F/A, i, n+1) - 1] = 100\,000 \times [(F/A, 5\%, 10) - 1]$$
$$= 100\,000 \times (12.578 - 1) = 1\,157\,800 \text{(元)}$$

【例1-10】 假设某酒店分5期付款购买办公楼,每年年初付款500 000元,若年利率为8%,按复利计息方式测算分期付款相当于一次付款的购买价。

解:
$$PA = A \times [(P/A, i, n-1) + 1] = 500\,000 \times [(P/A, 8\%, 4) + 1]$$
$$\approx 500\,000 \times (3.312\,1 + 1) = 2\,156\,050 \text{ (元)}$$

3. 递延年金的计算

递延年金是指在最初若干期没有收付款项的情况下,间隔一定时期后每期期末或期初收入或付出的系列等额款项。它是普通年金的一种特殊形式。递延年金终值是按照复利计息方式计算的在最后一期期末所得的本利和,即间隔一定时期后每期期末或期初等额收付资金的复利终值之和。

n期递延年金终值与n期普通年金终值的计算方法一样,其终值大小与递延期无关。其计算公式如下:

$$FA = A \times \sum (1+i)^{n-1} = A \times \frac{(1+i)^n - 1}{i} = A \times (F/A, i, n)$$

【例1-11】 某酒店与其他酒店合作共同开发一项目,预计该项目从第三年开始进入盈利期。该企业每年年末可收回资金150 000元,合作期10年。假设银行存款年利率为10%,试测算至合作期满,该公司可从新项目获取资金的本利和是多少?

解:
$$FA = A \times (F/A, 10\%, 8) \approx 150\,000 \times 11.435 = 1\,715\,250 \text{ (元)}$$

递延年金现值的计算有两种方法。

方法一:将递延年金划分为两部分,先按普通年金现值计算方法,计算出递延年金现值在第m期期末的现值PA',再将其作为终值按复利现值的计算方法贴现至第一期期初,计算公式如下:

$$PA = PA' \times (P/F, i, m) = A \times (P/A, i, n) \times (P/F, i, m)$$

方法二:先计算$(m+n)$期的普通年金现值PA_1,再计算前m期普通年金的现值PA_2,从PA_1中扣除PA_2便可得到递延年金的现值,计算公式如下:

$$PA = PA_1 - PA_2 = A \times (P/A, i, m+n) - A \times (P/A, i, m)$$

【例1-12】 某酒店企业因扩展需要向银行取得期限为10年,从第4年年末开始还款,每年还款50 000元的贷款。假设银行贷款年利率为10%,试计算该企业向银行还贷的数额。

解:

方法一:
$$PA = A \times (P/A, i, n) \times (P/F, i, m)$$
$$= 50\,000 \times (P/A, 10\%, 6) \times (P/F, 10\%, 2)$$
$$\approx 50\,000 \times 4.355\,3 \times 0.826\,4$$
$$\approx 179\,961 \text{ (元)}$$

方法二:
$$PA = PA_1 - PA_2 = A \times (P/A, i, m+n) - A \times (P/A, i, m)$$
$$= 50\,000 \times (P/A, 10\%, 8) - 50\,000 \times (P/A, 10\%, 2)$$
$$\approx 50\,000 \times (5.334\,9 - 1.735\,5)$$
$$\approx 179\,970 \text{ (元)}$$

4. 永续年金的计算

永续年金是普通年金的特殊形式，可视为期限为无穷的普通年金，没有时间界限，终值无法计算，现值采用极限的方式计算。永续年金现值的计算公式为：

$$P = A \div i$$

【例1-13】 某酒店拟建立一项永久性的奖学金，每年计划颁发20 000元奖金，若银行年利率为10%，学校现在应存入银行多少元？

解： $P = 20\,000 \div 10\% = 200\,000$（元）

项目小结

本项目主要讲述了酒店财务管理的概念、基本职能；酒店财务管理岗位设置及各岗位职能；酒店财务管理的内容，酒店财务关系；酒店财务管理的目标和原则，组织与环境，酒店财务管理的主要工具，货币的时间价值。

思考与练习

一、单项选择题

1. 在酒店筹建过程中，要依法合理地筹集国家规定的（　　）以及酒店建设所需资金。
   A. 最低资本金限额　　　　　　　　B. 最高资本金限额
   C. 最低筹资额　　　　　　　　　　D. 最高筹资额

2. 财务部经理岗位职责不包括（　　）。
   A. 在财务总监的领导下，直接负责财务部的日常管理
   B. 督导会计部和成本控制部的业务操作
   C. 协助财务总监起草各种管理制度
   D. 审核检查全部记账凭证和原始凭证

3. 以下属于酒店所处金融环境因素的是（　　）。
   A. 经济周期　　　B. 经济政策　　　C. 通货膨胀　　　D. 利率

4. 有限责任制酒店是由（　　）个以下股东共同出资设立的。
   A. 30　　　　　　B. 40　　　　　　C. 50　　　　　　D. 60

5. （　　）是指从第一期起，在一定时期内每期期末等额收付的系列款项，也称后付年金。
   A. 普通年金　　　B. 预付年金　　　C. 递延年金　　　D. 永续年金

二、多项选择题

1. 酒店财务部门应当担负的基本职能有（　　）。
   A. 担负酒店资金总核算
   B. 监督和指导业务部门进行资金运用和管理
   C. 维护酒店的经济利益效益性原则
   D. 树立酒店稳健的财务管理实力与形象
   E. 对整个酒店经营管理工作起着"管家"的作用

2. 财务总监岗位职责主要有（　　）。
   A. 制定本企业会计制度　　　　　　B. 组织领导财会部门工作
   C. 充当高层领导的财务管理助手　　D. 加强日常财务管理和成本控制

E. 保证按时纳税及应交利润
3. 酒店财务管理的内容主要包括（　　）。
   A. 筹资决策　　　　B. 投资决策　　　　C. 利润的分配
   D. 资金的分配　　　E. 融资决策
4. 酒店财务关系主要包括（　　）。
   A. 酒店与投资者和受资者之间的财务关系
   B. 酒店与债权人、债务人和往来客户之间的财务关系
   C. 酒店与税务机关之间的财务关系
   D. 酒店内部各部门之间的财务关系
   E. 酒店与员工之间的财务关系
5. 酒店财务管理的原则包括（　　）。
   A. 货币时间价值原则　　　　　B. 资金合理配置原则
   C. 收支积极平衡原则　　　　　D. 成本效益均衡原则
   E. 收益风险均衡原则　　　　　F. 利益关系协调原则
6. 酒店财务管理环境又称理财环境，是指对酒店财务管理活动产生影响的宏观和微观因素，其中主要影响因素有（　　）。
   A. 经济环境　　　B. 金融环境　　　C. 法律环境
   D. 政治环境　　　E. 酒店内部环境

三、判断题

1. 财务管理是酒店经营管理系统中的一个重要子系统，是有关资金的获得和有效使用的一项经济管理活动，在酒店管理中占有重要地位。（　　）
2. 做好在库物品的入库、出库记录是成本控制部主管的岗位职责。（　　）
3. 习惯上把一年以上、五年以下的借款称为短期资金，把五年以上的资金称为中期资金。（　　）
4. 股东委托经营者经营管理酒店，但经营者与股东的目标并不完全一致。（　　）
5. 酒店组织形式指酒店资金的形成方式，有独资、合伙和公司制三种。（　　）

四、简答题

1. 酒店财务管理的具体职能有哪些？
2. 什么是酒店财务管理目标？关于酒店财务管理目标主要有哪几种观点？
3. 什么是企业价值最大化？以企业价值最大化作为财务管理的目标，其优点和问题有哪些？
4. 我国财务管理制度可分为哪些层次？
5. 什么是财务管理工具？财务管理工具主要包括哪些？

五、计算分析题

1. 某酒店持有一张带息票据，面额1 000元，票面年利率10%，持票3年，按复利计算，该酒店3年后可得到多少本息？
2. 某酒店希望在3年后从银行取得本利和300 000元，用于支付一笔款项。若年利率为10%，在复利方式计算下，该酒店现在需要存入银行多少钱？
3. 某酒店每年计提客房折旧费50 000元，在年利率为10%的前提下，10年后酒店能用

该笔款项构建价值多少元的客房？

参考答案

一、单项选择题
1. A　　2. D　　3. D　　4. C　　5. A

二、多项选择题
1. ABCDE　　2. ABCDE　　3. ABD　　4. ABCDE　　5. ABCDEF　　6. ABCE

三、判断题
1. √　　2. ×　　3. ×　　4. √　　5. √

四、简答题

1. 酒店财务管理的具体职能有哪些？

答：

（1）严格执行国家的各种财务制度，完善酒店的财务管理制度。

（2）负责酒店资金的筹集、运用、组织、调度，统一安排资金的使用。

（3）负责财务预算的组织、综合平衡和统一汇总。

（4）负责酒店各项财产物资的登记、核对、检查和督导。

（5）负责酒店的经营成本、费用、利润的核算，按时编制各类会计报表，并进行财务分析。

2. 什么是酒店财务管理目标？关于酒店财务管理目标主要有哪几种观点？

答：

酒店财务管理目标是指酒店财务管理所要达到的最终目的。酒店财务管理的目标，主要有以下三种观点。

（1）利润最大化。该种观点认为，利润代表了企业新创造的财富，利润越多，则说明企业的财富增加得越多，越接近企业的目标。

（2）股东财富最大化。股东财富最大化是指通过财务上的合理经营，为股东创造最多的财富，实现企业财务管理目标。

（3）企业价值最大化。企业价值最大化是指通过企业财务上的合理经营，采用最优的财务政策，充分考虑资金的时间价值和风险与报酬的关系，在保证企业长期稳定发展的基础上使企业总价值达到最大。

3. 什么是企业价值最大化？以企业价值最大化作为财务管理的目标，其优点和问题有哪些？

答：

企业价值最大化是指通过企业财务上的合理经营，采用最优的财务政策，充分考虑资金的时间价值和风险与报酬的关系，在保证企业长期稳定发展的基础上使企业总价值达到最大。以企业价值最大化作为财务管理的目标，具有以下优点。

（1）企业价值最大化目标考虑了取得报酬的时间，并用时间价值的原理进行了计量。

（2）企业价值最大化目标科学地考虑了风险与报酬的关系。

（3）企业价值最大化能克服企业在追求利润上的短期行为，因为不仅目前的利润会影响企业的价值，预期未来的利润对企业价值的影响所起的作用更大。

但该目标也有许多问题需要我们去探索。

（1）企业价值计量方面存在问题。

（2）不易为管理当局理解和掌握。

（3）没有考虑股权资本成本。

4. 我国财务管理制度可分为哪些层次？

答：

（1）《企业财务通则》。财政部于1992年11月30日颁布了《企业财务通则》（2006年12月4日修订），它是我国整个企业财务制度中最基本的法规，是企业从事财务活动必须遵循的基本原则和规范。

（2）《旅游、饮食服务企业财务制度》。财务部根据《企业财务通则》的要求，制定了《旅游、饮食服务企业财务制度》，并于1993年7月1日起执行。

（3）企业的财务管理规章制度。在行业财务制度的基础上，各酒店还分别制定自身的财务管理规章制度，由此形成了一个完整的财务管理体系。

5. 什么是财务管理工具？财务管理工具主要包括哪些？

答：

财务管理工具是指财务管理中所采用的各种技术和方法的总称。按照财务管理的过程和要求，财务管理工具主要包括财务预测、财务计划、财务控制和财务分析。

五、计算分析题

1.

解：

$$F = P \times (1+i)^n = 1\,000 \times (1+10\%)^3 = 1\,331 \text{（元）}$$

2.

解：

$$P = F \times (1+i)^{-n} = 300\,000 \times (1+10\%)^{-3} \approx 225\,394.44 \text{（元）}$$

3.

解：

$$F = 50\,000 \times (F/A, 10\%, 10) = 50\,000 \times \left[\frac{(1+10\%)^{10}-1}{10\%}\right]$$

$$\approx 50\,000 \times 15.937 = 796\,850 \text{（元）}$$

参考文献

[1] 左桂谔. 酒店财务管理 [M]. 北京：北京大学出版社，2012.

[2] 章勇刚. 酒店财务管理 [M]. 北京：中国人民大学出版社，2014.

[3] 宋涛. 酒店财务管理 [M]. 武汉：华中科技大学出版社，2014.

[4] 张立俭，焦念涛，王光健. 酒店经理人财务管理 [M]. 北京：清华大学出版社，2013.

[5] 陈斯雯，雷雯雯. 新编现代酒店财务管理与成本控制实务大全 [M]. 北京：中国时代经济出版社，2013.

项目二

酒店筹资管理

学习目标

【知识目标】

1. 掌握酒店筹资的概念,了解酒店筹资的原则和程序,熟悉酒店筹资渠道和方式。
2. 了解酒店资金需要量的预测步骤和方法。
3. 掌握酒店资金成本的定义及作用,掌握酒店资金成本的计算方法。
4. 了解酒店财务风险及其影响因素,了解资本结构及最优资本结构。

【技能目标】

1. 能根据酒店实际情况解析筹资方式的决策。
2. 能科学确定酒店的筹资规模。
3. 能根据酒店资金的不同来源进行资金成本的计算。
4. 能充分利用财务杠杆效应进行资本结构的决策。

案例导入: 酒店餐饮概念股

华天酒店:2012 年华天酒店通过出售旗下潇湘华天大酒店约 120 套酒店房获得了近 4 300 万元的利润。据了解,公司决策层已认可并计划复制这种售后回租酒店房的营利模式。华天酒店在长沙市已打出了售后回租华天大酒店贵宾楼部分酒店房的推介广告,初步估计销售面积在 9 000m² 左右,可实现销售收入 1.7 亿元,利润贡献在 1 亿元左右,相当于公司 2012 年全年的净利润。公司是一家以酒店业为核心,以房地产与旅游为两翼,誉满三湘、比肩国际的现代旅游服务企业,是湖南省首家享有盛誉的超豪华五星级酒店。

西安旅游:西安旅游主导产业是旅游及旅游服务业,主营饭店经营与管理,餐饮服务,旅游产品开发、销售,旅游景区、景点开发,房地产开发与经营等相关业务。

东方宾馆:东方宾馆主营旅游业、办公楼出租、文化娱乐、出租车、酒店咨询、商场等。

新都酒店：新都酒店主要从事经营酒店、商场、餐厅以及酒店附设的车队、康乐设施、自有物业的出租与管理。

西安饮食：西安饮食是以餐饮服务为主业，广泛涉足酒店宾馆、旅游休闲、食品加工、种植养殖、教学培训、医疗卫生、建筑装潢等多个经营领域的大型上市公司。

金陵饭店：以五星级金陵饭店为主体，以酒店连锁经营为核心，构建了"酒店投资管理、旅游资源开发、酒店物资贸易"三大板块的发展格局，形成了"酒店连锁经营+旅游产业链"的营利模式。

锦江股份：锦江股份是中国最大的酒店、餐饮业上市公司，主营酒店管理、餐饮业务。

湘鄂情：湘鄂情是一家以粤菜、湘菜、鄂菜三大菜系为主，以淮扬菜、鲁菜为辅的复合菜系酒楼连锁企业。公司现拥有"湘鄂情""湘鄂春"等多个餐饮品牌，在全国经营直营店13家，加盟店8家，分布于北京、上海、长沙、深圳、成都、武汉、株洲等多个大中城市，公司各店提供菜品300余道，每季度创新菜品60余道。经过十年的发展，公司在北京及部分省会城市的中高端公务、商务餐饮及家庭餐饮市场占有重要地位。

丽江旅游：丽江旅游业务范围涉及旅游索道、房地产、酒店、交通和餐饮等行业的投资建设和相关的配套服务。公司现有的主营业务为经营坐落于三个自然公园的旅游索道及相关服务，即丽江玉龙旅游股份有限公司索道经营分公司、丽江云杉坪旅游索道有限公司和丽江牦牛坪旅游索道公司。

全聚德：全聚德主营业务为餐饮服务及食品加工销售业务，主要提供以"全聚德"品牌高档烤鸭系列菜品为主的餐饮服务。公司目前在北京、上海、重庆、长春等地拥有9家直营全聚德烤鸭店，在国内外共拥有61家特许加盟店（其中中国大陆地区56家，海外5家）。公司还拥有生产北京鸭生、熟制品为主的肉食品生产基地和以生产面食品、专用调料为主的面食品生产基地，以及以物流配送任务为主的北京全聚德配送中心。

上海建工：中标陆家嘴广场（小伙巷项目公建）、陆家嘴商务大酒店工程24.3亿元，公司是我国规模最大的建筑类上市公司。主营业务包括各类建设工程总承包、设计、施工、咨询、设备、材料、构配件生产、经营、销售，建筑技术开发与转让，机械设备租赁等。

号百控股：中国电信入主号百控股，重组转型为商旅预订和酒店运营及管理两大业务。据悉公司的酒店预订范围目前已扩展到全球25万家酒店。依托中国电信，公司未来将进一步做精做优商旅业务和酒店业。

资料来源：云财经网 http://www.yuncaijing.com。

思考：了解目前我国酒店通过股票筹集资金的现状。

任务一　酒店筹资概述

酒店在新建、运营、投资以及利润分配过程中都需要有一定量的资金，筹集资金是酒店各项财务工作的基础，在酒店的财务管理中占有重要地位。一个酒店的筹资能力决定着酒店的经营和资本结构。酒店在筹集资金过程中需要合理预测资金需要量、选择适当的筹资方式、计算资金成本、分析筹资风险，据此做出合理的资金筹集决策。

一、酒店筹资的概念和动机

酒店筹集资金是指酒店出于生产经营、对外投资和调整资本结构等活动对资金的需求，采取向外部有关单位或个人，或从企业内部筹措和集中等方式，获取所需资金的一种行为。对新建酒店来说，需要筹集一定量的资金用于构建客房、餐厅等建筑物，需要购买机器设备以及原材料、商品等物资，需要垫付员工薪金，并支付酒店创建期的各种创办费用；对现存酒店维持正常经营来说，需要筹集一定量的资金用于不断购置固定资产，以维持或扩大酒店经营能力，储备足够的原材料、商品并支付职工薪金，为客户提供服务，及时清偿债务，维持酒店的信誉等。

二、酒店筹资的原则及程序

酒店筹资的来源渠道和方式直接决定了资金成本及取得资金的及时性，酒店必须重视资金筹集的管理工作。资金筹集应遵循以下原则。

1. 目标性原则

所谓目标性原则就是把满足酒店对资金的最低数额需求作为资金筹集的数量标准。筹资过少，满足不了酒店的需求；筹集过多，造成资金闲置，增加资金成本。所以，要依据投资要求，在充分挖掘企业内部资金潜力的基础上做好资金预测。

2. 时效性原则

酒店融资所获得的资金占用的时间越长，其成本就越高。所以，酒店要合理安排资金的融通时间，适时获得所需资金，也要合理地控制资金投放时间，提高资金的使用效益。

3. 效益性原则

酒店无论以何种方式进行筹资，都会付出一定的代价，称为资金成本。不同来源的资金成本有高有低，且取得资金的难易程度也不一样。因此，需要对各种方式进行比较，选择经济可行的方式，以尽可能小的成本，取得尽可能大的效益。

4. 风险控制原则

酒店筹资必须考虑各种筹资渠道和筹资方式的合理比例结构，注意举债规模与资本结构和偿债能力相适应。合理的负债是酒店发展不可或缺的融资手段，但若负债过高，就会产生很重的财务负担，甚至可能丧失偿债能力而破产。所以，酒店要适度举债，合理确定资本结构，控制债务的比率，降低财务风险。

5. 合法性原则

酒店无论用哪种方法筹资，必须遵循国家法律法规，尤其是向社会筹资时，要严格按国家规定执行，严格按照申报程序和操作流程，严禁违法筹资，保障国家金融秩序的稳定。

由以上五个原则，可得出资金筹集的四个基本程序。

1. 预测酒店为了投资对资金的需求量
2. 确定酒店所有可能的筹集渠道和资金数额
3. 结合酒店的实际情况，确定酒店的最优资金结构
4. 尽量选择资金成本较低的资金来源筹集所需要的资金

三、酒店的筹资渠道

酒店筹资渠道指客观存在的筹措资金的来源和通道。我国酒店目前的筹资渠道主要有以下几个。

1. 国家财政资金

我国政府直接对私营酒店进行补贴的情况很少。国家对酒店的直接投资是国有酒店最主

要的资金来源,特别是国有独资酒店。国家大多以直接拨款的形式,还有"税前还贷"或减免所得税和各种税款形成的。从产权关系看,这些资金都属于国家作为所有者投入的资金,产权归国家所有。

2. 银行信贷资金

这是酒店负债资金的主要来源,银行一般分商业性银行和政策性银行。商业性银行为酒店提供商业性借款,追求借款的营利性;后者主要为特定酒店提供政策性借款。

3. 非银行金融机构资金

非银行金融机构资金渠道比较多,比如来自租赁公司、保险公司、证券公司、酒店集团财务公司等。它们所提供的各种金融服务既包括信贷资金的投放,也包括物资的融通,还有可能包括为酒店承销证券等金融服务。酒店可以借助金融机构发行债券,向社会直接筹资。这种活动必须具备一定的前提,符合国家的相关法律法规,对大多数私营酒店而言有难度。

4. 其他酒店资金

这部分是指酒店之间相互投资以及酒店之间的商业信用。我国法律一般不允许酒店之间直接发生借贷关系,私营酒店与其他酒店之间的筹资关系主要表现为商业信用。酒店与酒店之间还有一种筹资行为即融资租赁。比如甲酒店从乙酒店融资租入一台设备,租期7年,每年支付100万元租赁费,期满后设备归甲酒店所有。对甲酒店来说,相当于分期付款购买该设备。如果一次性购买该设备,需要700万元,直接影响酒店的现金流,而每年支付100万元则对资金占用较小,酒店获得了发展所需的设备,也有了发展所需的充裕资金。

5. 居民个人资金

居民个人资金是指企业筹资时吸收社会闲散资金。私营酒店从个人手中筹资有很多方法。比如,鼓励职工入股,吸收新的合作伙伴,使其入股。也可发行股票,但对酒店企业本身的要求较高。这种方式筹资的优点是手续简便,资金到位及时;缺点是资金数量较少,并且会受到较多干涉。

6. 酒店自留资金

这部分通过酒店经营获利留存,包括酒店计提的折旧、公积金和未分配利润等。这是酒店生产管理中自然形成的资金,不需要酒店去筹集。

7. 外商资金

这是指外国投资者及我国香港、澳门、台湾地区投资者投入的资金,是我国外商投资酒店管理资金的重要来源。酒店利用外资筹资不仅指货币资金筹资,也包括设备、原材料等有形资产筹资与专利、商标等无形资产筹资。利用外资包括利用国际组织、外国政府、外国社团、外国酒店与外国个人的资金。

四、酒店筹资的方式

按照资金权益特征不同,可将酒店资金筹集分为权益资金筹集和负债资金筹集两大类。

1. 权益资金筹集

所有者权益是指所有者在公司资产中享有的经济利益,包括投资者投入公司的资本及持续经营中形成的经营积累。权益资金的主要来源有国家投资、社会集资、发行股票、企业之间的兼并和重组等。所有者权益一般不用还本,称为自由资本。采用吸收权益资本的方式融通资金,财务风险较小,但付出的资本成本较高。

（1）吸收直接投资。这是指酒店以协议等形式吸收国家、其他酒店、个人和外商等直接投入资本，形成酒店资本金的一种筹资方式。直接投资的方式可以是货币资金，也可以是实物，如设备、厂房、建筑物等。土地使用权、无形资产也可以作为投资的资本。吸收直接投资的优点是可以增强公司信誉，财务风险较低；缺点是资本成本较高，易分散企业的控制权，直接投资的方式和规模决定了酒店难以吸收大量的社会资本参与。

（2）发行股票筹资。股票是股份公司发行的所有权凭证，是股份公司为筹集资金而发行给各个股东作为持股凭证并借以取得股息和红利的一种有价证券。股票按股东权利的不同分为普通股和优先股。普通股指的是在公司的经营管理和盈利及财产的分配上享有普通权利的股份，代表满足所有债权偿付要求及优先股东的收益权与求偿权要求后对企业盈利和剩余财产的索取权。它构成公司资本的基础，是股票的一种基本形式，也是发行量最大、最重要的股票。目前在上海和深圳证券交易所中交易的股票，都是普通股。

普通股股东按其所持有股份比例享有以下基本权利：一是公司决策参与权。普通股股东有权参与，并有建议权、表决权和选举权，也可以委托他人代表其行使其股东权利。二是利润分配权。普通股股东有权从公司利润分配中得到股息。普通股的股息是不固定的，由公司盈利状况及其分配政策决定。普通股股东必须在优先股股东取得固定股息之后才有权享受股息分配权。三是优先认股权。如果公司需要扩张而增发普通股股票，则现有普通股股东有权按其持股比例，以低于市价的某一特定价格优先购买一定数量的新发行股票，从而保持其对企业所有权的原有比例。四是剩余资产分配权。公司破产或清算时，若公司资产在偿还欠债后还有剩余，其剩余部分按先优先股股东、后普通股股东的顺序进行分配。

优先股是指依照《公司法》，在一般规定的普通种类股份之外，另行规定的其他种类股份，其股份持有人优先于普通股股东分配公司利润和剩余财产，但参与公司决策管理等权利受到限制。优先股股东可以按照约定的票面股息率，优先于普通股股东分配公司利润。公司应当以现金的形式向优先股股东支付股息，在完全支付约定的股息之前，不得向普通股股东分配利润。

（3）利用留存收益。留存收益是酒店的自有资金。它是酒店在经营所创造的利润中，用于企业发展而不是分红分掉的部分。利用留存收益的优点有以下三个：一是无成本性，企业在筹集内部资金时，无须对外付出任何代价。这是一种资本成本最小的方法，企业可优先考虑。二是高效性，酒店内部筹资不需要经过烦琐的审批程序，缩短了筹资时间。三是不影响公司的资信情况。内部融资不会对酒店负债率产生影响，这有利于酒店保持财务稳定和资信良好。

2. 负债资金筹集

负债资金筹集是指企业通过向金融机构借款、发行债券、融资租赁等负债的方式筹集资金。负债筹资到期要归还本金利息，称为借入资本或债务资本。采用负债的方式筹集资金，一般承担较大财务风险，但相对而言，付出的资本成本较低。

（1）向银行借款。银行借款是指企业向银行或其他非银行金融机构借入的、需要还本付息的款项，包括偿还期限超过1年的长期借款和不足1年的短期借款，主要用于企业构建固定资产和满足流动资金周转的需要。按机构对贷款有无担保要求，分为信用贷款和担保贷款。信用贷款是指以借款人的信誉或保证人的信用为依据而获得的贷款。企业取得这种贷款，无须以财产做抵押。对于这种贷款，由于风险较高，银行通常要收取较高的利息，往往还附加一定的限制条件。担保贷款是指由借款人或第三方依法提供担保而获得的贷款。担保包括保证责任、财务抵押、财产质押,由此,担保贷款包括保证贷款、抵押贷款和质押贷款。

(2) 利用商业信用。商业信用是指在商品交易中由于延期付款或预收货款所形成的企业间的借贷关系。商业信用筹资是利用商业信用进行融资的行为。商业信用的形式主要有赊购商品、预收货款和商业汇票。商业信用筹资的基本方法有三种。

第一种方法是赊购商品筹资。卖方向买方提供赊销而形成的信用,从买方的角度看,是一种利用应付账款的筹资渠道,商品的加价部分是买方筹资的成本。

第二种方法是预收货款筹资。卖方给予现金折扣获取买方提前付款而形成的信用,从卖方的角度看,是一种利用预收账款或者减少应收账款的筹资渠道,现金折扣是卖方筹资的成本。

【例2-1】 某酒店向水产公司购入水产品,应付货款10 000元,信用条件为2/10,1/20,N/30。如果酒店在10天内付款,就可以获得现金折扣200元(10 000×2%),只需向对方支付9 800元。如果酒店在10天后20天内付款,可以获得现金折扣100元(10 000×1%),只需向对方支付9 900元。如果酒店在20天后付款,就放弃了现金折扣,需要支付全部货款10 000元。

第三种方法是商业汇票筹资。商业汇票是出票人签发的,委托付款人在见票时或者在指定日期无条件支付确定的金额给收款人或者持票人的票据。工商企业需要使用商业汇票时,可成为出票人。商业汇票与银行汇票的主要区别是,银行汇票的出票人是银行,商业汇票的出票人是工商企业。商业汇票可以由付款人签发,也可以由收款人签发,但都必须经过承兑。只有经过承兑的商业汇票才具有法律效力,承兑人负有到期无条件付款的责任。商业汇票按承兑人的不同分为商业承兑汇票和银行承兑汇票。商业汇票到期,因承兑人无款支付或其他合法原因,债权人不能获得付款时,可以按照汇票背书转让的顺序,向前手行使追索权,依法追索票面金额;该汇票上的所有关系人都应负连带责任。商业汇票一律记名并允许背书转让。在商业汇票到期后,一律通过银行办理转账结算,银行不支付现金。商业汇票的提示付款期限自汇票到期日起10日内。商业汇票的付款期限,最长不得超过6个月。

(3) 发行企业债券。企业债券是符合法定条件的企业依照法定程序发行,约定在一定期限内还本付息的有价证券。持券人可按期取得利息,到期收回本金,但无权参与企业的经营管理,也不参加分红,对企业不承担任何责任。企业通过发行债券取得资金,应当按照规定的用途安排使用。发行债券必然增加酒店的负债率与经营风险,因此需要慎重决策,并做好到期还本付息的计划。

(4) 融资租赁。这是指由租赁公司按承租方要求,出资购买设备,在契约或合同期内,提供给承租人使用的一种长期融资行为。

融资租赁的特征一般归纳为五个方面:①租赁物由承租人决定,出租人出资购买并租赁给承租人使用,并且在租赁期间内只能租给一个企业使用。②承租人负责检查验收制造商所提供的租赁物,对该租赁物的质量与技术条件出租人不向承租人做出担保。③出租人保留租赁物的所有权,承租人在租赁期间支付租金而享有使用权,并负责租赁期间租赁物的管理、维修和保养。④租赁合同一经签订,在租赁期间任何一方均无权单方面撤销合同。只有在租赁物毁坏或被证明已丧失使用价值的情况下方能中止执行合同,无故毁约则要支付相当重的罚金。⑤在租期结束后，承租人一般对租赁物有留购和退租两种选择，若要留购，购买价格可由租赁双方协商确定。

任务二 酒店资金需要量预测

酒店筹集经营资金的适当数量，必须以对资金需要量的合理预测为基础。合理预测酒店资金需要量，可以适时保障酒店经营所需资金。

一、酒店资金需要量的预测步骤

1. 销售量及销售收入预测

酒店餐饮、商品以及其他各营业部门的销售都以酒店客房销售为基础，所以酒店预测资金需要量，必须以酒店的客房销售预测为起点。预测酒店客房销售，需要以酒店近年来的客房销售以及销售变动趋势为基础，综合考虑各种外部及内部因素对其产生的影响。影响酒店销售变动的各种外部因素有国家宏观经济形势、酒店所处城市及城区经济发展趋势、可能的突发事件的发生、客源结构的变化、旅游消费模式的转变等。影响酒店销售变动的内部因素有广告的投放及其产生的效应、促销手段的实施、定价策略等。酒店在确定各营业部门的销售后，需要根据现销与赊销比、收账政策，确定酒店的现金流入量。

2. 酒店投资数额预测

酒店增加投资数额主要考虑两方面：旅游人数的增加对酒店规模的扩大产生影响，酒店服务质量的提高对酒店软硬件设施建设产生影响。随着社会政治经济的稳定发展和人们生活水平的提高，人们可用于自由支配的收入稳定增加，尤其我国五一、十一长假的实行，为假日经济的蓬勃发展创造了条件，对旅游热点地区的酒店扩大经营规模产生了影响。酒店的建设规模取决于计划接待的旅客人数、旅客平均滞留天数、预计客房出租率等因素。

$$酒店建设规模 = \frac{酒店预计年接待人数 \times 平均每人滞留天数}{预计客房出租率 \times 全年天数 \times 平均每周客户住宿人数}$$

3. 酒店成本费用预测

酒店成本费用开支依据与酒店销售量之间的数量关系，可以分为固定费用和变动费用。在合理预计酒店销售量指标后，可以依据变动费用与销售量之间的函数关系合理确定变动费用的开支，并逐项分析固定费用的影响因素，确定固定费用的开支范围，从而预计酒店成本费用开支。

4. 利润和留存收益预测

利用酒店销售收入和成本费用开支的关系，可以测算出酒店利润。利用测算的酒店利润和酒店股利支付政策，可以确定酒店的留存收益。留存收益是酒店筹集资金的方式之一。

5. 筹资金融预测

酒店依据以上预测的结果，就可以合理预测所筹集的资金数额。

二、酒店资金需要量的预测方法

1. 现金收支法

利用现金收支法预测资金需要量，是通过预测酒店现金流入量、现金流出量来预计酒店现金的多余或不足，从而确定酒店是否需要筹集资金以及所筹资金的数额（见表2-1）。

(1) 预测酒店的现金流入量：合理预计酒店的营业收入，依据酒店赊销政策估计可能获得的现金流入，并对变卖固定资产变价收入等非营业现金收入做出估测，即可计算出酒店的现金流入量。

(2) 预测酒店的现金流出量：预计酒店成本费用的开支及赊购政策对现金流出的影响，计算酒店的现金流出量。

(3) 确定计划期现金的多余或不足：利用预计的现金流入量与流出量之间的配比，计算出酒店预测期内现金的多余或不足。现金不足时需要利用合理的筹资方式补足现金，保障酒店经营顺利进行；现金多余则需有效利用现金投资或还债，提高现金使用效率。

2. 调整净损益法

(1) 以权责发生制原则为基础，计算预测期内酒店经营的净收益。

(2) 以现金收付制原则为基础，调整预测期内与现金收支无关的现金收入与现金支出。

(3) 利用与现金收支无关的现金收入与现金支出调整酒店经营净收益，确定酒店现金的多余或不足。

表 2-1 现金预测表　　　　　　　　　　　元

项　　目	月	日
收益总额		
加：折旧		
提取坏账准备		
预提费用		
账款收回数超过销售数额		
减：销售数超过账款收回数		
现金收付基础税前净收益		
减：所得税支付额		
现金收付基础税后净收益		
加：存货减少数		
出售有价证券		
出售固定资产		
应付账款增加数		
减：存货增加数		
购进有价证券		
购进固定资产		
应付账款减少数		
偿还长期债务		

续表

项　目	月	日
现金余额增加数（现金基础净收益）		
加：期初现金余额		
现金余额		
减：需要最低现金		
现金盈余或不足		

3. 销售比率法

（1）依据酒店销售预测、流动资产与销售量的比例关系，以及固定资产与酒店经营能力的变化关系，合理预计满足经营能力所需的流动资产和固定资产总额。

（2）依据应付账款和应计费用与销售量的比例关系，预计酒店负债总额。

（3）计算留存收益净增加额及预计股东权益。留存收益净增加额的计算公式为：

留存收益净增加额 = 预计销售额 × 销售净利润 × （1 - 股利支付率）

（4）计算酒店所需筹资数额。公式为：

酒店筹资数额 = 预计总资产 - 预计总负债 - 预计总股东权益

4. 回归分析法

回归分析法是利用历史资料和最小二乘法的原理，计算各资产负债表项目和销售额之间的函数关系，以此来预测资金筹集数量的一种方法。

回归分析法假设酒店销量与资金占用之间存在线性关系，将资金占用分为不变资金、变动资金和半变动资金。不变资金包括酒店为维持正常经营而占用的最低数额的流动资金、必要的固定资产、原材料的保险储备等；变动资金包括酒店购入的直拨给厨房的食品原材料等；半变动资金可以分解为不变资金和变动资金。因此，可以得到酒店资金占用和销量之间的关系：

$$Y = a + b \cdot X$$

其中，Y 为资金占用额；a 为销量；b 为不变资金；X 为单位销量所需变动资金。

根据回归分析法的最小二乘法原理，计算：

$$\sum Y_i = na + b \sum X_i$$

$$\sum X_i Y_i = a \sum X_i X_i^2$$

可求出 a 和 b，并计算出筹资数额。

任务三　酒店资金成本

一、酒店资金成本的定义及作用

酒店资金成本是指酒店为筹集和使用资金而付出的代价。在市场经济条件下，酒店不能无偿使用资金，必须向资金提供者支付一定数量的费用作为补偿。

1. 资金成本包括资金筹集费用和资金占用费用两部分

（1）资金筹集费用指资金筹集过程中支付的各种费用，如发行股票、发行债券支付的印刷费、律师费、公证费、担保费及广告宣传费。需要注意的是，企业发行股票和债券时，支付给发行公司的手续费不作为企业筹集费用。因为此手续费并未通过企业会计账务处理，企业是按发行价格扣除发行手续费后的净额入账的。

（2）资金占用费是指占用他人资金应支付的费用，或者说是资金所有者凭借其对资金所有权向资金使用者索取的报酬，如股东的股息、红利、债券及银行借款支持的利息。

2. 资金成本的作用

资金成本是酒店财务管理工作的重要指标，其在酒店筹资决策中的作用如下所述。

（1）资金成本是影响企业筹资总额的重要因素。随着筹资数额的增加，资金成本不断变化。当企业筹资数额很大，资金的边际成本超过企业承受能力时，企业便不能再增加筹资数额。因此，资金成本是限制企业筹资数额的一个重要因素。

（2）资金成本是企业选择资金来源的基本依据。企业的资金可以从许多方面来筹集，就长期借款来说，可以向商业银行借款，也可向保险公司或其他金融机构借款，还可向政府申请借款。企业究竟选用哪种来源，首先要考虑的因素就是资金成本的高低。

（3）资金成本是企业选用筹资方式的参考标准。企业可以利用的筹资方式是多种多样的，在选用筹资方式时，需要考虑的因素很多，但必须考虑资金成本这一经济标准。

（4）资金成本是确定最优资金结构的主要参数。不同的资金结构，会给企业带来不同的风险和成本，从而引起股票价格的变动。在确定最优资金结构时，考虑的因素主要有资金成本和财务风险。

二、酒店资金成本的计算

使用资金所付代价的多样性，决定了总资金成本是由个别资金成本项目构成的，即总资金成本率是由各个资金成本率综合计算得到的。核算资金成本率的目的在于对采纳何种筹资方案做出决策。

1. 长期借款的资金成本

长期借款的资金成本是指借款利息和筹资费用。由于借款利息一般允许在所得税前支付，因此酒店长期借款的资金成本率的计算公式为：

$$长期借款的资金成本率 = \frac{每年利息}{筹资总额 - 筹资费用} \times (1 - 所得税税率) \times 100\%$$

【例2-2】长鸿酒店从银行取得长期借款 100 万元，年利率为 5%，期限为 5 年，每年付息一次，到期一次还本，筹资费用率为 1%，企业所得税税率为 25%，则该项借款的资金成本率为：

$$长期借款的资金成本率 = \frac{1\,000\,000 \times 5\% \times (1 - 25\%)}{1\,000\,000 \times (1 - 1\%)} \times 100\% \approx 3.79\%$$

2. 债券成本

债券成本包括债券利息和筹资费用。债券筹资费用一般都比较高，债券利息也是在税前支付的，可以起到抵税的作用。其成本率的计算公式如下：

$$长期债券的资金成本率 = \frac{每年债券利息}{发行总价 - 发行费用} \times (1 - 所得税税率) \times 100\%$$

【例2-3】 长鸿酒店计划发行面额为500万元的公司债券,期限为3年,票面年利率为9%,筹资费用率为5%,所得税税率为25%,预计发行价格为600万元,则该债券的资金成本率为:

$$长期债券的资金成本率 = \frac{500 \times 9\%}{600 \times (1-5\%)} \times (1-25\%) \times 100\% \approx 5.92\%$$

3. 优先股成本

酒店发行优先股筹集资金,需要定期支付股息,并支付筹资费用。股息是在税后支付的,不能起到抵税的作用。其计算公式如下:

$$优先股的资金成本率 = \frac{每年股息}{发行总价 - 发行费用} \times 100\%$$

【例2-4】 长鸿酒店发行一批优先股股票,设定股息为10元,每股面额为100元,发行成本为5元,则该优先股的资金成本率为:

$$优先股的资金成本率 = \frac{10}{100-5} \times 100\% \approx 10.53\%$$

【例2-5】 假设长鸿酒店发行优先股80万元,筹资费用率为3%,每年支付10%的股息,则该优先股的资金成本率为:

$$优先股的资金成本率 = \frac{80 \times 10\%}{80 \times (1-3\%)} \times 100\% \approx 10.31\%$$

由于优先股的股息在税后支付,而债券利息在税前支付,且当公司破产清算时,优先股的求偿权位于债券持有人之后,因此,其风险大,其成本也高于债券成本。

4. 普通股成本

普通股筹资成本主要是向股东支付的各期股息。由于各期股息不一定相同,随企业各期收益波动,所以在正常情况下,这种投资报酬率应该表现为逐年增长,计算公式如下:

$$普通股的资金成本率 = \frac{每年股息}{发行总价 - 发行费用} \times 100\% + g$$

其中,g为每年的股息增长率。

【例2-6】 假设长鸿酒店发行面值为1元的普通股100万股,每股发行价为3元,筹资费用率为2%,第一年支付10%的股息,以后每年增长2%,则该普通股的资金成本率为:

$$普通股的资金成本率 = \frac{100 \times 10\%}{100 \times 3 \times (1-2\%)} \times 100\% + 2\% \approx 5.4\%$$

假定资本市场有效,股票市场价格与价值相等,则普通股的筹资成本率的计算公式如下:

$$K_s = R_f + \beta(R_m - R_f)$$

其中,R_f为无风险报酬率,β为股票的风险系数,R_m为市场平均报酬率。

【例2-7】 假设长鸿酒店普通股的风险系数为1.5,此时一年期国债利率为5%,市场平均报酬率为15%,求普通股资金成本率。

解:

$$K_s = 5\% + 1.5 \times (15\% - 5\%) = 20\%$$

5. 留存收益成本

酒店的留存收益是交所得税后形成的，其所有权属于股东，实质上相当于股东对公司的追加投资，股东对这部分投资与以前缴给企业的股本一样，也要有一定的报酬，所以留存收益也要计算成本率。其计算公式如下：

$$留存收益成本率 = \frac{普通股股利}{普通股市场价格} + 每年股利增长率$$

【例 2-8】 假设长鸿酒店为扩大经营规模，需筹资 300 万元，当年预计股利率为 1，预计以后每年增长 2%，该酒店现有可分配利润 400 万元，若将其中 300 万元作为留存收益资本化，则其留存收益成本率为：

$$留存收益成本率 = \frac{300 \times 10\%}{300} + 2\% = 12\%$$

6. 加权成本计算法

酒店企业筹集的资金，往往不是采用单一筹资方式，而是各种筹资方式的组合。为了正确进行筹资和投资决策，就有必要计算确定企业全部长期资金的总成本，即加权平均资金成本。加权成本计算法是以个别成本计算为基础确定全部资金综合成本的方法。加权平均资金成本率一般是以各种资金占全部资金的比重为加权数，对个别资金成本进行加权平均确定的，其计算公式为：

$$K_w = \sum_{j=1}^{n} H_j W_j$$

其中，K_w 为加权平均资金成本率；n 为个别资金种类数；H_j 为第 j 类资金的资金成本；W_j 为第 j 类资金额占资金的比重。

【例 2-9】 假设长鸿酒店现有资金 2 000 万元，资金构成为长期借款 400 万元、普通股 1 600 万元，各种资金的成本分别为 10%、8%。求酒店综合资金成本率。

解：

$$K_w = 10\% \times \frac{400}{2\ 000} + 8\% \times \frac{1\ 600}{2\ 000} = 8.4\%$$

【例 2-10】 某现有筹资渠道及其资金构成见表 2-2，在有可能的几组筹资结构 A、B、C、D 中，选择最优方案。

表 2-2 筹资渠道及其资金构成   %

资金来源	可供选择的筹资结构				年筹资成本率
	A	B	C	D	
发行股票	45	50	55	40	8
银行借款	20	25	20	30	12
发行债券	15	15	10	20	16
吸收直接投资	20	10	15	10	13

解：

$$K_A = 8\% \times 45\% + 12\% \times 20\% + 16\% \times 15\% + 13\% \times 20\% = 11\%$$

$$K_B = 8\% \times 50\% + 12\% \times 25\% + 16\% \times 15\% + 13\% \times 10\% = 10.7\%$$

$$K_C = 8\% \times 55\% + 12\% \times 20\% + 16\% \times 10\% + 13\% \times 15\% = 10.35\%$$

$$K_D = 8\% \times 40\% + 12\% \times 30\% + 16\% \times 20\% + 13\% \times 10\% = 11.3\%$$

通过以上计算可以看出方案 C 的成本率最低。

酒店在进行筹资决策时，要对筹资成本率与预计的资金利润率进行比较。如果筹资成本率大于资金利润率，或者筹资成本率的增长幅度大于资金利润率的增长幅度，则说明酒店的筹资决策或投资决策存在问题。从筹资的角度看，应采取措施，降低成本率：可以考虑改变资金筹集的方式，以降低加权平均资金成本率，如考虑降低各项资金成本，选择利息各费用较低的借款；调整资金来源结构，适当提高成本率较低的资金在全部资金中的比重。

任务四　酒店财务风险控制与结构优化

财务风险又称筹资风险，是指与酒店筹资相关的风险，尤其指利用财务杠杆导致公司股东或企业所有者收益变动的风险甚至可能导致企业破产的风险。由于财务杠杆的作用，当息税前利润下降时，税后利润下降得更快，从而给企业带来财务风险。

一、酒店财务风险的影响因素

1. 资本供求的变动

在资本市场上，资本供求状况决定酒店的筹资成本，资本供大于求时筹资成本低，相应财务风险低；反之，财务风险高。

2. 利率水平的变动

利率水平的变动与筹资成本呈反向变动关系，利率水平高，则筹资所需支付的利息高，及筹资成本高，财务风险相对就大；反之，财务风险小。

3. 获利能力的变动

当酒店获利能力强，即经营状况良好时，酒店抵御财务风险的能力就强，财务风险小；反之，财务风险大。

4. 资本结构的变动

财务结构是指酒店资产的筹资方式。从资产负债表的结构可知，资产的筹资方式有负债筹资和权益筹资。资本结构是指酒店长期筹资项目的构成及其比例关系，包括长期负债、优先股股本、普通股等。酒店筹资的债务资金多，需要偿还的利息及到期债务就多，酒店财务风险就大；但如果酒店筹资的所有者权益资本过大，酒店容易发生所有权的变更。

二、财务杠杆和财务杠杆系数

1. 财务杠杆

财务杠杆是指资本结构中债务的运用对普通股每股收益的影响能力。

酒店在筹集到一定的债务后，借入资金和支出资金就相对固定，即无论酒店利润多少，债务利息不变。酒店息税前利润的变动将引起权益资本收益更大幅度的变动，即当息税前利润增长时，债务利息不变，自有资金收益将有更大的增长；反之，当息税前利润下降时，自有资金收益率下降幅度更大，这种债务对股权资本收益的影响称为财务杠杆。

财务杠杆有正面作用和负面作用。正面作用是当全部资金的息税前投资利润率大于借入资金成本时，可为酒店带来收益，而且负债比率越高，财务杠杆收益就越大；负债比率越低，财务杠杆收益就越小；如果没有负债，就没有财务杠杆收益。负面作用是当全部资金的息税前投资利润率小于借入资金成本时，就会为酒店带来损失，而且负债比率越高，财务杠杆损失就越大；负债比率越低，财务杠杆损失就越小；如果没有负债，就没有财务杠杆损失。

财务杠杆对财务风险的影响最大。企业所有者想获得财务杠杆收益，需要承担由此引起的财务风险，因此必须在财务杠杆利益与财务风险之间做出合理的选择。

2. 财务杠杆系数

财务风险的大小及给酒店带来的杠杆利益程度，通常用财务杠杆系数加以衡量。财务杠杆系数是指普通股每股税后利润变动率相对于息税前利润变动率的倍数，也叫财务杠杆程度，通常用来反映财务杠杆的大小和作用程度，以及评价企业财务风险的大小。

财务杠杆系数的计算公式为：

$$财务杠杆系数 = \frac{普通股每股收益变动率}{息税前利润变动率}$$

或

$$DFL = \frac{\Delta EPS/EPS}{\Delta EBIT/EBIT}$$

其中，DFL 为财务杠杆系数；ΔEPS 为普通股每股利润变动额；EPS 为变动前的普通股每股利润；$\Delta EBIT$ 为息税前利润变动额；EBIT 为变动前的息税前利润。

为了便于计算，可将上式变换如下：

由 $EPS = \frac{(EBIT - I)(1 - T)}{N}$

$\Delta EPS = \frac{\Delta EBIT(1 - T)}{EBIT - I}$

得 $DFL = \frac{EBIT}{EBIT - I}$

其中，I 为利息；T 为所得税税率；N 为流通在外的普通股股数。

【例 2-11】 长鸿酒店全部资本为 3 000 万元，负债比率为 40%，负债利率为 8%，当销售额为 2 500 万元时，息税前利润为 500 万元，求财务杠杆系数。

解：

$$DEL = \frac{EBIT}{EBIT - I} = \frac{500}{500 - 3\ 000 \times 40\% \times 8\%} \approx 1.24$$

从公式可以看出，财务杠杆系数是和利息费用同方向变动的，在酒店营利的情况下，只要酒店对外支付的利息不超过息税前利润，利息费用越多，财务杠杆作用就越大。这表明在酒店经营状况良好的情况下，负债越高，财务杠杆系数就越大，财务杠杆作用也越大，酒店能获得更多的收益；当酒店经营状况不佳时，酒店经营收益不足以支付利息费用，酒店将承受更大的财务风险。

3. 运用财务杠杆分析负债经营决策

负债经营对酒店有利也有弊。运用财务杠杆分析酒店负债经营决策，需要综合考虑以下因素。

（1）酒店财务管理目标。酒店在进行负债经营决策前，首先需要明确财务管理目标，即财务管理目标是提高自有资金利润率还是提高税后利润。如果是为了提高自有资金利润率，当酒店资本成本率小于息税前利润率时，就可以利用财务杠杆的作用；如果是为了提高税后利润，酒店就应放弃负债筹资，尽量采用权益资本筹资。

（2）尽量降低借入资金成本。从财务杠杆分析可以看到，在酒店营利的情况下，只要酒店对外支付的利息不超过息税前利润，利息费用越多，财务杠杆作用就越大。但这并不表示酒店负债比率越高越好。酒店负债比率提高，财务风险会加大，债权人要求的报酬和权益资本要求的报酬中就会增加风险补偿部分，使酒店筹资成本大大提高，从而减少酒店的收益。

（3）考虑抵税因素。负债筹资的利息支付是在所得税之前，可以起到税收挡板的作用。当所得税税率较高时，酒店可以考虑增加负债筹资，但需要考虑风险问题。

（4）酒店筹资决策者的风险偏好。酒店负债经营决策，在一定程度上取决于酒店筹资决策者的风险偏好。当酒店决策者风险承受能力强时，可能愿意选择风险和收益都较高的方案；反之，为安全起见，可能宁愿选择风险和收益偏低的方案。

三、资本结构分析

1. 资本结构及最佳资本结构

资本结构是指酒店资本总额中各种资本的价值构成及其比例关系，是酒店一定时期筹资组合的资本结构，包括全部债务与股东权益的构成比率；狭义的资本结构是指长期债务资本与（长期）股权资本之间的构成及其比例关系，短期债务作为营运资金来管理。本书所指是狭义的资本结构。

所谓最佳资本结构，是指在一定条件下使企业平均资本成本率最低、企业价值最大的资本结构。资本结构优化的目标，是降低平均资本成本率或提高普通股每股收益。从理论上讲，最佳资本结构是存在的，但由于酒店内部条件和外部环境的经常性变化，动态地保持最佳资本结构十分困难。所以，目标资本结构通常是酒店企业结合自身实际进行适度负债经营所确立的资本结构。

2. 资本结构优化

酒店资本结构优化是指通过对酒店资本结构的调整，使其资本结构趋于合理化，达到既定目标的过程。资本结构优化要求酒店权衡负债的低资本成本和高财务风险的关系，确定合理的资本结构。资本结构优化的目标，是降低平均资本成本率或提高普通股每股收益。

优化的方法有三种。

（1）每股收益无差别点法。这种方法是按照每股收益大小判断资本结构的优劣，能够提高每股收益的资本结构是合理的资本结构。每股收益无差别点，是指在不同筹资方式下每股收益都相等时的息税前利润和业务量水平。根据每股收益无差别点可以分析判断在什么样的息税前利润和业务量水平前提下，适于采用何种筹资组合方式，进而确定酒店的资本结构安排。当预期息税前利润和业务量水平大于每股收益无差别点时，应选择债务筹资方案。反之，选择股权投资方案。

（2）综合资本成本比较法。这种方法是通过计算和比较各种可能的筹资组合方案的平均资本成本，选择综合资本成本率最低的方案，即能够降低平均资本成本的资本结构就是合理的资本结构；侧重于从资本投入的角度对筹资方案和资本结构进行优化分析。

（3）公司价值分析法。这种方法是在考虑市场风险的基础上，以公司价值为标准，进行资本结构优化，即能够提升公司价值的资本结构，就是合理的资本结构；主要用于对现有资本结构进行调整，适用于资本规模较大的上市公司资本结构优化分析。同时，在公司价值最大的资本结构下，公司的平均资本成本率也是最低的。

项目小结

本项目主要讲述了酒店筹资的概念、原则和程序，筹资渠道和方式，酒店资金需要量的预测步骤和方法，酒店资金成本的概念和计算，酒店财务风险和资本结构优化。

思考与练习

一、单项选择题

1. 商业汇票是（　　）签发的，委托付款人在见票时或者在指定日期无条件支付确定的金额给收款人或者持票人的票据。
   A. 收款人　　　　　　B. 持票人
   C. 出票人　　　　　　D. 付款人
2. 企业发行股票和债券时，支付给发行公司的（　　）不作为企业筹集费用。
   A. 印刷费　　　　　　B. 律师费
   C. 手续费　　　　　　D. 广告宣传费
3. 财务风险的大小及给酒店带来的杠杆利益程度，通常用（　　）加以衡量。
   A. 系统风险系数　　　B. 财务杠杆系数
   C. 市场风险系数　　　D. 财务成本系数
4. 运用财务杠杆分析酒店负债经营决策，需要综合考虑的因素不包括（　　）。
   A. 酒店财务管理目标　B. 尽量提高借入资金成本
   C. 考虑抵税因素　　　D. 酒店筹资决策者的风险偏好
5. 目标资本结构通常是酒店企业结合自身实际进行适度（　　）经营所确立的资本结构。
   A. 负债　　　　　　　B. 资本
   C. 资产　　　　　　　D. 权益

二、多项选择题

1. 酒店资金筹集应遵循的原则有（　　）。
   A. 目标性原则　　　B. 时效性原则　　　C. 效益性原则
   D. 风险控制原则　　E. 合法性原则
2. 我国酒店目前的筹资渠道主要有（　　）。
   A. 国家财政资金　　B. 银行信贷资金　　C. 非银行金融机构资金
   D. 其他酒店资金　　E. 酒店自留资金
3. 以下属于负债筹资的是（　　）。
   A. 向银行借款　　　B. 利用商业信用　　C. 发行企业债券
   D. 融资租赁　　　　E. 利用留存收益　　F. 政府或行业组织的价格约束

4. 酒店资金需要量的预测方法有（　　）。
A. 现金收支法　　　　B. 调整净损益法　　　C. 销售比率法
D. 回归分析法　　　　E. 竞争导向法

5. 酒店资本结构优化的方法主要包括（　　）。
A. 每股收益无差别点法　　B. 综合资本成本比较法　　C. 公司价值分析法
D. 成本加成定价法　　　　E. 目标收益定价法

三、判断题

1. 采用吸收权益资本的方式融通资金，财务风险较小，但付出的资本成本较高。（　　）
2. 采用负债的方式筹集资金，一般承担较大财务风险，但相对而言，付出的资本成本较高。（　　）
3. 普通股筹资成本主要是向股东支付的各期股利。在正常情况下，这种筹资报酬率应该表现为逐年增长。（　　）
4. 财务杠杆对财务风险的影响最大。（　　）
5. 资本结构优化要求酒店权衡负债的高资本成本和低财务风险的关系，确定合理的资本结构。（　　）

四、简答题

1. 什么是酒店筹集资金？酒店筹集资金的动机是什么？
2. 利用留存收益进行筹资的优点有哪些？
3. 资金成本在酒店筹资决策中的作用是什么？
4. 酒店财务风险的影响因素有哪些？
5. 财务杠杆的正面作用和反面作用分别是什么？

五、计算分析题

1. 长鸿酒店从银行取得长期借款 10 万元，借款期限 10 年，年利率为 8%，每年付息一次，到期一次还本，筹资费用率为 0.5%，该酒店所得税税率为 25%，求该项长期借款的资金成本率。

2. 假设长鸿酒店发行面值为 1 元的普通股 80 万股，每股发行价为 5.6 元，筹资费用率为 2.5%，第一年支付 12% 的股利，以后每年增长 3%，求该普通股成本率。

3. 假设长鸿酒店现有资金 8 000 万元，资金构成为长期借款 1 600 万元，普通股 6 400 万元，各种资金的成本分别为 12%、10%。求酒店综合资金成本率。

4. 长鸿酒店全部资本为 2 800 万元，负债比率为 40%，负债利率为 10%，当销售额为 2 500 万元时，息税前利润为 500 万元，求财务杠杆系数。

参考答案

一、单项选择题
1. C　　2. C　　3. B　　4. B　　5. A

二、多项选择题
1. ABCDE　　2. ABCDE　　3. ABCD　　4. ABCD　　5. ABC

三、判断题

1. √　2. ×　3. √　4. √　5. ×

四、简答题

1. 什么是酒店筹集资金？酒店筹集资金的动机是什么？

答：

酒店筹集资金是指酒店出于生产经营、对外投资和调整资本结构等活动对资金的需求，采取向外部有关单位或个人，或从企业内部筹措和集中等方式，获取所需资金的一种行为。对新建酒店来说，需要筹集一定量的资金用于构建客房、餐厅等建筑物，需要购买机器设备以及原材料、商品等物资，需要垫付员工薪金，并支付酒店创建期的各种创办费用；对现存酒店维持正常经营来说，需要筹集一定的资金用于不断购置固定资产，以维持或提高酒店经营能力，储备足够的原材料、商品并支付职工薪金，为客户提供服务，及时清偿债务，维持酒店的信誉等。

2. 利用留存收益进行筹资的优点有哪些？

答：

（1）无成本性，企业在筹集内部资金时，无须对外付出任何代价。这是一种资本成本最小的方法，企业可优先考虑。

（2）高效性，酒店内部筹资不需要经过烦琐的审批程序，缩短了筹资时间。

（3）不影响公司的资信情况。内部融资不会对酒店负债率产生影响，这有利于酒店保持财务稳定和资信良好。

3. 资金成本在酒店筹资决策中的作用是什么？

答：

资金成本是酒店财务管理工作的重要指标，其在酒店筹资决策中的作用如下所述。

（1）资金成本是影响企业筹资总额的重要因素。

（2）资金成本是企业选择资金来源的基本依据。

（3）资金成本是企业选用筹资方式的参考标准。

（4）资金成本是确定最优资金结构的主要参数。

4. 酒店财务风险的影响因素有哪些？

答：

（1）资本供求变动。资本供大于求时筹资成本低，相应财务风险低；反之，财务风险高。

（2）利率水平变动。利率水平变动与筹资成本呈反向变动关系，利率水平高，则筹资所需支付的利息高、筹资成本高，财务风险相对就大；反之，财务风险小。

（3）获利能力的变动。当酒店获利能力强，即经营状况良好时，酒店抵御财务风险的能力就强，财务风险小；反之，财务风险大。

（4）资本结构的变动。酒店筹资的债务资金多，需要偿还的利息及到期债务就多，酒店财务风险就大；但如果酒店筹资的所有者权益资本过大，酒店容易发生所有权的变更。

5. 财务杠杆的正面作用和反面作用分别是什么？

答：

正面作用是当全部资金的息税前投资利润率大于借入资金成本时，可为酒店带来收益，而且负债比率越高,财务杠杆收益就越大;负债比率越低,财务杠杆收益就越小;如果没有负债,就没有财务杠杆收益。反面作用是当全部资金的息税前投资利润率小于借入资金成本时,会给酒店带来损失,而且负债比率越高,财务杠杆损失就越大;负债比率越低,财务杠杆损失就越小;如果没有负债,就没有财务杠杆损失。

五、计算分析题

1.
解:

$$长期借款资金成本率 = \frac{100\,000 \times 8\% \times (1-25\%)}{100\,000 \times (1-0.5\%)} \times 100\% \approx 6.03\%$$

2.
解:

$$普通股资金成本率 = \frac{800\,000 \times 12\%}{800\,000 \times 5.6 \times (1-2.5\%)} \times 100\% + 3\% \approx 5.2\%$$

3.
解:

$$K_w = 12\% \times \frac{1\,600}{8\,000} + 10\% \times \frac{6\,400}{8\,000} = 10.4\%$$

4.
解:

$$DEL = \frac{EBIT}{EBIT - I} = \frac{500}{500 - 2\,800 \times 40\% \times 10\%} \approx 1.29$$

参考文献

[1] 左桂谔. 酒店财务管理 [M]. 北京:北京大学出版社,2012.

[2] 章勇刚. 酒店财务管理 [M]. 北京:中国人民大学出版社,2014.

[3] 宋涛. 酒店财务管理 [M]. 武汉:华中科技大学出版社,2014.

[4] 张立俭,焦念涛,王光健. 酒店经理人财务管理 [M]. 北京:清华大学出版社,2013.

[5] 陈斯雯,雷雯雯. 新编现代酒店财务管理与成本控制实务大全 [M]. 北京:中国时代经济出版社,2013.

酒店投资管理

学习目标

【知识目标】

1. 掌握酒店投资的概念,了解酒店投资的类型。
2. 了解酒店项目投资的概念,熟悉项目现金流量的内容。
3. 熟悉项目投资的决策评价指标,对各评价指标比较分析。
4. 了解证券投资的种类,掌握债券、股票和基金投资评价指标的计算。

【技能目标】

1. 分析项目投资的现金流量。
2. 准确计算项目投资评价的静、动态指标。
3. 结合项目投资的财务资料,对项目投资进行财务可行性评价。
4. 准确计算债券投资、股票投资的价值评价,能对证券投资进行决策分析。

案例导入: 投资一个酒店前需要考虑的问题

一、酒店的选址及定位

酒店作为旅游业的延伸性产品,位置是关键性的因素。一个酒店位置的好坏,会直接影响酒店未来客源消费群体的定位。在景区,可以作为旅游度假式酒店,淡旺季会表现得尤为明显;在商圈,可能做的就是商务和中转性客源市场,平季和旺季表现得比较明显;在学院校区周边,可能主打的就是学生市场,可能平季大于旺季,是主打平季的市场。所以酒店的位置决定了市场的定位,选址至关重要。

二、租金涉及运营

租金的多少,会直接影响酒店运营的成本。因为租金是硬性成本,也就是说酒店不论如何运营,租金都是固定成本。所以在选择物业时,应注意租金的交付方式,比如租金交付的周期,是三年、一年还是半年,甚至是季交,这会直接影响酒店前期的启动资金;还应注意租金的增长方式是固定式还是递增式交付。对于酒店业主，当然是固定式对后期运营最有利，但是随着国家这几年房价的上涨，递增式也成为主要租赁方式。所以作为酒店业主，关注租金的递增周期和百分率也变得尤为重要，因为它会直接涉及酒店的后期运营成本。

三、合理的设计及布局

酒店前期主要的投资是硬件上面的费用。所以根据酒店定位，需要提前做好酒店设计的风格，根据风格合理利用空间，将设施设备及功能区做一个良好的布局。例如，是否需要会议室、餐厅、健身房、休闲书吧等设计，线路和管道的布局如何才能更加合理化。最好选择专业的酒店设计公司，因为合理的设计及布局能够有效地为业主节省费用，避免不必要的浪费。

四、投资的回报周期

将酒店精准定位后，就可以按照周边市场的情况，大体推算出酒店一年的出租率，平均房价是多少；按照酒店的房量大体测算酒店一年的营收；减去酒店的运营成本，就能算出一年的利润；按照投资费用就能大体算出回报周期为几年。按照回报周期，三年的为良性物业，四到五年的为中性物业，六年以上的为非理性物业，就能换算出这个酒店物业是否适合业主投资。

资料来源：搜狐财经。

思考：在投资前投资者如何进行酒店投资决策呢？

任务一　酒店投资概述

酒店是以营利为目的的企业，最终管理目标就是获利。为此，酒店需要通过资金的投放实现资金的增值。酒店对资金投放的管理是酒店财务管理的核心，资金投放决策的正确与否，关系到酒店的经营发展，甚至影响到酒店的生产。酒店投资是指酒店企业以未来收回现金并取得收益为目的而发生的现金流出活动。

一、酒店投资的类型

酒店投资根据其考虑与分析问题的角度不同，有不同的分类。

1. 直接投资和间接投资

按投资与酒店生产经营的关系，可分为直接投资和间接投资。直接投资是指酒店把资本投放于生产经营性资产，以便获取利润。酒店属于非金融性企业，直接投资占的比重很大，有时甚至达到100%。酒店直接投资对象主要是本企业的项目，如构建固定资产、无形资产和流动资产等。间接投资又称证券投资，是指把资本投放于证券等金融资产，以便取得股利和利息收入。随着我国金融市场日益完善，酒店筹集资金的渠道越来越多样化，酒店从事间接投资活动的现象也越来越普遍。

2. 短期投资和长期投资

按投出资金的回收期分为短期投资和长期投资。短期投资又称流动资产投资，是指能够随时变现并且持有时间不超过一年的投资，主要包括对现金、应收账款、存货、短期有价证券等的投资。短期投资的目的是利用生产经营暂时闲置不用的资金谋求收益。长期投资是指一年以上才能收回的投资，包括固定资产投资、无形资产投资、长期有价证券投资。长期投资具有投资时间长、消耗资金多、发生次数少、变现能力差等特点。

3. 对内投资和对外投资

根据投资的方向，可以分为对内投资和对外投资。对内投资是指将资金投于酒店内部，购置各种生产经营用资产的投资。对外投资指酒店以现金、实物、无形资产或以购买有价证券等方式向其他单位投资。

二、酒店项目投资管理

酒店的项目投资是指属于直接投资范畴的企业内部投资，项目投资占到总投资额的80%左右。项目投资大多是酒店的资本支出，投资金额较大，投资回收期较长，对酒店建设期间的收支及其建成投产后的收支和盈亏都会产生较大的影响。因此，酒店的项目投资情况直接影响到了酒店的发展速度、获利能力，项目投资决策是酒店具有长远意义的战略性决策。所以，在进行项目投资前，要对投资方案进行可行性分析，选择最有利的投资方案，以最小的投入和最低的风险获得最大的收益。

1. 项目投资的概念和分类

项目投资是一种以特定项目为对象，直接与新建项目或更新改造项目有关的长期投资行为。与其他形式的投资相比，项目投资具有投资内容独特（每个项目都至少涉及一项固定资产投资）、投资数额多、影响时间长（至少一年或一个营业周期以上）、发生频率低、变现能力差和投资风险大的特点。按照投资时间，项目投资可分为短期投资和长期投资。短期投资又称流动资产投资，是指在一年内能收回的投资。长期投资则是指一年以上才能收回的投资。由于长期投资中固定资产所占的比重最大，所以长期投资有时专指固定资产投资。从决策的角度看，可把项目投资分为采纳与否投资和互斥选择投资。采纳与否投资是指决定是否投资于某一独立项目的决策。在两个或两个以上的项目中，只能选择其中之一的决策叫作互斥选择投资决策。

2. 项目计算期的构成

项目计算期，是指投资项目从投资建设开始到最终清理结束整个过程的全部时间，包括建设期和运营期。建设期，是指项目资金正式投入开始到项目建成投产为止所需要的时间，建设期的第一年年初称为建设起点（记作第 0 年），建设期的最后一年年末称为投产日（记作第 s 年）。在实践中，通常应参照项目建设的合理工期或项目的建设进度计划合理确定建设期。项目计算期的最后一年年末称为终结点（记作第 n 年），假定项目最终报废或清理均发生在终结点（但更新改造除外），那么从投产日到终结点之间的时间间隔称为运营期。项目计算期（n）、建设期（s）和运营期（p）之间存在以下关系：

$$n = s + p$$

3. 项目投资的资金构成

（1）原始投资。原始投资又称为初始投资，是反映项目所需现实资金水平的价值指标，是指为使项目完全达到设计生产能力，开展正常经营而投入的全部现实资金，包括建设投资和流动资金投资两项具体内容。建设投资是指在建设期内按一定生产经营规模和建设内容进行的投资，包括固定资产投资、无形资产投资、其他投资（生产准备和开办费投资）。流动资金投资是指项目投产前后分数次或一次投放于流动资产项目的投资增加额，又称营运资金投资或垫支流动资金。

（2）项目投资总额。项目投资总额是一个反映项目投资总体规模的价值指标，它等于原始投资与建设期资本化利息之和。其中，建设期资本化利息是指在建设期发生的与构建项目所需的固定资产、无形资产等长期资产有关的借款利息。

【例 3-1】 长鸿酒店拟新建一个项目，需要在建设起点一次投入固定资产 100 万元、无形资产 20 万元。建设期为一年，建设期资本化利息 8 万元，全部计入固定资产原值，投资需要流动资金 30 万元。试计算项目的建设投资、原始投资和投资总额。

解：

$$建设投资 = 100 + 20 = 120（万元）$$

$$原始投资 = 建设投资 + 流动资金投资 = 120 + 30 = 150（万元）$$

$$投资总额 = 原始投资 + 建设期资本化利息 = 150 + 8 = 158（万元）$$

4. 项目投资的现金流量分析

（1）现金流量的概念。现金流量又称现金流动量。在项目投资决策中，现金流量是指投资项目在其计算期内各项现金流入量与现金流出量的统称。这里的"现金"，不仅包括各种货币资金，还包括项目需要投入酒店的非货币资源的变现价值。现金流量是项目投资决策的依据。

（2）现金流量的内容。现金流入量是指由于投资而引起的企业现金流入的增加额，简称现金流入；现金流出量是指由于投资引起的企业现金流出的增加额。净现金流量是指一定时期内现金流入量减去现金流出量的差额。

（3）现金流入量：①营业收入。营业收入是指项目投产后每年实现的全部销售收入或业务收入。营业收入是经营期主要的现金流入项目。②回收固定资产的余值。当投资项目的有效期结束时，残余的固定资产经过清理会得到一笔现金收入，如固定资产的变价收入。同时，清理时还要支付清理费用，如清理人员报酬。残值收入扣除清理费用后的净额，应当作为项目投资的一项现金流入。③回收垫支的流动资金。回收流动资金是指投资项目完全终止时，因不再发生新的替代投资而回收的原垫付的全部流动资金投资额。

（4）现金流出量：①建设投资。②流动资金投资。③付现经营成本。付现经营成本是指在经营期内为满足正常生产经营而动用现实货币资金支付的成本费用，又称付现成本。如材料费用、工资费用、办公费、水电费等，它是生产经营阶段最主要的现金流出量项目。在金额上等于经营成本减去非付现成本。非付现成本是指已经计入成本但不需要当期支付现金的成本，包括固定资产折旧、长期待摊费用摊销等。④各项税款。各项税款指项目投产后依法缴纳的、单独列示的各项税款，如营业税、所得税等。⑤其他现金流出。其他现金流出指不包括在以上内容中的现金流出项目。例如，项目所需投入的非货币资源的变现价值，项目投资可能会动用企业原有的资产，这时企业虽未直接支出现金，但原有资产的变现价值也要被视为项目投资的现金流出。

（5）现金流量的计算。

在实际工作中具体计算某一投资项目的净现金流量时，可以采用编制现金流量表的形式进行计算，也可以采用简化计算公式的形式进行计算，即根据项目计算期不同阶段上的现金流入量和现金流出量具体内容，直接计算各阶段的净现金流量；这两种计算方法的结果一致。

建设期净现金流量的简化计算公式：

$$净现金流量（NCF_t） = - 该年发生的原始投资额$$

经营期净现金流量的简化计算公式：

净现金流量 = 销售收入 − 付现成本 − 所得税 + 该年回收额
　　　　　 = 销售收入 − (经营成本 − 非付现成本) − 所得税 + 该年回收额
　　　　　 = 销售收入 − 经营成本 + 非付现成本 − 所得税 + 该年回收额
　　　　　 = 营业利润 + 非付现成本 − 所得税 + 该年回收额
　　　　　 = 净利润 + 非付现成本 + 该年回收额

【例3−2】 长鸿酒店进行一项目投资，固定资产需要一次投入价款1 000万元，建设期1年，建设期资本化利息80万元。该固定资产预计使用10年，按照平均年限法计提折旧，期满预计净残值80万元。在投入使用后，可使经营期每年增加销售收入750万元，每年付现成本增加300万元，营业税金及附加增加7万元，该企业适用所得税税率为25%。

要求：分别按照简化计算方法和编制现金流量表法计算该项目的净现金流量。

解：
(1) 项目计算期 = 1 + 10 = 11（年）
(2) 固定资产原值 = 1 000 + 80 = 1 080（万元）
(3) 年折旧额 = (1 080 − 80) ÷ 10 = 100（万元）
(4) 经营期每年总成本费用增加额 = 300 + 100 + 7 = 407（万元）
(5) 经营期营业利润 = 750 − 407 = 337（万元）
(6) 经营期所得税 = 337 × 25% = 84.25（万元）
(7) 经营期净利润 = 337 − 84.25 = 252.75（万元）

净现金流量简化计算方法：

$$NCF_0 = -1\,000（万元）$$
$$NCF_1 = 0$$
$$NCF_{2\sim10} = 252.75 + 100 = 352.75（万元）$$
$$NCF_{11} = 252.25 + 100 + 80 = 432.75（万元）$$

编制净现金流量表（表3−1）。

表3−1　固定资产投资项目净现金流量表　　　　　　　　　万元

项目计算期（第 t 年）	建设期		经营期					
	0	1	2	3	…	9	10	11
营业收入			750	750	…	750	750	750
固定资产残值					…			80
固定资产投资	−1 000							
经营成本			−400	−400	…	−400	−400	−400
其中，付现成本			100	100	…	100	100	100
营业税金及附加			−7	−7	…	−7	−7	−7
所得税			−84.25	−84.25	…	−84.25	−84.25	−84.25
净现金流量（NCF）	−1 000	0	352.75	352.75	…	352.75	352.75	432.75

由此可见,两种计算方法的结果完全一致。

三、酒店证券投资管理

随着我国经济的发展和证券市场的开放,证券投资逐渐成为酒店投资活动的重要组成部分。证券投资是指酒店把资金用于购买股票、债券等金融资产,是间接投资。

1. 债券投资管理

债券是依照法定程序发行,约定在一定期限内还本付息的有价证券。酒店进行债券投资主要是为了调节酒店的现金余额,在保证资金流动性的前提下,获得稳定的收益。债券投资具有投资资本金安全性高、投资收益比较稳定、债券具有很好的变现能力的优点。债券投资的缺点是购买力风险较大和债券持有人没有经营管理权。债券的市场价格以及实际收益率受许多因素影响,这些因素的变化,都有可能使投资者的实际利益发生变化,从而使投资行为产生各种风险。债券投资的评价指标主要有债券的价值和债券的收益率两大指标。

2. 股票投资管理

股票是股份公司为了筹集自有资金而发给股东的一种有价证券。酒店进行股票投资的目的是获得股利收入及股票买卖的差价,甚至通过购买某一企业的大量股票达到控制该企业的目的。酒店进行股票投资的优点有以下几点:一是能获得比较高的报酬;二是能够降低通货膨胀对投资收益的影响;三是股东拥有一定的经营控制权。股票的评价指标主要有股票的价值评估和股票的收益率。

3. 基金投资管理

基金投资是指通过发售基金份额,将众多投资者的资金集中起来,形成独立财产,由基金托管人托管,基金管理人管理,以投资组合的方式进行证券投资的一种利益共享、风险共担的集合投资方式。基金投资的最大优点是能够在不承担太大风险的情况下,获得较高收益。其缺点有以下几点:一是无法获得很高的投资收益,因为投资基金在组合过程中,在降低风险的同时,也丧失了获得巨大收益的机会;二是在大盘整体大幅下跌的情况下,也会损失较多,投资人承担较大风险。

任务二 酒店项目投资决策评价指标分析

项目投资决策评价指标是指用于衡量和比较投资项目可行性,以便据以进行方案决策的定量化标准与尺度,是由一系列综合反映投资效益、投入产出关系的量化指标构成的。按其是否考虑资金时间价值分为静态评价指标和动态评价指标。静态评价指标是不按货币时间价值进行统一换算而直接按投资项目形成的现金流量进行计算的指标,包括静态投资回收期、总投资收益率。动态评价指标是在对投资项目形成的现金流量按货币时间价值进行统一换算的基础上进行计算的各项指标,包括净现值、净现值率、获利指数、内部收益率等。

一、静态评价指标的计算与分析

1. 静态投资回收期

(1) 当每年的净现金流量相等时,计算公式如下:

$$静态投资回收期(PP) = \frac{原始投资额}{经营期每年相等的净现金流量}$$

（2）当每年的净现金流量不等时，则需要根据各年年末的累计净现金流量与各年年末尚未收回的投资额进行计算，计算公式如下：

$$静态投资回收期（PP）= n 年 + \frac{第 n+1 年尚未收回的投资额}{第 n+1 年的净现金流量}$$

【例 3-3】 长鸿酒店准备购入一套健身设备，现有 A、B 两个方案供选择。

A 方案：投资 10 000 元，该设备使用年限为 5 年，采用直线折旧法计提折旧，期末无残值。在该设备投入使用的 5 年中，每年产生销售收入 4 500 元，同时每年发生不包括折旧的付现费用为 1 000 元。

B 方案：需投资 12 000 元，另外在第 1 年垫支营运资金 3 000 元，使用年限为 5 年，采用直线折旧法计提折旧，5 年后有残值收入 2 000 元。5 年中每年的销售收入为 8 000 元，付现成本第 1 年为 3 000 元，以后随着设备折旧，逐年增加修理费 400 元。企业所得税税率为 25%。

要求：计算 A、B 两方案的投资回收期。

解：

（1）计算两个方案每年计提的固定资产折旧。

$$A 方案每年折旧额 = \frac{10\ 000}{5} = 2\ 000（元）$$

$$B 方案每年折旧额 = \frac{12\ 000 - 2\ 000}{5} = 2\ 000（元）$$

（2）计算两个方案在设备使用期的年净现金流量，再结合原始投资和项目终止时的现金流量编制两个方案的全部现金流量，见表 3-2 和表 3-3。

表 3-2 投资项目的年净现金流量计算表 元

时间	第 1 年	第 2 年	第 3 年	第 4 年	第 5 年
A 方案					
销售收入	4 500	4 500	4 500	4 500	4 500
付现成本	1 000	1 000	1 000	1 000	1 000
折旧	2 000	2 000	2 000	2 000	2 000
税前利润	1 500	1 500	1 500	1 500	1 500
所得税	375	375	375	375	375
净利润	1 125	1 125	1 125	1 125	1 125
营业现金流量合计	3 125	3 125	3 125	3 125	3 125
B 方案					
销售收入	8 000	8 000	8 000	8 000	8 000
付现成本	3 000	3 400	3 800	4 200	4 600
折旧	2 000	2 000	2 000	2 000	2 000
税前利润	3 000	2 600	2 200	1 800	1 400
所得税	750	650	550	450	350
净利润	2 250	1 950	1 625	1 350	1 050
营业现金流量合计	4 250	3 950	3 650	3 150	3 050

表3-3　投资项目的现金流量计算表　　　　　　　　　　　　　　　元

时间	第0年	第1年	第2年	第3年	第4年	第5年
A方案						
固定资产投资	-10 000					
营业现金流量		3 125	3 125	3 125	3 125	3 125
年净现金流量合计	-10 000	3 125	3 125	3 125	3 125	3 125
B方案						
固定资产投资	-12 000					
营运资金垫支	-3 000					
营业现金流量		4 250	3 950	3 650	3 350	3 050
固定资产残值						2 000
营运资金回收						3 000
年净现金流量合计	-15 000	4 250	3 950	3 650	3 350	8 050

说明：表中第0年表示第一年年初，第1年表示第一年年末，第2年表示第二年年末，以此类推。

(3) 计算投资回收期。根据表3-3的资料可知：

$$A 方案的投资回收期 = \frac{10\ 000}{3\ 125} = 3.2（年）$$

$$B 方案的投资回收期 = 3 + \frac{3\ 150}{3\ 350} = 3.94（年）$$

B方案投资回收期的计算过程见表3-4。

表3-4　B方案每年净现金流量　　　　　　　　　　　　　　　元

时间	每年净现金流量	年末未收回投资额
第1年	4 250	10 750
第2年	3 950	6 800
第3年	3 650	3 150
第4年	3 350	—

(4) 决策分析

从上述计算可知，A方案的投资回收期比B方案短，从投资回收期法来看，A方案要优于B方案。

投资回收期只是投资项目的保本指标，不能反映该投资项目的获利程度。因此，投资回收期法主要用来测定方案的流动性，不能计量方案的营利性。

2. 总投资收益率

总投资收益率，又称投资报酬率，是指达产期正常年份的年息税前利润或运营期年均息税前利润占项目投资总额的百分比。其计算公式如下：

$$总投资收益率 = \frac{年息税前利润或年均息税前利润}{项目投资总额} \times 100\%$$

【例3-4】根据例3-3资料，计算A、B两方案的总投资收益率。

解：

$$A 方案的总投资收益率 = \frac{1\ 500}{10\ 000} \times 100\% = 15\%$$

$$B\text{ 方案的年均息税前利润} = \frac{3\,000 + 2\,600 + 2\,200 + 1\,800 + 1\,400}{5} = 2\,200 \text{（元）}$$

$$B\text{ 方案的总投资收益率} = \frac{2\,200}{15\,000} \times 100\% \approx 14.67\%$$

从投资利润率的角度看，A 方案优于 B 方案，和投资回收期法得出的结论一致。

总投资收益率的决策标准：只有总投资收益率指标大于或等于基准总投资收益率指标的投资项目才具有财务可行性。酒店通常规定一个要求达到的最低投资收益率。如果项目估计的投资收益率超过酒店要求的最低投资收益率，则该投资项目可以实施。

总投资收益率的优点是计算公式简单；缺点是没有考虑资金时间价值因素，计算依赖于会计利润的计算，主观性较强，而且年平均利润受会计政策影响。

二、动态评价指标的计算与分析

1. 净现值

净现值是指特定方案未来现金流入量总现值与现金流出量总现值的差额。只有净现值为正的项目，才是值得投资的项目。

$$NPV = \sum_{t=0}^{n} \frac{NCF_t}{(1+i)^t}$$

$$= \sum_{t=0}^{n} (\text{第 }t\text{ 年的净现金流量} \times \text{第 }t\text{ 年的复利现值系数})$$

NPV 为净现值；NCF_t 为第 t 年的净现金流量；n 为项目预计使用年限；i 为贴现率（资金成本或酒店要求的报酬率）。

或者还可以表示为：

$$NPV = \sum_{t=1}^{n} \frac{NCF_t}{(1+i)^t} - C$$

其中，C 为初始投资额。

净现值的计算步骤：

第一步，计算每年的营业净现金流量。

第二步，计算未来报酬的总现值。首先将每年的营业净现金流量折算成现值，然后将终结现金流量折算成现值，最后计算未来报酬的总现值。

第三步，计算净现值。公式为：

净现值 = 未来报酬的总现值 − 初始投资额

在互斥选择决策中，如果几个方案的初始投资额相等，且净现值都是正数，那么净现值最大的方案为最优方案。如果几个方案的初始投资额不相等，则不宜只采用净现值法。

【例 3−5】 根据例 3−3 资料，假设贴现率为 10%，计算 A、B 两方案的净现值。

解：

A 方案每年的净现金流量相等，计算如下：

$$NPV_A = \text{未来报酬的总现值} - \text{初始投资额}$$

$$= NCF \times (P/A, i, n) - 10\,000$$

$$= 3\,125 \times 3.791 - 10\,000$$

$$\approx 1\,846.88 \text{（元）}$$

B 方案每年的净现金流量不相等，见表 3-5。

表 3-5　B 方案的净现值　　　　　　　　　　　　　　元

项目	年净现金流量	复利现值系数	现值
第 1 年	4 250	0.909 1	3 863.68
第 2 年	3 950	0.826 4	3 264.28
第 3 年	3 650	0.751 3	2 742.25
第 4 年	3 350	0.683 0	2 288.05
第 5 年	8 050	0.620 9	4 998.25
未来报酬总现值			17 156.51
初始投资			15 000
净现值			2 156.51

通过上面的计算，A、B 两方案的净现值都大于零，说明两个方案的报酬率都超过 10%，两方案都是可行的。但由于 B 方案的净现值大于 A 方案的净现值，说明 B 方案预期能够给酒店带来更多收益，因此 B 方案优于 A 方案。

净现值指标的优点：一是考虑了资金的时间价值，能够反映各种投资方案的相对收益水平，增强了投资经济性的评价；二是考虑了项目计算期的全部净现金流量，体现了流动性与收益性的统一；三是考虑了投资风险性。缺点是不能揭示各个投资方案本身可能达到的实际投资报酬率是多少。当各个投资方案的投资额不同时，只看净现值的绝对值不能做出正确的评价，还应与其他方法结合进行评价。

2. 净现值率

净现值率是指投资项目净现值占原始投资现值总额的比率，即为单位原始投资的现值所创造的净现值。其计算公式如下：

$$\text{净现值率（NPVR）} = \frac{\text{投资项目净现值}}{\text{原始投资现值总额}} \times 100\%$$

【例 3-6】　承例 3-3 与例 3-5 资料，计算 A、B 两方案的净现值率。

解：

$$A \text{ 方案净现值率} = \frac{1\,846.88}{10\,000} \times 100\% = 18.47\%$$

$$B \text{ 方案净现值率} = \frac{2\,156.51}{15\,000} \times 100\% = 14.38\%$$

通过计算，两个方案的净现值率都大于零，说明两个方案都是可接受的。但 A 方案的净现值率大于 B 方案的净现值率，因此 A 方案优于 B 方案。

净现值率是一个贴现的相对量评价指标，当净现值率大于等于零时，该项目是可行的。其优点是可以从动态的角度反映项目投资的资金投入与净产出之间的关系，其缺点与净现值指标相似，同样无法直接反映投资项目的实际收益率。

3. 获利指数

获利指数又称现值指数（PI），是指投产后按基准收益率或设定贴现率计算的未来报酬的总现值与原始投资的总现值之比。其计算公式如下：

$$\text{获利指数（PI）} = \frac{\text{未来报酬的总现值}}{\text{原始投资的总现值}}$$

从净现值率和获利指数的含义可知两者之间的关系，即获利指数 = 1 + 净现值率。

【例 3 – 7】 承例 3 – 3 与例 3 – 5 资料，计算 A、B 两方案的获利指数。

解：

$$A 方案的获利指数 = \frac{11\,846.88}{10\,000} \approx 1.18$$

$$B 方案的获利指数 = \frac{17\,156.51}{15\,000} \approx 1.14$$

只有获利指数指标大于或等于 1 的投资项目，才具有财务可行性。通过计算，A、B 两方案的获利指数都大于 1，说明两个方案的投资收益都超过了成本，即投资报酬率超过预定的贴现率，两个方案都是可以接受的。但是 A 方案的获利指数大于 B 方案的获利指数，因此 A 方案优于 B 方案。

获利指数的优点是可以从动态角度反映投资项目的资金投入与总产出之间的关系，可用于投资额不同的多个方案的比较。其缺点是不能直接反映投资项目的实际收益率，其计算过程比净现值率指标复杂，计算口径也不一致。

4. 内部收益率

内部收益率（IRR）是指项目投资实际可望达到的收益率，该指标越大越好。它是使项目的净现值等于零时的折现率，反映了投资项目的实际报酬率，越来越多的企业使用该指标对投资项目进行评价。即：

$$\sum_{t=0}^{n}(P/F, \text{IRR}, t) = 0$$

根据未来年现金流量的情况，内部收益率的计算可以采用两种方法。

方法一：如果全部投资于建设起点一次投入，那么建设期为零，项目投产后各年的净现金流量完全相同，按照普通年金现值的计算方法来计算。

【例 3 – 8】 承例 3 – 3 与例 3 – 5 资料，A 方案每年的净现金流量相等，说明内部收益率的计算方法。

解：

方法一：

计算步骤：

（1）计算年金现值系数。

$$年金现值系数 = \frac{原始投资额}{每年净现金流量} = \frac{10\,000}{3\,125} = 3.2$$

（2）查年金现值系数表，得知当 $n = 5$ 时，与 3.2 相邻的现值系数为 16% ~ 18%，用插值法计算：

$$\left. \begin{array}{l} 贴现率 \quad\quad 年金现值系数 \\ 16\% \\ i \\ 18\% \end{array} \right\} \begin{array}{l} 3.274\,3 \\ 3.2 \\ 3.127\,2 \end{array} \Biggr\} 0.074\,3 \Biggr\} 0.147\,1 \quad\quad \frac{x}{1} = \frac{0.074\,3}{0.147\,1}$$

$$x \approx 0.51$$

A 方案的内部收益率 = 16% + 0.51% = 16.51%

方法二：各年净现金流量不等，采用逐次测试法计算。

【例3-9】 承例3-3与例3-5资料，B方案每年的净现金流量不相等，说明内部收益率的计算方法。

解：

（1）例3-5用10%的贴现率进行净现值测算，得到B方案的净现值为2 156.51，大于零。说明B方案的贴现率大于10%。于是提高到14%、16%进行净现值的测算，见表3-6。

表3-6　B方案内部收益率的逐次测算情况　　　　　　　　　　　　　　万元

时间	年净现金流量	IRR=14%		IRR=16%	
		复利现值系数	现值	复利现值系数	现值
第0年	-15 000	1	-15 000	1	-15 000
第1年	4 250	0.877 2	3 728.10	0.862 1	3 663.93
第2年	3 950	0.769 5	3 039.53	0.743 2	2 935.64
第3年	3 650	0.675 0	2 463.75	0.640 7	2 338.56
第4年	3 350	0.592 1	1 983.54	0.552 3	1 850.21
第5年	8 050	0.519 4	4 181.17	0.476 2	3 833.41
净现值	—	—	396.09	—	-378.25

（2）当贴现率为16%时，B方案的净现值小于零，说明内部收益率介于14%~16%，使用内插法计算：

$$\frac{x}{2} = \frac{396.09}{774.34}$$

$$x = 0.51$$

（3）B方案的内部收益率=14%+0.51%=14.51%

通过对B方案的净现值进行逐步测算，贴现率越大，其净现值越小，两者的变化是成反比例的。

如果酒店要求的最低报酬率为10%，A、B两个方案都可行，但是B方案的内部收益率小于A方案的内部收益率，由此可以判断A方案优于B方案。

内部收益率的优点是非常注重资金时间价值，能从动态角度直接反映投资项目的实际收益水平，不受行业基准收益率高低的影响，比较客观。缺点是计算过程比较烦琐，当进入生产经营期又发生大量追加投资时，就可能导致多个高低不同的内部收益率出现，依据多个内部收益率进行评价就失去了实际意义。

5. 动态指标之间的关系

净现值、净现值率、获利指数、内部收益率四个指标，都属于贴现的决策评价指标，它们之间存在以下数量关系。

当净现值>0时，净现值率>0，获利指数>1，内部收益率>设定贴现率。

当净现值=0时，净现值率=0，获利指数=1，内部收益率=设定贴现率。

当净现值<0时，净现值率<0，获利指数<1，内部收益率<设定贴现率。

计算净现值、净现值率、获利指数所用的贴现率都是事先设定的行业平均收益率（或企业要求的最低收益率），而内部收益率的计算与贴现率无关，是一种比较特殊的计算方法。根据它们之间的关系，在进行单项投资决策时，各种方法得出的结论是一致的；在进行多个项目投资决策时，它们得出的结论却可能不一致，这就需要根据实际情况加以选择。一般来说，净现值和内部收益率作为首选方法，回收期作为第二选择的决策方法。

任务三 酒店证券投资评价指标分析

一、债券投资评价指标

1. 债券的价值

债券的价值，是指持有债券带来的未来现金流入的现值，即在债券持有期间，每期利息的现值和债券本金的现值之和。其计算公式如下：

$$债券的价值(P) = \sum_{t=1}^{n} \frac{债券年利息}{(1+k)^t} + \frac{债券面值}{(1+k)^n}$$

$$= \sum_{t=1}^{n} \frac{Fi}{(1+k)^t} + \frac{F}{(1+k)^n}$$

$$= Fi(P/A, k, n) + F(P/F, k, n)$$

其中，F 为债券面值，i 为债券票面利率，k 为市场利率或投资者要求的收益率，n 为付息期数。

【例 3-10】 某债券面值 1 000 元，票面利率 10%，每年付息一次，到期一次还本，尚有 5 年期，当期的市场利率为 8%，长鸿酒店考虑对该债券投资，问债券的价值是多少才能进行投资？

解：

$$P = 1\,000 \times 10\% (P/A, 8\%, 5) + 1\,000 \times (P/F, 8\%, 5)$$

$$= 100 \times 3.993 + 1\,000 \times 0.681$$

$$= 1\,080.3 \text{ (元)}$$

若债券的价格等于或低于 1 080.3 元，则酒店可以购买。

2. 债券到期收益率

债券到期收益率是指在购进债券后，一直持有该债券至到期日可获得的收益率。这个收益率是按照复利计算的收益率，它是能使未来现金流入现值等于债券买入价格的贴现率，也是投资者的实际报酬率。通常用到期收益率来衡量债券的收益水平。其计算公式如下：

$$V = I(P/A, i, n) + F(P/F, i, n)$$

其中，V 为债券的购买价格，I 为每年获取的固定利息，F 为债券到期收回的本金或中途出售收回的资金，i 为债券的投资收益率，n 为投资期限。

【例 3-11】 长鸿酒店于 2011 年 10 月 1 日以 924.28 元购买了一张面值 1 000 元、票面利率 8%、每年 10 月 1 日支付一次利息、2016 年 10 月 1 日到期的债券。计算该债券的投资收益率。

解： 计算该债券投资收益率，只能用逐次测试法求得。

$$924.28 = 1\,000 \times 8\% \times (P/A, i, 5) + F(P/F, i, 5)$$

（1）先按 9% 折现：

$$1\,000 \times 8\% \times (P/A, 9\%, 5) + 1\,000 \times (P/F, 9\%, 5)$$
$$= 80 \times 3.89 + 1\,000 \times 0.65$$
$$= 961.2 \text{（元）}$$

由于 961.2 > 924.28，因此收益率应大于 9%。

（2）再按 10% 折现：
$$1\,000 \times 8\% \times (P/A, 10\%, 5) + 1\,000 \times (P/F, 10\%, 5)$$
$$= 80 \times 3.791 + 1\,000 \times 0.621$$
$$= 924.28 \text{（元）}$$

由于正好等于购买价格，因此公司的债券收益率为 10%。

鉴于用逐次测试法比较烦琐，可用下面的简便方法计算，计算公式如下：

$$R = \frac{I + (M + P) \div N}{(M + P) \div 2}$$

其中，I 为每年的利息，M 为到期归还的本金，P 为买价，N 为期数。

（3）债券投资的决策标准

在进行债券投资时，需要考虑债券的价值是否大于购买价格，只有在债券价值大于购买价格的前提下，投资行为才有意义。债券到期收益率是债券投资的另一标准，它可以反映债券投资按复利计算的真实收益率。如果高于投资人要求的报酬率，则应买进该债券，否则就放弃。

二、股票投资评价指标

1. 股票的价值评估

股票评价的主要方法是计算股票的价值，然后和市价相比，根据其高于、低于或等于市价，来决定卖出、买入或继续持有该股票。股票投资给持有人带来的现金流入包括股利收入和出售股票时的资本利得。股票的价值等于未来预期现金流入的现值，包括未来一系列的股利和出售时得到的价格收入现值。其计算公式如下：

$$P_0 = \frac{D_1}{(1+R_s)^1} + \frac{D_2}{(1+R_s)^2} + \cdots + \frac{D_n}{(1+R_s)^n} = \sum_{t=1}^{\infty} \frac{D_t}{(1+R_s)^t}$$

其中，P_0 为股票价值；R_s 为贴现率，即投资者要求的必要报酬率；D_t 为第 t 年的鼓励；n 为年份。

【例 3-12】 长鸿酒店打算购入某种股票，预定持有 3 年，预期的收益率为 12%，持有期终了时每股市价预计为 25 元，预计该股票 3 年分得的股利分别为 2.5 元、3 元和 4 元。要求计算该种股票的股价，并根据股票的现实价格做出投资决策。

解：
$$\text{股票股价} = 2.5 \times (P/F, 12\%, 1) + 3 \times (P/F, 12\%, 2) + 4 \times (P/F, 12\%, 3) +$$
$$25 \times (P/F, 12\%, 3)$$
$$= 2.5 \times 0.893 + 3 \times 0.797 + 4 \times 0.712 + 25 \times 0.712$$
$$= 2.232\,5 + 2.391 + 2.848 + 17.8$$
$$\approx 25.27 \text{（元）}$$

当股票的市价等于或低于 25.27 元时，其收益率等于或超过 12%，可以投资；高于 25.27 元时，不宜购买此股票。

2. 资本资产定价模型

资本资产定价模型是指在财务管理中为揭示单项资产必要收益率与预期所承担的系统风险之间的关系而构建的一个数学模型。

在均衡的资本市场条件下，资本资产定价模型的基本表达式如下：

$$E(R_i) = R_F + \beta_i(R_M - R_f)$$

其中，$E(R_i)$ 为第 i 种资产或第 i 种投资组合的必要收益率；R_F 为无风险收益率；β_i 为第 i 种资产或第 i 种投资组合的 β 系数；R_M 为市场组合的平均收益率。

【例 3-13】 甲股票的 β 系数为 0.5，乙股票的 β 系数为 1，无风险利率为 5%，假定同期市场所有股票的平均收益率为 10%。要求：计算上述两种股票的必要收益率，并判断当这些股票的收益率分别达到多少时，投资者才愿意投资购买。

解：

$$甲股票的必要收益率 = 5\% + 0.5 \times (10\% - 6\%) = 7\%$$
$$乙股票的必要收益率 = 5\% + 1 \times (10\% - 6\%) = 9\%$$

只有当甲股票的收益率达到或超过 7%，乙股票的收益率达到或超过 9% 时，投资者才愿意购买。

3. 股票投资收益率

股票投资收益率是在股票投资未来现金流量贴限值等于目前购买价格时的贴现率。股票的内部收益率高于投资者所要求的必要报酬率时，投资者才愿意购买股票。其计算公式如下：

$$R_s = \frac{D_1}{P_0} + g$$

根据公式求出 R_s，与投资者要求的必要报酬率比较，只有大于投资者要求的必要报酬率时，投资者才愿意购买股票。

4. 市盈率分析

（1）用市盈率估计股价的高低。市盈率就是股票市价和每股盈利的比率。可以粗略反映股价的高低，表示投资人愿意用盈利的多少倍来购买这种股票，是市场对该股票的评价，计算公式如下：

$$市盈率（倍） = \frac{每股市价}{每股盈利}$$

$$股票价格 = 该股票市盈率 \times 该股票每股盈利$$

$$股票价值 = 行业平均市盈率 \times 该股票每股盈利$$

【例 3-14】 某公司股票每股盈利 3 元，市盈率 10 倍，行业平均市盈率 12 倍，则

$$股票价格 = 3 \times 10 = 30（元）$$
$$股票价值 = 3 \times 12 = 24（元）$$

说明市场对该股票的评价略低，股价基本正常，有一定的吸引力。

（2）用市盈率估计股票风险。一般认为，股票的市盈率比较高，表明投资者对该公司充满信心。但是，当股市受到不正常因素的影响时，某些股票的市价被抬高，市盈率会很高。通常认为，超过 20 倍的市盈率是不正常的，很可能是股价下跌的前兆，风险很大。

三、基金投资评价指标

1. 基金的价值

基金的价值取决于基金净资产的现在价值,由于投资基金不断变换投资组合对象,再加上资本利得是投资基金收益的主要来源,证券价格的变动使得投资基金未来收益的预计难以把握,所以,投资者把握的就是基金资产的现有市场价值。

2. 基金单位净值

基金单位净值是在某一时间点每一基金单位(基金股份)所具有的市场价值。其计算公式如下:

$$基金单位净值 = \frac{基金净资产价值总额}{基金单位总份额}$$

其中,基金净资产价值总额 = 基金资产总额 − 基金负债总额。

基金的价值取决于基金净资产的现在价值,因此基金单位净值是评价基金业绩最基本和最直观的指标。

3. 基金报价

基金单位净值高,基金的交易交割也高。封闭性基金交易价格围绕基金单位净值上下波动。开放型基金的柜台交易价格完全以基金单位净值为基础,通常有两种报价形式,其计算公式如下:

$$基金认购价 = 基金单位净值 + 首次认购费$$
$$基金赎回价 = 基金单位净值 - 基金赎回费$$

基金认购价是基金公司的卖出价,其中的首次认购费是支付给基金经理公司的发行佣金。基金赎回价是基金经理公司的买入价,赎回价低于基金单位净值是由于抵扣了基金赎回费,以此提高赎回成本,防止投资者赎回,保持基金资产的稳定性。收取首次认购费的基金,一般不再收取赎回费。

4. 基金收益率

基金收益率用以反映基金增值的情况,通过基金净资产的价值变化来衡量。其计算公式如下:

基金收益率 =

$$\frac{年末持有份数 \times 基金单位净值年末数 - 年初持有份数 \times 基金单位净值年初数}{年初持有份数 \times 基金单位净值年初数} \times 100\%$$

【例 3-15】 某基金公司发行的是开放基金,2015 年的有关资料见表 3-7。

表 3-7 某开放基金的有关资料

项 目	年初	年末
基金资产账面价值/万元	3 000	7 200
负债账面价值/万元	450	1 000
基金资产市场价值/万元	5 000	10 000
基金单位/万单位	2 000	1 500

假设公司收取首次认购费,认购费率为基金资产净值的 5%,不再收取赎回费。

要求：

(1) 计算年初的下列指标：该基金公司基金净资产价值总额、基金单位净值、基金认购价、基金赎回价。

(2) 计算年末的下列指标：该基金公司基金净资产价值总额、基金单位净值、基金认购价、基金收回价。

(3) 计算 2015 年投资人的基金收益率。

解：

(1) 年初的指标：

$$该基金公司基金净资产价值总额 = 基金资产市场价值 - 负债账面价值$$
$$= 5\,000 - 450$$
$$= 4\,550（万元）$$

$$基金单位净值 = \frac{4\,550}{2\,000} \approx 2.28（元）$$

$$基金认购价 = 2.28 + 2.28 \times 5\% \approx 2.39（元）$$

$$基金赎回价 = 2.28（元）$$

(2) 年末的指标：

$$该基金公司基金净资产价值总额 = 10\,000 - 1\,000 = 9\,000（万元）$$

$$基金单位净值 = 9\,000 \div 3\,000 = 3（元）$$

$$基金认购价 = 3 + 3 \times 5\% = 3.15（元）$$

$$基金赎回价 = 3（元）$$

(3) 2015 年投资人的基金收益率

$$基金收益率 = \frac{3\,000 \times 3 - 2\,000 \times 2.28}{2\,000 \times 2.28} \times 100\% \approx 97.37\%$$

项目小结

本项目主要讲述了酒店投资的概念及类型，酒店项目投资管理和酒店证券投资管理的内容，酒店项目投资决策评价的各项指标的计算与分析，包括静态评价指标和动态评价指标。酒店证券投资评价指标的计算与分析，包括债券、股票和基金投资评价指标。

思考与练习

一、单项选择题

1. 按投资与酒店生产经营的关系，酒店投资可分为（　　）。
   A. 短期投资和长期投资　　　　B. 对内投资和对外投资
   C. 直接投资和间接投资　　　　D. 权益投资和债权投资

2. 酒店的项目投资是指属于直接投资范畴的企业内部投资，项目投资占到总投资额的（　　）左右。
   A. 70%　　　　B. 75%　　　　C. 80%　　　　D. 85%

3. 短期投资和长期投资的时间区别一般以（　　）作为标准。
   A. 半年　　　　B. 一年　　　　C. 一年半　　　　D. 两年

4. 债券的价值，是指持有债券带来的未来现金流入的（　　），即在债券持有期间，每期利息的现值和债券本金的（　　）之和。

　　A. 现值，现值　　B. 现值，面值　　C. 面值，面值　　D. 终值，终值

5. 资本资产定价模型是指财务管理中为揭示单项资产必要收益率与预期所承担的（　　）之间的关系而构建的一个数学模型。

　　A. 系统风险　　B. 市场风险　　C. 投资风险　　D. 通货膨胀风险

二、多项选择题

1. 短期投资又称流动资产投资，是指能够随时变现并且持有时间不超过一年的投资，主要包括对（　　）等的投资。

　　A. 现金　　B. 应收账款　　C. 存货

　　D. 短期有价证券　　E. 长期有价证券

2. 项目投资的资金构成，包括（　　）。

　　A. 原始投资　　B. 项目期内的年投资额　　C. 项目期内的投资利息

　　D. 项目固定投资　　E. 项目投资总额

3. 现金流入量，包括（　　）。

　　A. 营业收入　　B. 投资成本　　C. 回收固定资产的余值

　　D. 回收垫支的流动资金　　E. 建设投资　　F. 流动资金投资

4. 证券投资是指酒店把资金用于购买（　　）等金融资产，是间接投资。

　　A. 股票　　B. 债券　　C. 基金

　　D. 理财产品　　E. 存款

5. 酒店项目投资决策评价动态指标，主要包括（　　）。

　　A. 投资利润率　　B. 净现值　　C. 净现值率

　　D. 获利指数　　E. 内部收益

三、判断题

1. 项目投资是一种以特定项目为对象，直接与新建项目或更新改造项目有关的短期投资行为。（　　）

2. 投资回收期是投资项目保本指标，能反映该投资项目的获利程度。（　　）

3. 总投资收益率的决策标准：只有总投资收益率指标小于或等于基准总投资收益率指标的投资项目才具有财务可行性。（　　）

4. 净现值是指特定方案未来现金流入量总现值与现金流出量总现值的差额。只有净现值为正的项目，才是值得投资的项目。（　　）

5. 净现值率是一个贴现的绝对量评价指标，当净现值率大于等于零时该项目是可行的。（　　）

四、简答题

1. 在进行项目投资前，为什么要对投资方案进行可行性分析？
2. 简述净现值指标的优点和缺点。
3. 内部收益率指标的优点和缺点是什么？
4. 酒店项目投资决策评价动态指标之间的关系如何？
5. 债券投资的决策标准是什么？

五、计算分析题

1. 长鸿酒店进行一项目投资，固定资产需要一次投入价款1 000万元，建设期1年，建

设期资本化利息 100 万元。该固定资产预计使用 10 年，按照平均年限法计提折旧，期满预计净残值 100 万元。在投入使用后，可使经营期每年增加销售收入 780 万元，每年付现成本增加 400 万元，营业税金及附加增加 7 万元，该企业适用所得税税率为 25%。要求：分别按照简化计算方法和编制现金流量表法计算该项目的净现金流量。

2. 长鸿酒店拟购买一张面值为 1 000 元的 5 年期债券，票面利率为 14%，每年 12 月 31 日计算并支付一次利息。假设当时市场利率为 12%。要求：做出酒店的债券投资决策。

3. 某公司股票每股盈利 2 元，市盈率 10 倍，行业平均市盈率 12 倍，请计算其股票价格及股票价值。

参考答案

一、单项选择题
1. C　　2. C　　3. B　　4. A　　5. A

二、多项选择题
1. ABCD　　2. AE　　3. ABC　　4. ABC　　5. BCDE

三、判断题
1. ×　　2. ×　　3. ×　　4. √　　5. ×

四、简答题

1. 在进行项目投资前，为什么要对投资方案进行可行性分析？

答：酒店的项目投资是指属于直接投资范畴的企业内部投资，项目投资占到总投资额的 80% 左右。项目投资大多是酒店的资本支出，投资金额较大，投资回收期较长，对酒店建设期间的收支及其建成投产后的收支和盈亏都会产生较大的影响。因此，酒店的项目投资情况直接影响到了酒店的发展速度、获利能力，项目投资决策是酒店具有长远意义的战略性决策。所以，在进行项目投资前，要对投资方案进行可行性分析，选择最有利的投资方案，以最小的投入和最低的风险获得最大的收益。

2. 简述净现值指标的优点和缺点。

答：净现值指标的优点：一是考虑了资金的时间价值，能够反映各种投资方案的相对收益水平，增强了投资经济性的评价；二是考虑了项目计算期的全部净现金流量，体现了流动性与收益性的统一；三是考虑了投资风险性。缺点是不能揭示各个投资方案本身可能达到的实际投资报酬率是多少，当各个投资方案的投资额不同，只看净现值的绝对值不能做出正确的评价时，还应与其他方法结合进行评价。

3. 内部收益率指标的优点和缺点是什么？

答：内部收益率的优点是非常注重资金的时间价值，能从动态角度直接反映投资项目的实际收益水平，不受行业基准收益率高低的影响，比较客观。缺点是计算过程比较烦琐，当进入生产经营期又发生大量追加投资时，就可能导致多个高低不同的内部收益率出现，依据多个内部收益率进行评价就失去了实际意义。

4. 酒店项目投资决策评价动态指标之间的关系如何？

答：净现值、净现值率、获利指数、内部收益率四个指标，都属于贴现的决策评价指标，它们之间存在以下数量关系：

当净现值>0时，净现值率>0，获利指数>1，内部收益率>设定贴现率。
当净现值=0时，净现值率=0，获利指数=1，内部收益率=设定贴现率。
当净现值<0时，净现值率<0，获利指数<1，内部收益率<设定贴现率。

5. 债券投资的决策标准是什么？

答：在进行债券投资时，需要考虑债券的价值是否大于购买价格，只有在债券价值大于购买价格的前提下，投资行为才有意义。债券到期收益率是债券投资的另一标准，它可以反映债券投资按复利计算的真实收益率。如果高于投资人要求的报酬率，则应买进该债券，否则就放弃。

五、计算分析题

1.

解：

（1）项目计算期=1+10=11（年）
（2）固定资产原值=1 000+100=1 100（万元）
（3）年折旧额=（1 100－100）÷10=100（万元）
（4）经营期每年总成本费用增加额=400+100+7=507（万元）
（5）经营期营业利润=780－507=273（万元）
（6）经营期所得税=273×25%=68.25（万元）
（7）经营期净利润=273－68.25=204.75（万元）

净现金流量简化计算方法：

$$NCF_0 = -1\,000\,（万元）$$
$$NCF_1 = 0$$
$$NCF_{2\sim10} = 204.75 + 100 = 304.75\,（万元）$$
$$NCF_{11} = 204.75 + 100 + 100 = 404.75\,（万元）$$

编制净现金流量表。

固定资产投资项目净现金流量表　　　　　　　　　万元

项目计算期（第 t 年）	建设期		经营期					
	0	1	2	3	…	9	10	11
营业收入			780	780	…	780	780	780
固定资产残值					…			100
固定资产投资	－1 000				…			
经营成本			－500	－500	…	－500	－500	－500
其中，付现成本			100	100	…	100	100	100
营业税金及附加			－7	－7	…	－7	－7	－7
所得税			－68.25	－68.25	…	－68.25	－68.25	－68.25
净现金流量（NCF）	－1 000	0	304.75	304.75	…	304.75	304.75	304.75

由此可见，两种计算方法的结果完全一致。

2.

解：

债券价值 $P = 1\,000 \times 14\% \times (P/A, 12\%, 5) + 1\,000 \times (P/F, 12\%, 5)$

$= 140 \times 3.605 + 1\,000 \times 0.567$

$= 504.7 + 567$

$= 1\,071.7$（元）

若债券的价格等于或低于 1 071.7 元，则酒店可以购买。

3.

解：

$$股票价格 = 2 \times 10 = 20（元）$$
$$股票价值 = 2 \times 12 = 24（元）$$

参考文献

[1] 左桂谔. 酒店财务管理 [M]. 北京：北京大学出版社，2012.

[2] 章勇刚. 酒店财务管理 [M]. 北京：中国人民大学出版社，2014.

[3] 宋涛. 酒店财务管理 [M]. 武汉：华中科技大学出版社，2014.

[4] 张立俭，焦念涛，王光健. 酒店经理人财务管理 [M]. 北京：清华大学出版社，2013.

[5] 陈斯雯，雷雯雯. 新编现代酒店财务管理与成本控制实务大全 [M]. 北京：中国时代经济出版社，2013.

项目四

酒店收入管理

学习目标

【知识目标】

1. 掌握酒店收入的内涵,熟悉酒店收入的分类,了解酒店收入的影响因素。
2. 了解酒店客房定价的影响因素;掌握酒店客房定价方法;熟悉酒店客房收入内部控制程序。
3. 了解酒店餐饮定价决策方法,熟悉酒店餐饮收入内部控制程序。
4. 理解酒店收入夜审的意义,熟悉酒店营业收入夜审的程序。

【技能目标】

1. 能明确酒店收入的分类。
2. 能运用酒店客房定价方法,进行酒店客房定价运算。
3. 能进行酒店夜审工作。

案例导入: 餐饮企业缘何不再推出半份菜?

点半份菜,响应"光盘行动",做"避剩客"——从2013年开始,国内餐饮行业为刹住奢侈浪费之风,堵住浪费之源,曾发出关于半份菜的集体倡议,包括武汉、哈尔滨等地的餐饮企业纷纷推出半份菜、小盘菜,这也让半份菜这一餐饮"新食尚"一下子火了起来。有相关机构统计数据显示,酒店推出"半份菜""小份菜",可以减少50%左右的浪费。

在武汉的小蓝鲸酒店,菜单中春笋焖排骨、韭菜肉丝、生涮雪花牛肉、风干鱼双拼等菜肴,除标明每份价格外,还列有半份菜价和例份菜价,价钱基本为整份菜的一半,比如春笋焖排骨为每份68元,半份菜价为34元,例份菜价为38元。据在小蓝鲸担任点菜师超过十年的服务员小李介绍,半份菜可以让消费者品尝更多菜品,还不会造成浪费,在已经坚持推行半份菜长达四年之久的小蓝鲸,如今的餐桌上,大多都有明显小一号的半份菜或例份菜。顾客则认为:"多点几个半份菜能多尝几种菜,免得两三份菜很快就吃腻了,吃得有特色、有营养才好。"

让顾客"省钱有面子"可谓餐饮企业推出半份菜的一个初衷，可如今也存在着自身的生存尴尬。目前在武汉，包括小蓝鲸、湖锦酒楼等一些酒店还能提供半份菜，但在其他大多数的酒楼、餐厅中，已经很难见到半份菜的身影了，大有集体谢幕之势。一些餐饮业内人士分析认为，餐厅的半份菜偃旗息鼓，主要原因是成本因素考量。做半份菜或例份菜，制作、综合成本相对于整份菜并没明显减少，反而还得增加餐盘使用量与餐厅服务次数。受餐饮行业整体转型、人工成本不断上涨等因素影响，很多餐厅因此不再供应半份菜或例份菜。

"餐饮行业不能过于看重顾客用餐的消费数额与成本，应该着眼长远算大账。"刘国梁说，"提供半份菜、例份菜，短期确实会导致成本上升，但提供更多菜品分量选择，却可能成为吸引回头客的重要因素。越来越多的顾客当觉得在餐厅就餐有更丰富的选择时，才会更多走进餐厅，带动餐饮行业蛋糕整体做大。"

同时，业内人士建议，餐饮行业属于完全竞争的市场，是否提供半份菜或例份菜取决于餐厅自身，应加大宣传，增强餐饮消费者的"光盘意识"，摒弃"菜品分量大更划算、更有面子"等传统思维，提高半份菜、例份菜的市场需求，倒逼餐厅供应半份菜成为常态。同时对坚持提供半份菜的餐馆，采取一些鼓励或奖励举措，提升餐厅的积极性与参与度。

资料来源：《工人日报》，2017年4月19日。

思考：酒店餐饮产品定价需要考虑的因素有哪些？餐饮产品定价方法有哪些？你赞同酒店提供半份菜吗？为什么？

任务一　酒店收入概述

酒店收入，是指酒店营业收入，是酒店在某一时期内，通过提供劳务、出售商品和从事其他经营活动所取得的货币收入，包括出租客房、提供餐饮、出售商品及其他服务所取得的收入。营业收入水平的高低代表了酒店经营业绩的好坏，只有实现了一定数量的营业收入，酒店经营才能顺利进行，酒店利润的实现才有可靠的基础。酒店应加强对营业收入的管理，使得营业收入及时得以收回，保证会计资料的准确性，提高酒店的经营、服务水平，创造更好的经济效益。

一、酒店收入的分类

1. 按业务主次分

根据企业业务的主次之分，企业营业收入可以分为主营业务收入和附营业务收入。企业经常性、主要业务所产生的收入为主营业务收入，非经常性、兼营业务交易所产生的收入为附营业务收入。通常，在企业收入中，主营业务收入占企业收入的比重大，对企业的经营效益产生较大的影响；附营业务收入则占企业收入的比重较小。酒店的客房收入和餐饮收入是其主营业务收入，其他则属于附营业务收入。

2. 按经营内容分

（1）客房收入。客房收入主要是指酒店提供客房出租取得的收入，包括内外宾房费收入。

（2）餐饮收入。餐饮收入主要是指酒店餐厅提供餐饮服务、销售食品和饮品取得的收入，包括内外宾餐费收入。

（3）商品销售收入。商品销售收入主要是指酒店商品部销售商品取得的收入，还包括代销商品的手续费收入。

（4）洗衣收入。洗衣收入主要是指酒店洗衣房为住店宾客、外单位及个人提供洗涤棉织品等服务而取得的收入。

（5）康乐收入。康乐收入主要是指酒店娱乐部门提供保龄球、桌球、网球、游泳池、健身房、棋牌室、美容美发等娱乐健身服务项目取得的收入。

（6）商务收入。商务收入主要是指酒店商务中心提供打字、复印、电话、传真、网络服务等取得的收入。

（7）车队收入。车队收入主要是指酒店车队为住店客人或社会公众提供车辆有偿服务取得的收入。

（8）租赁收入。租赁收入主要是指酒店提供物业或其他资产出租取得的收入。

（9）其他收入。其他收入主要是指酒店取得的电话手续费等零星收入。

二、酒店收入的影响因素

1. 服务价格与消费数量

酒店收入实际上等于价格与劳务数量的乘积。价格和劳务数量直接影响酒店收入的高低。而价格是更敏感的指标，酒店应合理制定服务价格，最大限度地扩大销售量，实现营业收入最大化。

2. 服务季节的影响

酒店经营受到季节的影响，存在经营淡季和旺季。酒店在经营的旺季价格保持不变甚至可以适当涨价，能获得较高的收入；在经营的淡季，服务价格往往会打一定的折扣，以吸引消费者，消费折扣对收入是有直接影响的。

3. 其他因素

酒店的经营方式、经营理念、服务水平和态度、所处地理位置、所在国家的政策法规、人文环境等因素都会影响酒店的收入。

三、酒店收入的确认

按照《旅游、饮食服务企业财务制度》的规定，酒店应采用权责发生制来核算营业收入，凡是在本期取得的收入，不论其款项是否已收回，都被视为本期收入；凡是不属于本期形成的收入，即使款项在本期收到，也不能作为本期收入。酒店应当在劳务已提供、商品已发出，同时价款已收讫或已取得收取价款权利的凭证时，确认营业收入的实现。在核算时，应按实际价款进行，当期发生的销售折扣、销售退回及折让，应冲减当期营业收入。

1. 销售折扣

销售折扣是在特定的条件下运用的一种销售策略，为了鼓励宾客及时付款，酒店通常会给予一定的现金折扣。在旅游淡季或消费淡季，推广折扣定价策略，是为了稳定老客户，同时吸引更多新顾客，保证酒店营业收入。折扣属于销售调整项目，它对营业收入数额的影响最大。销售的入账金额是发票价格减去折扣后的净额。处理方法有两种：一是以现金净收入额作为营业收入，如果将来没有发生折扣，则将折扣作为追加收入计入营业收入。二是以发票价格作为营业收入,当将来现金折扣发生时,再冲减营业收入。

2. 销售退赔

销售退赔是在经营过程中,由于酒店自身的过错,未达到国家或行业规定的服务质量标准而造成宾客权益的损失,消费者有权要求退赔。当退赔或折让实际发生时,原来计入的营业收入就应全部或部分冲销。

3. 坏账

当宾客无力支付其所欠应付账款时,就会产生坏账,这是酒店在营业收入环节中发生的损失费。当坏账发生时,要以费用的形式冲销当期收入。

任务二 酒店客房收入管理

客房是酒店的主体,酒店销售的最大商品是客房出租。国内外有关统计资料表明,客房出租收入约占整个酒店营业收入的40%~50%。近年来,尽管酒店其他方面如饮食等的收入呈上升趋势,但客房营业收入在酒店全部营业收入中所占的主导地位并未动摇。因此,客房营业收入的管理和控制有着非常重要的意义。

一、酒店客房定价决策

价格是酒店提供各项服务的收费标准,是酒店收入的重要影响因素。合理定价在酒店收入管理中具有重要的意义。定价过高,可能会导致收入减少,难以实现利润;定价过低,收入难以抵消成本费用,酒店正常运转难以维持。酒店应根据客房经营的特点,采取不同的定价方法,灵活制定价格,以实现经营目标。

1. 酒店客房定价的影响因素

(1) 供求关系。酒店商品的价格随供求关系的变化而不断调整,当供过于求时,酒店业需要考虑降低价格;当供不应求时,酒店要考虑适当提高价格。在酒店经营的旺季,酒店可以适当提高价格。

(2) 投资成本。根据国际酒店业的一般标准,五星级酒店的投资成本,换算成以每间客房为单位,在15万~20万美元,四星级酒店为10万~14万美元,而经济型酒店则为1.5万~4万美元。因此,酒店的投资大小是影响客房价格水平的基本因素。此外,投资成本回收期的长短,以及目标利润率的高低,都会对房价的制定产生影响。

(3) 服务质量。被誉为"美国酒店大王"的斯坦特说过"酒店业就是凭借酒店来出售服务的行业",可见优质服务是酒店生存的基础。酒店作为典型的服务行业,每天要接待来自四面八方的消费者,优质的服务有助于发现并留住具有消费能力的回头客,为酒店创造稳定收入。

(4) 酒店选址。据有关数据显示,酒店地段的好坏对酒店成功运营的直接和间接的影响在众多相关因素中占到60%左右。选址不仅关系到市场开发能力的大小、对消费者吸引力的大小,更重要的是对长期效益的取得具有战略性的影响。

(5) 行业内竞争。由于酒店数量的不断增加,行业内竞争日益加剧,为了获得高客房出租率,削减房价成为一种常用的竞争定价方法,竞争的后果会导致房价偏低。

(6) 政府或行业组织的价格约束。政府为了维护经济秩序,或为了其他的目的,可能通过立法或者其他途径对酒店行业的价格进行干预。

2. 酒店客房定价方法

酒店在充分考虑上述影响因素的基础上，可以采取的定价方法有成本导向定价法、需求导向定价法和竞争导向定价法。

（1）成本导向定价法。这是以酒店经营成本为基础制定客房价格的方法，主要包括经验定价法、盈亏平衡定价法、成本加成定价法和赫伯特公式法。

第一，经验定价法，又称"千分之一定价法"，是以酒店总建造成本为基础计算的，酒店总建造成本包括建筑材料费用、各种设施设备费用、内部装修及各种用具费用，以及所需的各种技术费用、人员培训费用、建造中的资金利息费用等。这种方法适用于以住宿为主、膳食为辅的酒店。其计算公式为：

$$平均房价 = \frac{酒店总投资 \div 房间总间数}{1\,000}$$

【例4-1】 长鸿酒店建筑总成本为3亿元，客房总数为600间，用千分之一定价法计算其定价。

解：

$$平均房价 = \frac{300\,000\,000 \div 600}{1\,000} = 500（元）$$

第二，盈亏平衡定价法。盈亏平衡定价法是指酒店在销售收入与总成本相等时的客房价格，也就是酒店盈亏平衡时的客房价格。其计算公式为：

$$客房价格 = 每间客房日成本额 \div (1 - 税率)$$

酒店客房的成本一般分为固定成本和变动成本。固定成本总额在一定时期内不随业务量变化而变化，即使出现空房，固定成本也不会减少。空房负担的固定成本应分摊到已出租房间的固定成本中去，因此保本出租率作为定价的基础。即：

$$A = \frac{全年客房固定成本总额}{客房总使用面积 \times 365\,天 \times 客房出租率}$$

其中，A为客房每平方米使用面积日固定成本。

客房的变动成本，由于其总额随着客房出租率的变化而变化，可按客房的间数进行分摊，即：

$$B = \frac{全年客房变动成本总额}{客房数 \times 365\,天 \times 客房出租率}$$

其中，B为客房每间日变动成本。

这样客房每日的总成本就是每间每日固定成本和变动成本之和。

【例4-2】 长鸿酒店有客房600间，其中标准间500间，每间25平方米；双套间60套，每套48平方米；三套间40套，每套68平方米。保本出租率为50%，客房全年预计总费用为2 000万元，其中固定费用1 600万元，变动费用400万元，营业税率5%，计算标准间、双套间、三套间的房价。

解：

$$A = \frac{16\,000\,000 \div (365 \times 50\%)}{25 \times 500 + 48 \times 60 + 68 \times 40} \approx 4.8（元）$$

$$B = \frac{4\,000\,000}{600 \times 365 \times 50\%} \approx 36.5（元）$$

则

$$标准间房价 = \frac{25 \times 4.8 + 36.5}{1 - 5\%} \approx 165 （元）$$

$$双套间房价 = \frac{48 \times 4.8 + 36.5}{1 - 5\%} = 281 （元）$$

$$三套间房价 = \frac{68 \times 4.8 + 36.5}{1 - 5\%} = 382 （元）$$

第三，成本加成定价法，也称成本基数法，是指按客房产品的成本加上若干百分比的加成额进行定价。其计算公式为：

$$客房价格 = \frac{每间客房总成本 \times (1 + 加成率)}{1 - 税率}$$

第四，赫伯特公式法。赫伯特公式法由美国酒店和汽车旅馆协会主席罗伊·赫伯特首创。该定价法的使用步骤如下：

第一步，将所有者投资乘以预期投资回报率计算出预期利润。

第二步，将预期利润除以（1－所得税税率），算出税前利润。

第三步，计算固定费用和管理费用。

第四步，计算未分配营业费用，包括预计的行政管理费用、资产运营维护与能源费用。

第五步，估计非客房部门的利润或亏损。

第六步，推算客房部利润。

第七步，计算客房部收入。

第八步，将客房部收入除以预期售出的客房数，由此计算出客房的平均房价。

$$平均房价 = 客房营业收入 \div (客房数 \times 365 \times 年均客房出租率)$$

（2）需求导向定价法。这是以需求为中心、以市场导向观念为指导、从宾客的需求出发的定价方法，主要包括理解价值定价法、需求差异定价法。

第一，理解价值定价法，是指根据客户的价值观念来制定价格。

第二，需求差异定价法，是指根据酒店不同细分市场的需求差异来确定客房产品价格。

（3）竞争导向定价法。这是以竞争为中心的定价方法，以酒店面临的竞争环境作为制定客房价格的主要依据，主要包括随行就市定价法、率先定价法。

第一，随行就市定价法，是指根据竞争者客房产品的平均价格水平作为定价依据的定价方法。这是在竞争激烈、价格存在差别时酒店普遍采用的一种方法。市场平均价格在一定程度上反映了行业的集体智慧，随行就市定价能使本酒店获得稳妥的收益率，降低定价的风险。

第二，率先定价法，就是酒店根据市场竞争环境，率先制定出符合市场行情的客房价格，以吸引客户而争取主动的定价方法。酒店用率先定价法所制定的价格若能符合市场的实际需要，那么即使是在竞争激烈的市场环境中，酒店也可获得收益。

二、酒店客房收入的内部控制

内部控制是指酒店内部各职能部门及各岗位员工在明确分工的基础上，相互协调、相互适应并相互监督、相互制衡。客房收入的内部控制主要体现在销售、服务、收款环节相互独立、相互制约，构成客房收入控制体系上。这三个环节分别由销售部、客房部、财务部完成,部门间既分工协作,又相互制约。销售部完成客房预订,客人办完入住手续,住入客房;客房部提供房间整理等有关客房服务;客人离店,财务部收取相应的费用。

客房收入内部控制的程序是根据客房收入的发生、结算、稽核等环节设计的,体现在客人入住登记、押金收取、离店结账、收入稽核等环节上,整个过程以酒店前台收银为信息处理中心。

1. 客户账卡的设立

客人入住酒店,首先要在总服务台填写住宿登记表。前厅部将住宿登记表和宾客账单交收银员,收银员开立宾客卡账并收取客人适当押金。住店客人在客房、餐饮、商务中心等部门的消费,一般等退房时一并结算。前台需要及时详细记录客人的各项消费,以便客人退房时足额收取款项。

(1)住宿登记表。

住宿登记表一式两联,一般由客人填写,也可以由行李员、接待员或其他人填写,但入住客人必须在表上亲笔签名。对团体客人,应要求导游或领队填写,最后由导游或领队在表上签名确认。在填好登记表后,由接待员核对、确认。主要是确认客人证件的合法性,再以证件确认登记内容的一致性。住宿登记表格式见图4-1。

住 宿 登 记 表
REGISTRATION CARD FOR GUESTS

入住日期 Date of arrival	年 月 日			房间号码 Room No.	
姓 名 Name in full	性别 Sex	出生日期 Date of birth	身份证住址 Address on identity card	身份证号码 Identity card document No.	职业 Occupation

进店时间 Time of arrival	拟住天数 Day of stay	离店时间 Day of depature	开通市话 Local call	Yes No	开通长话 Long distance call	Yes No
退房时间为中午12时整 无论在任何情况下,本人同意支付所有账目现金,贵重物品请您寄存,否则如有遗失,恕不负责 Checking out time is 12 noon. Regardless of charge instructions. I acknowledge that I am personnally liable for the payment of my statement of accounts. Please deposit your cash and valuable goods. Otherwise, the hotel will not be responsible for any loss 有 Yes 无 No			房 价 Room rate	预收房费 Rate in advance	发票号码 Receipt No.	收银员 Cashier
			备 注 Remarks			
宾客签名 Signature			接待员签名 Receptionist Signature			

第一联(白)接待 第二联(红)收银 第三联(黄)楼层

图4-1 住宿登记表

(2)宾客账单。

客人入住,酒店要为每位客人开设账户,以便记录客人在住店期间的各项消费,如房费、餐费、洗衣费、商务费等,住店客人一般不马上结账,而是先挂在其房账上,待退房时一并结清。宾客账单的格式见表4-1。

(3)宾客卡账。

房间卡账是酒店特制的存放账单的夹子,通常放在一个固定的盘子里或架子上。一个房间一张卡账,每张卡账代表一个房间。将客人登记表和其他消费账单等存放在房间卡账里。

表4-1 宾客账单（Guest Bill）

<table>
<tr><td colspan="3" align="center">宾客账单
GUEST CHECK</td></tr>
<tr><td colspan="2">年　　月　　日</td><td>No. 00001</td></tr>
<tr><td rowspan="2">姓名及地址
NAME & ADDRESS</td><td>房号
ROOM No.</td><td>到店日期
ARRIVAL</td></tr>
<tr><td>账号
ACCOUNT No.</td><td>离店日期
DEPARTURE</td></tr>
<tr><td>日期
DATE</td><td align="center">摘要
DESCRIPTION</td><td>总额
AMOUNT</td></tr>
<tr><td></td><td></td><td></td></tr>
<tr><td>转账至
SEND ACCOUNT TO
收银员
CASHIER</td><td colspan="2">宾客签字
GUEST SIGNATURE</td></tr>
<tr><td>地址
（ADD）</td><td colspan="2">电话（TEL）
传真（FAX）</td></tr>
</table>

（4）预收押金。

客人入住酒店必须预交保证金，也称押金。押金收取一般有两种情况：一种是只预收房租的保证金；另一种是房租及其他费用一起预收，在结算时多退少补。保证金收据（图4-2）应一式三联：第一联交给客人；第二联，将其内容输进计算机后放到客人的卡账里；第三联，与当日的其他账单一起交由夜审人员审核。收到的保证金现款也与当日收到的账款一起投入指定的保险箱内，由总出纳员点收。最后由夜审人员核对收到的单据与总出纳收到的现款，以保证钱、单相符。

印象大酒店

入住押金单

No HDEPOSIT20120523007
日期 2012/05/23

兹收到　张三　房型　豪标　房号　1105　房价代码　门市价　房价　¥120.00
共计　现金支付　¥500.00　大写　人民币伍佰元整　客人电话

协议单位　　　　　　　　　收银员：　超级管理员
地址：　昆明市石林县阿诗玛南路一号　　电话：　0871-7799666
备注：　1.退房时间为14点以前，下午18点前退房，加收半天房费，超过18点按全天房费计算。
　　　　2.贵重物品：有　无
　　　　　　　　　客户签名：＿＿＿＿＿＿＿＿＿＿＿＿＿

图4-2 保证金收据

在预收保证金后，收银员在客人登记表上签名，同时把登记表的第一联及其有关单据放入房间卡账里，另一联退还给接待处。大堂接待处看到收银员的签名，即把房间钥匙交发客人，至此客人开始入住。

（5）入账。

在建立宾客账户之后，酒店就可以将客人的各项消费支出计入户头，这就是入账。入账要求及时、准确。大部分酒店都用计算机进行入账，酒店各部门都应与总台收银处的计算机联机。这样，客人在酒店任何营业点消费，都能随着收银机的操作及时输入客人的消费账户中。但是酒店也有不能与总台计算机联机的地方，比如客房里的mini bar等地方，这就需要手工入账。还有一些意外问题也会导致计算机联机入账不能实现，这时也需要手工入账。手工入账需注意，只要各营业部门送来客人签字的账单，就应立即输进计算机，以免遗失或漏收。

客人账单最终汇总到总台收银处。由总台收银员放入各自的卡账里，作为客人结算的原始依据。总台收银员需要复核账单上的签字、房号与卡账里登记表上的房号、签字是否相符，然后再放入卡账中。

2. 客户结账方式与控制

当客人来付款结账时，收银员应做到以下几点。

（1）主动问候并确认客人要离店结账。

（2）请客人归还房卡和押金单。

（3）立即通知客房中心，以便楼层服务员检查客房状况，如客房物品是否齐备、损坏等，并开出消耗单据或先用电话报告给收银处。

（4）把客人房间号码输进计算机，并按照计算机显示该客人的账户内容，查明客人的全部账单是否已输进客人的账户。确定账户内容无误后，打印账单。账单被打印出来后，收银员应审核一遍，在确定无误后交给客人确认。客人如果对账单中的某项内容提出异议，应报告收银主管处理；如果争议仍不能解决，则报告大堂值班经理处理。收银员不要介入争议，以免影响其他客人结账。

（5）根据客人在登记表上选择的结算方式结账。一般结账方式有现金、支票、信用卡、经同意的转账结算、旅行社凭单等。

现金：收银员收取现金应当面点清，辨别真伪。客人如果持有外币，应提醒客人到大堂外币兑换处换取人民币后付款。

支票：支票包括银行转账支票或现金支票。为避免风险，一般只针对本地较为熟悉的客户。在收取时应检查支票签章、是否有涂抹、是否在有效期内等内容。

信用卡：收银员要确认信用卡是否为酒店所接受的信用卡、信用卡是否有效，请客人在签购单上签字，向信用卡公司取得授权号，按预收定金的额度申请付款金额。

经同意的转账结算：有签单挂账协议的单位或个人与酒店的结算方式一般是转账。收银员应注意以下几点：客户是否与酒店有签单挂账协议，协议是否有效；签单客户是否是公司指定的签单人；签单项目和金额是否符合签单公司要求；客人签字后的账单转至酒店财务部做应收账款，由信贷收款员定期与签约方结算。

旅行社凭单：收银员应检查凭单是否有效，并根据旅行社凭单的功用检查是否产生凭单所含项目以外的消费。

(6) 客人在结账离店后，账单的结欠额栏应为零。

(7) 最后，客人在结账离店后，收银员应取出该房间卡账里的全部单据、资料，以便新入住的客人再次使用。

3. 酒店前厅收银员交款控制

每班收银员在下班时需整理好账单，编制收银报告，清点现金并交款。

(1) 收银员把已离店结账的账单按照现金、支票、转账等不同结算方式归类整理。

(2) 把入住客人的保证金收据等进行分类整理。

(3) 在每一类单据整理好后，应计算出一个合计金额，把合计金额的纸带或便条附在每一类单据上面，与所附单据扎在一起，以便核对。

(4) 收银员平时在进行入账、结账操作时，已按照各自的代码将收银情况输入前台计算机，现在只需将自己的代码输进计算机并给出打印报告指令，计算机就会自动把该收银员的收银报告打印出来。收银报告是记录酒店客人消费和收银员收款情况的报表（表4-2）。

表4-2 收银报告

收银员：　　　　班次：　　　　时间：

借方项目	金额	贷方项目	金额
房租		现金收进	
服务费		现金支出	
洗衣费		信用卡	
客房酒吧		转账	
电话费		支票	
商务费			
餐费			
杂项费用			
减扣			
合计		合计	
借贷差额：			

(5) 清点现金。清点现金即清点当班所收的现金，并按币种分类装入交款袋里，在密封后投入酒店指定的投币箱。开启投币箱需两把钥匙同时插入才能打开。两把钥匙分别由总出纳员和财会主管保管。交款袋交款的步骤一般是，在清点现金后填写交款袋，袋上的各币种的合计数额应与现金数额相等；将装入袋中的现金数与收银报告中的现金收入数额进行核对；在核对无误后，把现金装入交款袋并封好；找一个见证人，让见证人检查交款袋是否填妥，收银员是否已在规定的位置签上姓名。然后，在见证人的监督下，收银员将交款袋投入指定投币箱。

(6) 核对账单与收银报告，即将整理好的账单与收银报告的有关项目核对。将日间房租及服务费账单、房间酒吧账单、减扣单、现金支出单、车务账单分别与收银报告中借项栏的有关项目逐个核对，将现金结算、信用卡结算、转账、支票等单据分别与收银报告中贷方项目栏的有关项目逐一核对。

（7）核对现金与收银报告。收银报告中的"现金收进"项目减去"现金支出"项目的差额就是"现金应交额"；将现金结算收入账单的合计数额减去现金结算支出账单的合计数额，也是"现金应交额"。这两个"现金应交额"应该相等。

（8）送交款项、账单、收银报告。在现金核对正确后，按照交款步骤投入投币箱，同时将账单和收银报告捆扎好，交给收银主管或放在指定的地方。

任务三 酒店餐饮收入管理

酒店餐饮部是指酒店连带经营的餐饮服务机构，是酒店生产和销售饮食产品、为宾客提供相应服务的部门。餐饮是星级酒店必备的基本功能之一，是完全服务型酒店的功能要求之一。在收入方面，餐饮部的收入是酒店营业收入的主要来源之一。餐饮部是酒店获得经济收益的重要部门之一，与客房收入、商场收入并称为酒店收入的三大支柱。餐饮部的收入在酒店总收入中所占的比重因酒店状况而异，受到酒店本身主、客观条件的影响，目前国内酒店餐饮部的营业收入约占酒店营业收入的三分之一。因此，加强酒店餐饮收入的管理和控制有着非常重要的意义。

一、酒店餐饮产品定价方法

餐饮产品的价格是由原材料成本和毛利构成的，定价的重点是确定毛利率的高低。酒店可根据"按质论价、优质优价、时菜时价"的原则，按国家规定的毛利率幅度和酒店经营特点，确定餐饮产品的毛利率，再根据餐饮产品的原材料成本计算餐饮产品的销售价格。其计算方法主要有以下两种。

1. 内扣毛利率法

内扣毛利率法，又称销售毛利率法，是用毛利与销售价格的比值计算餐饮产品价格的方法。菜品的价格包含原材料成本、税金及其他经营费用（如餐饮部人工、燃料、水电等）。其中，原材料成本可以按每道菜品制定出标准成本，但其他费用难以分摊。所以，餐饮产品一般根据毛利率定价。其计算公式为：

$$餐饮产品毛利 = 销售价格 - 餐饮成本$$

比如菜品毛利包含应由菜品承担的税金、经营费用和合理利润。菜品原材料成本可以确定定额（标准成本），所以毛利等于菜品售价减去原材料成本。

【例4-3】 假设一道剁椒鱼头的售价为40元，原材料成本为16元，其毛利为多少元？

$$菜品毛利 = 40 - 16 = 24（元）$$

菜品毛利率就是菜品毛利与销售价格之间的比率。其计算公式为：

$$菜品毛利率 = 菜品毛利 \div 销售价格 \times 100\%$$

根据上述数据可知剁椒鱼头菜品的毛利率为 $24 \div 40 \times 100\% = 60\%$。

因为每道菜品的标准成本是可以计算出来的，酒店可参考历史资料或同行业的毛利率水平确定菜品毛利率，于是菜品的销售价格就可以定价了。其计算公式为：

$$销售价格 = 餐饮成本 \div (1 - 菜品毛利率)$$

销售毛利率法计算简便,是酒店最常用的餐饮定价方法。

【例4-4】 某酒店推出新菜品虾仁豆腐,按酒店的定价制度,首先由中餐厅厨师长制定该菜品的标准菜谱,确定使用原材料的品种、用量、规格等;然后由酒店成本控制人员根据标准菜谱,按照采购价格计算主料、辅料、调料的使用成本,从而确定该菜品的标准成本。该菜品的标准成本卡见表4-3。

表4-3 标准成本卡

菜品名称		虾仁豆腐		规格	1份	核定售价	40元
原料		采购单价	毛料/斤①	净料/斤	实际用量/斤	成本金额/元
主料	老豆腐	3元/斤	1.5		1.5	4.5
	虾仁	55元/斤	0.1		0.1	5.5
辅料	香菇	8元/斤	0.05		0.05	0.4
	肉末	12元/斤	0.15		0.15	1.8
料头	蒜、葱、姜					1.9
调料						2.1
其他						
备注				原材料成本合计		16.2
				成本定价		40.5
				毛利率		60%
				建议售价		40

酒店对该类菜品的毛利率期望值一般为60%,成本部按照销售毛利率定价法就可以进行销售价格的计算了。

(1) 经计算,虾仁豆腐的原材料成本为16.2元。
(2) 该类菜品的毛利率期望值一般为60%。
(3) 销售价格为:16.2÷(1-60%)=40.5(元)。

考虑市场因素和消费者价格心理,成本控制部建议该菜品定价为40元,该售价经餐饮部确认,经财务部和总经理批准后执行。按照实际售价,该菜品的销售毛利率为60%。

2. 外加毛利率法

外加毛利率法,又称成本毛利率加加成率,是餐饮产品的毛利与其成本之间的比率。外加毛利率法是按照既定的成本毛利率加成计算餐饮产品销售价格的方法。其计算公式为:

销售价格 = 食品原材料成本 × (1 + 外加毛利率)

加成倍数 = 1 ÷ 产品成本率

依据例4-4的资料,售价若按成本毛利率加加成率定价法,其步骤为以下几步。

---

① 1斤 = 500克。

(1) 制作标准菜谱,计算该菜品原材料成本为 16.2 元。
(2) 酒店该类菜品加成倍数一般是 2.5 倍,价格可以按加成倍数初步确定为 40.5 元。
(3) 考虑市场因素和消费者价格心理,菜品售价定为 40 元。

二、酒店餐饮产品定价的基本程序

1. 制作标准食谱

酒店餐厅经营的所有菜品由餐饮部制作标准食谱,标准食谱是制作菜品的依据,体现食品分配量、菜品质量,是酒店制定餐饮产品销售价格的主要参考依据。

一个标准食谱应包括以下几部分。
(1) 制作菜肴所需原料的名称。
(2) 调味品及辅料。
(3) 原材料的利用率。
(4) 烹调的步骤和方法。

2. 计算菜谱标准食品成本
(1) 计算出每种配料的单价和总价。
(2) 计算每份产品所需配料的成本费用。

3. 确定每份产品的销售价格

考虑酒店的利润水平、市场因素、消费者价格心理等,合理确定产品价格。

4. 注意事项
(1) 成本部在计算每种原材料的成本时,应考虑原材料使用时产生的损耗。
(2) 对食品成本的核算用货币形式表示。
(3) 标准成本卡经餐饮部确认,财务总监、总经理审批后执行。
(4) 在原材料采购价格发生较大变化或菜品用料发生调整时,应及时更换标准食谱。成本部应对菜单价格进行经常性的复核、调整及更新。

另外,酒水食谱及价格的制定类似于餐饮菜品的定价方法。

三、酒店餐饮收入的内部控制

由于酒店餐厅多、服务项目多、人员流动大、收银点多等特点,酒店餐饮收入控制会有一定难度。酒店财务部应合理设置岗位,建立完善的内部牵制制度,使餐饮收入相关工作人员相互监督、相互制约。

酒店的餐饮收入活动涉及钱、单、物三个方面。三者的关系是,物品消费掉,账单开出去,货币收进来,从而完成餐饮收入活动的全过程。在三者中,物品消费是前提;货币是中心,必须保证货币收取准确,是进行管理的基本任务;单据是关键,物品是根据单据制作和发生的,货币是根据单据计算和收取的,失去单据,管理就失去了依据。为此,酒店设计"三线两点"的控制方法,即把钱、单、物分离三条相互独立的线进行传递,在三条传递线的终端设置两个核对点,以联络三线进行控制。凡经手物品的人不经手账单和货币,仅从事物品的传递,形成一条传递线;同样,货币和餐单的独立传递形成另外两条传递线。而每条传递线又由许多紧密相连、缺一不可的传递链条或传递环节组成。每向前传递一步,就对上一步的传递核查、总结一次,以保证每条传递线传递结果的正确性,最后再将三个传递结果互相核对比较。

1. 物品传递线

餐饮食品的传递从厨房开始,送至客人消费为止。这一传递线由代表实物的单据传递构成。其单据被称为"取菜单""点菜单""出品单"等。物品传递具体步骤如下所述。

(1)餐厅服务员根据客人的需要开出取菜单。取菜单通常一式三联。取菜单格式见表4-4。

(2)餐厅服务员把一式三联的取菜单交给收银员盖章,收银员留一联,用于打印账单,服务员留一联用于上餐,另一联交给厨房或酒吧。

(3)厨房或酒吧根据取菜单制作菜谱或准备酒水。

表4-4 取菜单

餐厅名称:　　　　　　　　　　　　　　　　　　　日期:　年　月　日
台号:　　　　人数:　　　　账单号:

类别	项目	数量
热菜		
凉菜		
酒水		
主食		
其他		

服务员:

(4)菜品或酒水准备就绪,由服务员送到餐桌。

(5)在每班结束后,厨师或调酒师把取菜单分餐厅按顺序整理好,送交主管。

(6)厨房或酒吧主管将取菜单进一步汇总整理,交给财务部。

2. 餐单传递线

餐单是餐费账单的简称。餐费账单的具体格式见表4-5。

表4-5 餐费账单

餐厅名称：　　　　　　　　　　　　　　　　　　　　　　　日期：　年　月　日
台号：　　　　　　人数：　　　　　账单号：

类别	项目	单价	数量	金额
热菜				
凉菜				
酒水				
主食				
其他				
合计				

签名：

餐单传递具体步骤如下：

（1）收银员将取菜单内容输入收银机，打出餐单，并把取菜单附在其后，等待客人结账。

（2）在客人结账时，统计并打印餐单的合计金额。根据餐单的合计金额向客人收款。

（3）在每班结束时，根据餐单编制本班收银报告，并在收银机上打印本班收入情况，将两者核对后，连同餐单一并交夜间稽核处。收银报告格式见表4-6。

表4-6 收银报告

餐厅：　　　　　　　　　　　　　　班次：　　　　　　　　　　日期：　年　月　日

收入					结算				
项目	金额	更正		总计	项目	金额	更正		总计
		金额	账单号				金额	账单号	
食品					人民币				
饮料					外币				
服务费					房客				

续表

收入					结算				
项目	金额	更正		总计	项目	金额	更正		总计
		金额	账单号				金额	账单号	
杂项					挂账				
					信用卡				
					交际应酬				
合计					合计				

收银报告由两部分组成：收入项目和结算项目。两个项目的合计数应该相等。更正栏目是用于修改已输进收银机但在结账后发现记错的项目。

"账单使用情况"用来统计收银员账单使用情况（表 4-7）。

表 4-7 账单使用情况

项目	发给数目	使用数目						
		总数	现金	客房	挂账	信用卡	应酬	取消
编号								
数目								

本地客人数：
客房人数：
总人数：
取消价目总额：
稽核员：　　　　　夜间稽核员：　　　　　收银员：

夜审员把一天的餐单及收银报告全部审核一遍，编制当日餐饮收益表，并把餐单、收银报告、当日餐饮收益表一起交给日审员，由日审员进一步稽核。

3. 货币传递线

（1）收银员根据餐单向客人收款。

（2）收银员在下班时，按币种、票面清点现金，填写交款信封，交酒店出纳。

（3）总出纳点收当日全部收银员送交的现金，并将现金送存银行。

（4）根据现金送存银行的回单，编制总出纳报告，并把银行回单附在此报告上，交日审员审核。

4. 取菜单与餐单核对点

收入稽核人员将厨房交来的取菜单与收银员交来的餐单进行核对，以检查或测试餐单上的项目是否与取菜单的项目相符，即餐单是否完全根据取菜单的内容开立，有无遗漏，如有不符，应追查原因，并写出处理报告。

5. 餐单与货币核对点

收入稽核人员将根据餐单编制的餐饮收入日报表中的各币种现金结算数与总出纳交来的总出纳报告及银行回单有关数据相核对，根据核对结果，编制现金收入控制表（表 4-8），并对现金的溢缺写出追查结果报告。

表4-8 现金收入控制表

日期： 年 月 日　　　　　　　　　　　　　　　　　　　　　　　　　　　编表人：

收银员姓名	应交金额			实交金额			溢或缺
	人民币	外币	合计	人民币	外币	合计	
大堂							
餐厅							
酒吧							
商品部							
合计							

任务四　酒店收入审计与稽核

　　酒店收入的夜审，根据其工作时间和内容的不同，可分为夜间夜审和日间夜审。夜审是对酒店经营账单资料的查对，对酒店收入管理各项程序的检查和控制。

　　夜间夜审是指夜间进行的核数工作或从事夜间核数工作的人员。夜间审核的工作对象是各收银员以及各营业部门交来的单据、报表等资料。工作目标是通过对这些单据、报表进行深入细致的查对，纠正错弊，追查责任，以保证当天酒店收入的真实、正确、合理和合法。

　　日间夜审，又称收入稽核，是酒店营业收入的第二次审核。夜间审核人员经过一夜工作后，第二日早晨把夜审过的资料让日间夜审人员接班后继续审核。

　　为什么夜间进行夜审？日间酒店工作繁忙，客人入住、退房，收银员收款、退款，各项收入在不断发生变化。到了深夜，客人一般较少，酒店的各种营业活动也相继关闭，全天营业收入基本能确定。因此，夜间是收入夜审工作的最好时间。

　　为什么酒店经过夜间审核以后还需要再审核一次呢？夜审人员在夜审时又新做了一些账单、报表，需要夜审，避免出错；有些部门的账单第二天早晨才能交来，夜间审核人员审核不到，需要由日间夜审人员来审核；酒店账单、报表繁多，出现差错的概率较大，需要由日间夜审再一次审核无误后，再记入各有关会计账簿。日间夜审也是对夜间夜审工作质量的检查与控制。

一、酒店客房收入夜审

　　客房收入夜审检查酒店客房出租及前厅收款情况，审核酒店客房营业收入。其收入夜间审核工作程序有以下几项。

1. 检查总台收银工作

　　（1）检查所有出勤的总台收银员是否已全部交来收银报告及账单，如果有未交的，在"交班簿"上记录，留给次日日班有关主管人员审阅、追查。

　　（2）检查每份账单，将各类账单的金额与收银报告的有关项目进行核对。

2. 核对客房出租单据

　　打印一份当天客房租住明细表，明确所有出租客房均已登记入账，尤其是特殊情况要有相关手续，包括房租折扣是否有有关人员签字、免费房是否有总经理或副总经理签字、客人拒付要有大堂经理签字等。酒店折扣凭证见表4-9。

表4-9 酒店折扣凭证

酒店折扣凭证 Hotel Rate Voucher			
年　　月　　日			No.
宾客姓名 Guest's Name		停留时间 Stopover Time	
房号 Room No.		账号 Debt No.	
折扣项目 Discount Item		折扣率 Discount Rate	
折扣额 Rate Amount			
审批理由 Approve the Reason			
申请人： Applicant		批准人： Approved By	收银员： Cashier

3. 完成房租过账

用电脑将新一天的房费资料自动记入住客账户。房租过入以后，打印出一份房租过账表，并检查各个出租客房过入房租及其服务费的数额是否正确。

4. 对当天客房收益进行试算

客房收入在输入过程中会发生记账错误，如输错金额、输错项目、重复输入或漏输账项等错误，因此，有必要在当天收益全部输入计算机之后和当天收益全部结账之前，对计算机中的数据资料进行一次全面的查验，这种查验称为"试算"，而为进行试算所编制和使用的表称为"试算表"。具体格式见表4-10。

表4-10 试算表

时间：

借方项目	金额	贷方项目	金额
房租		收预付款	
服务费		现金收进	
洗衣费		现金支出	
客房酒吧		信用卡	
电话费		转账	
商务费		支票	
餐费			

续表

借方项目	金额	贷方项目	金额
杂项费用			
减扣			
合计		合计	
净差额：			
前日余额：			
新余额：			

借方反映的是酒店当天的客房收益，即酒店应向客人收取的款项，贷方反映的是住店客人当天的结算款项，余额反映的是截至当日住店客人累计欠账总数。

5. 编制当天客房收益结账表

该表一旦编出，当天的收益活动即告结束，之后还有业务就只能记入下一工作日业务中。该表的内容与格式和核对后的试算表完全相同。

6. 编制客房收益会计分录过账表

该表是根据客房收益结账表编制的，将当日客房收益分配到相应会计账户中。具体格式见表4－11。

表4－11 客房收益会计分录过账表

日期：

借方			贷方		
账户	当日	本月累计	账户	当日	本月累计
应收账款			客房		
信用卡			服务费		
挂账			洗衣		
支票			客房酒吧		
			电话		
			杂项		
			现金支出		
现金收进			住客餐饮收入		
应收账款——住客账（当日余额）			应收账款——住客账（承前余额）		
合计			合计		

制表： 稽核： 过账：

客房收益会计分录过账表的借贷方应相等，"应收账款——住客账"的借贷方差额就是当日住客账的净收入账数。

7. 整理、保管好各账表及有关原始单据等,并于次日交接班时转给日审人员

二、酒店餐饮营业收入的夜审

餐饮收入夜审是检查各餐厅及各营业点的营业收入,审核各收银员交来的餐费账单、日报等。餐饮收入的夜间稽核工作流程有以下几项。

1. 清机

将收银机当天输入的数据全部清理出来,打印在收银机纸带上,即用收银机打印当天营业日报。

2. 核查餐厅当日收银工作

餐单与取菜单核对、餐单与收银报告核对、收银报告与收银机纸带核对、收银机纸带与清机报告核对,以检查当日收银数据是否正确。

3. 编制餐饮收入日报表

以上核对无误后,夜审员将各餐厅、各班次的全部收银报告汇总,编制餐饮收入日报表,并保持表中左右栏的总计相等,基本格式见表 4-12。

表 4-12 餐饮收入日报表

项目	人数	收入项目						结算方式					
		食品	饮品	香烟	服务费	其他	小计	现金	支票	信用卡	挂账	住客挂账	小计
中餐厅													
早餐													
中餐													
晚餐													
小计													
西餐厅													
早餐													
中餐													
晚餐													
小计													
咖啡厅													
早餐													
中餐													
晚餐													
小计													
宴会部													
送餐服务													
总计													

4. 编制餐饮收益会计分录过账表

当日夜审员根据餐饮收入日报表等资料，可以编制出借贷形式的餐饮收益会计分录过账表。借方登记的是餐饮收入日报表的结算栏，贷方登记的是餐饮收入日报表的收入栏，借方合计数与贷方合计数相等。具体格式见表4-13。

表4-13 餐饮收益会计分录过账表

借方			贷方		
账户	当日	本月累计	账户	当日	本月累计
现金			食品		
支票			中餐		
信用卡			西餐		
住客餐饮账			送餐		
挂账			宴会部		
			饮料		
			中餐		
			西餐		
			送餐		
			咖啡厅		
			宴会部		
			服务费		
			杂项		
			应酬费		
合计			合计		

制表：　　　　　　　稽核：　　　　　　　过账：

三、酒店营业收入的日间夜审

1. 审核酒店所有夜间审核编制的报表，复核所有收银员、记账员的营业报表
2. 核对客房状态日报表是否与前厅客房出租状况统计表（表4-14）相符，如有不符，需查明原因，并书面报告

表4-14 客房出租状况统计表

日期：

可出租房间数	
出租率	
团队用房率	
免费房数	

续表

平均房价（不含免费房）	
平均房价（含免费房）	
团队平均房价	
散客平均房价	
住店客人数量	

3. 审核对外结算账目和单据，包括团队、合同单位等
4. 统计上日收益报告

酒店日审员首先用电脑统计上一日整个酒店的收益情况，包括客房、餐饮及其他部门收益，得出收益日报，交财务总监使用。这份报表是日审员还未审核时编制的，属非正式报告，其具体格式见表4–15。

表 4–15　收益日报

时间：

项　目	当　日	预　算
客房收益		
食品收益		
饮料收益		
其他收益		
收益合计		
客房出租率		

5. 稽核客房收益结账表、餐饮营业收入日报表

客房收益结账表是夜间夜审员一夜工作的结果。日间夜审员在汇总编制当日正式收益报告并将全部收益按项目计入各会计账之前，还必须核对这些数据，以确保入账数据的正确性。

6. 编制酒店营业收入日报表

营业收入日报表见表4–16。

表 4–16　营业收入日报表

项　目	当　日		本月累计		去年同期实际累计
	实　际	预　算	实　际	预　算	
客房					
客房出租收入					
服务费					
客房收入合计					
餐饮					

续表

项　目	当　日		本月累计		去年同期实际累计
	实　际	预　算	实　际	预　算	
中餐					
西餐					
咖啡厅					
客房送餐					
宴会部					
服务费					
餐饮收入合计					
其他					
收入总计					
统计资料					
客房出租率					
客房总数					
可供出租客房					
已出租房间					
平均房价					
住客人数					
用餐人数					
用餐平均消费					

制表：　　　　　　　　　　　　　　稽核：

7. 检查账单号码控制情况

（1）检查收银报告中账单使用情况以及收银员填写的账单号码控制表。

（2）复核夜审员编制的账单使用情况汇总表。

（3）检查因打印错误而作废的单据是否有经理签字。

8. 检查折扣数

对给予折扣的账单，检查有无贵宾号，核查账单上的贵宾签署是否与贵宾卡持有人印鉴样本相符；复核所给的折扣数是否正确；对无贵宾卡的折扣数，检查有无经理签字。

9. 稽核餐单与发票使用

日审员需要对餐单、点菜单的联号使用进行审核和控制，对缺号的餐单和点菜单进行追查。核查发票使用情况，杜绝收银员乱开发票的现象。

10. 核对现金

审核总出纳收款报告，编制现金收入控制表。

11. 负责保管所有收银、记账凭单及稽核报告

项目小结

本项目主要讲述了酒店收入内涵及类型，酒店客房及餐饮定价方法，酒店客房及餐饮收入内部控制程序，酒店营业收入夜审的意义及程序。

思考与练习

一、单项选择题

1. 酒店收入按业务主次分，可分为主营业务收入和附营业务收入，其中（　　）是主营业务收入。
   A. 客房收入　　　　B. 商品销售收入　　C. 洗衣收入　　D. 康乐收入
2. 客人入住酒店，首先要在总服务台填写（　　）。
   A. 宾客账单　　　　B. 住宿登记表　　　C. 宾客卡账　　D. 押金单
3. 每班收银员下班时需整理好账单，编制（　　），清点现金并交款。
   A. 保证金收据　　　B. 单据　　　　　　C. 收银报告　　D. 总账
4. （　　），又称销售毛利率法，是用毛利与销售价格的比值计算餐饮产品价格的方法。
   A. 内扣毛利率法　　　　　　　　　　　B. 外扣毛利率法
   C. 外加毛利率法　　　　　　　　　　　D. 成本毛利率加加成率
5. （　　）是夜间夜审员一夜工作的结果。日间夜审员必须核对这些数据，以确保入账数据的正确性。
   A. 营业报表　　　　　　　　　　　　　B. 客房出租状况统计表
   C. 收益报告　　　　　　　　　　　　　D. 客房收益结账表

二、多项选择题

1. 酒店收入按经营内容分，包括（　　）。
   A. 客房收入　　　　B. 餐饮收入　　　　C. 商品销售收入
   D. 洗衣收入　　　　E. 康乐收入
2. 酒店收入的影响因素，包括（　　）。
   A. 服务价格与消费数量
   B. 服务季节的影响
   C. 酒店的经营方式和经营理念
   D. 酒店所处地理位置
   E. 酒店所在国家的政策法规
3. 酒店客房定价的影响因素，包括（　　）。
   A. 供求关系影响　　B. 投资成本　　　　C. 服务质量
   D. 饭店选址　　　　E. 行业内竞争　　　F. 政府或行业组织的价格约束
4. 酒店客房定价方法有（　　）。
   A. 成本导向定价法　B. 经验定价法　　　C. 需求导向定价法
   D. 盈亏平衡法　　　E. 竞争导向定价法
5. 成本导向定价法以酒店经营成本为基础制定客房价格，主要包括（　　）。

A. 经验定价法　　　　B. 盈亏平衡定价法　　C. 竞争导向定价法
D. 成本加成定价法　　E. 赫伯特公式法

三、判断题

1. 企业收入中主营业务收入占企业收入的比重大，对企业的经营效益产生较大的影响。酒店的客房收入和餐饮收入是其主营业务收入。（　　）
2. 按照《旅游、饮食服务企业财务制度》的规定，酒店应采用权责发生制来核算营业收入。（　　）
3. 客房收入的内部控制主要体现在销售、服务、收入环节相互独立、相互制约，构成客房收入控制体系。（　　）
4. 住宿登记表一式两联，一般由客人填写，也可以由行李员、接待员或其他人填写，但入住客人必须在表上亲笔签名。（　　）
5. 客人入住酒店必须预交保证金，也称押金。（　　）

四、简答题

1. 当客人来付款结账时，收银员应如何做？
2. 简述酒店餐饮产品定价的基本程序。
3. 简述酒店餐饮收入的"三线两点"内控方法。
4. 什么是夜审？夜审为什么分为夜间夜审和日间夜审？
5. 简述酒店客房收入夜审工作程序。
6. 简述酒店餐饮营业收入的夜审工作流程。

五、计算分析题

1. 长鸿酒店建筑总成本为 2 亿元，客房总数为 500 间，用千分之一定价法计算其定价。
2. 假设一道菜的售价38元，原材料成本18元，其毛利为多少元？销售毛利率是多少？酒店对该类菜品的毛利率期望值一般为60%，如果你是成本部的工作人员，请按照销售毛利率定价法进行销售价格的计算。

参考答案

一、单项选择题
1. A　2. B　3. C　4. A　5. D

二、多项选择题
1. ABCDE　2. ABCDE　3. ABCDEF　4. ACE　5. ABDE

三、判断题
1. √　2. √　3. ×　4. √　5. √

四、简答题

1. 当客人来付款结账时，收银员应如何做？

答：
（1）主动问候，确认客人要离店结账。
（2）请客人归还房卡和押金单。
（3）立即通知客房中心，以便楼层服务员检查客房状况，并开出消耗单据或先用电话报告给收银处。

(4) 把客人房间号码输进计算机，并指示计算机显示该客人的账户内容，查明客人的全部账单是否已输进客人的账户。

(5) 根据客人在登记表上选择的结算方式结账。

(6) 客人离店结账后，账单的结欠额栏应为零。

(7) 客人结账离店后，收银员应取出该房间卡账里的全部单据、资料，以便新入住的客人再次使用。

2. 简述酒店餐饮产品定价的基本程序。

答：

(1) 制作标准食谱。

(2) 计算菜谱标准食品成本。

(3) 确定每份产品的销售价格。

(4) 注意以下事项：①成本部计算每种原材料的成本时，应考虑原材料使用时产生的损耗。②对食品成本的核算用货币形式表示。③标准成本卡经餐饮部确认，财务总监、总经理审批后执行。④原材料采购价格发生较大变化或菜品用料发生调整时，应及时更换标准食谱。成本部应对菜单价格进行经常性的复核、调整及更新。

3. 简述酒店餐饮收入的"三线两点"内控方法。

答：

酒店餐饮收入的"三线两点"控制方法，即把钱、单、物分离三条相互独立的线进行传递，在三条传递线的终端设置两个核对点，以联络三线进行控制。凡经手物品的人不经手账单和货币，仅从事物品的传递，形成一条传递线；同样，货币和餐单的独立传递形成另外两条传递线。而每条传递线又由许多紧密相连、缺一不可的传递链条或传递环节组成。每向前传递一步，就对上一步的传递核查、总结一次，以保证每条传递线传递结果的正确性，最后再将三个传递结果互相核对比较。

4. 什么是夜审？夜审为什么分为夜间夜审和日间夜审？

答：

夜审是对酒店经营账单资料的查对，对酒店收入管理各项程序的检查和控制。根据其工作时间和内容的不同，可分为夜间夜审和日间夜审。夜间夜审是指夜间进行的核数工作或从事夜间核数工作的人员。日间夜审，又称收入稽核，是酒店营业收入的第二次审核。

为什么夜间进行夜审？日间酒店工作繁忙，客人入住、退房，收银员收款、退款，各项收入在不断发生变化。到了深夜，客人一般较少，酒店的各种营业活动也相继关闭，全天营业收入基本能确定。因此，夜间是收入夜审工作的最好时间。

为什么酒店经过夜间审核以后还需要再审核一次呢？夜审人员在夜审时又新做了一些账单、报表，需要夜审，避免出错；有些部门的账单第二天早晨才能交来，夜间审核人员审核不到，需要由日间夜审人员来审核；酒店账单、报表繁多，出现差错的概率较大，需要由日间夜审再一次审核无误后，再记入各有关会计账簿。日间夜审也是对夜间夜审工作质量的检查与控制。

5. 简述酒店客房收入夜审工作程序。

答：

(1) 检查总台收银工作。
(2) 核对客房出租单据。
(3) 完成房租过账。
(4) 对当天客房收益进行试算。
(5) 编制当天客房收益结账表。
(6) 编制客房收益会计分录过账表。
(7) 整理、保管好各账表及有关原始单据等，并于次日交接班时转给日审人员。

6. 简述酒店餐饮营业收入的夜审工作流程。

答：

餐饮收入的夜间稽核工作流程为：

(1) 清机。将收银机当天输入的数据全部清理出来，打印在收银机纸带上，即收银机打印当天营业日报。
(2) 核查餐厅当日收银工作。
(3) 编制餐饮收入日报表。
(4) 编制餐饮收益会计分录过账表。

五、计算分析题

1.

解：

$$平均房价 = 200\ 000\ 000 \div 500 \times 1‰ = 400（元）$$

2.

解：

$$毛利 = 38 - 18 = 20（元）$$
$$销售毛利率 = 20 \div 38 \times 100\% = 53\%$$
$$销售价格 = 18 \div (1 - 60\%) = 45（元）$$

考虑市场因素和消费者价格心理，作为成本部工作人员可建议该菜品定价为 48 元，该售价经餐饮部确认，经财务部和总经理批准后执行。按照实际售价，该菜品的销售毛利率为 63%。

参考文献

[1] 宋涛. 酒店财务管理 [M]. 武汉：华中科技大学出版社，2014.
[2] 章勇刚. 酒店财务管理 [M]. 北京：中国人民大学出版社，2014.
[3] 左桂谔. 酒店财务管理 [M]. 北京：北京大学出版社，2012.
[4] 张立俭，焦念涛，王光健. 酒店经理人财务管理 [M]. 北京：清华大学出版社，2013.
[5] 陈斯雯，雷雯雯. 新编现代酒店财务管理与成本控制实务大全 [M]. 北京：中国时代经济出版社，2013.
[6] 章晓盛，黄丽丽. 新编酒店财务管理 [M]. 广州：广东旅游出版社，2004：185-193.

项目五

酒店成本税费管理

学习目标

【知识目标】

1. 了解酒店营业成本费用的构成。
2. 掌握酒店成本费用的基本内容。
3. 理解酒店成本费用管理的原则。
4. 掌握酒店成本费用控制的基本方法。
5. 理解保本点分析法的意义。
6. 掌握酒店的税金种类和计算方法。

【技能目标】

1. 能区分酒店经营业务中哪些属于成本,哪些属于费用。
2. 能识别变动成本、固定成本、可控成本、不可控成本等。
3. 能对酒店食品成本控制情况进行分析。
4. 能运用保本点分析法计算保本收入、保本销售量。
5. 能够计算酒店应缴纳的各项税费。

案例导入: 我国的五星级酒店缘何陷入"高端、大气、不挣钱"的境地

在互联网+旅游的浪潮席卷下,希尔顿酒店集团、香格里拉酒店、万豪酒店集团、悦榕庄等世界著名酒店集团频频出现在各大 OTA 平台的显著位置,高端、大气、上档次是五星级酒店在旅游者心中的印象。酒店奢华的大厅、高档的配套设施、训练有素的高质量服务人员,以及随处可见的外籍客人,无处不彰显这是一个"不差钱"的酒店群体。真实的情况又是如何呢?

由于我国的经济发展速度快,不同区域间的经济发展程度失衡,目前市场上各路资本与

品牌竞相追逐的热点在中档酒店。在庞大的市场容量的支持下，中档酒店以及经济型酒店，既拥有巨大的收入规模，也有着出色的投资回报率，具体表现为优秀的坪效（每平方米产生的收入或经营毛利）。如华住旗下的上海静安CITIGO，4 500平方米的日坪效达到24元。

旁观五星级酒店，在酒店行业高速发展的20多年里，政府主导的开发模式占据统治地位。围绕权力的消费对这一模式起到了支撑作用。但这种开发模式缺乏投资回报的商业逻辑，使高端酒店市场的基因存在缺陷。

总体来说，五星级酒店坪效低下的主要原因在于经营收入持续走低而建筑面积居高不下。

首先，近几年酒店的收入与毛利业绩呈现负向增长。这背后，供需严重失衡是最主要的原因。2016年，国内酒店业创下业绩新高，即便如此，一线城市仍与中国香港和新加坡等成熟市场的经营收入存在约2.5倍的差距。

其次，五星级酒店的建筑设计普遍缺乏经济性，开发方通常将抽象的空间艺术与故事结合，嫁接各种象征主义的手法表现，导致各种奇异形态的酒店建筑层出不穷。而这正是酒店作为功能性建筑的大忌。

同时，越来越多的五星级酒店追求"大"的偏好始终未变，这使得酒店的每房建筑面积一直居高不下。而反观中国香港和新加坡等成熟市场，酒店建筑的高效性表现得淋漓尽致。尤其是香港，每房建筑面积仅为内地市场的一半。

接下来再关注一下热点话题——"人工"。

酒店人工成本不断上升几乎是老生常谈。新酒店不断涌入及人才储备的不足，使得员工流失率居高不下，很多在百分之四五十。重新招聘新员工，培训成本等相关成本不断增加，不仅加重了人工成本的负担，也影响酒店业绩与服务的提升。为此很多酒店不足额配置员工，并大量启用兼职员工、实习生及外包服务，这使得酒店PAR和POR均摊员工数，整体呈现下降趋势，人工效率被动上升。每一位全职员工创造的收入呈现上扬趋势，年均增长率为5%。

尽管如此，人均创收的增长率低于人均成本的增长，五星级酒店的生产力指数（每付出1元钱的人工成本所能带来的经营收入）呈现下滑趋势。相比泰国、马来西亚等发展中市场，中国已然缺失了人口红利，而与成熟的中国香港与新加坡相比，中国内地市场需要迎头赶上的不仅是人工效率，还包括人均创收能力。关于人工效率提升，目前业界的普遍认同是大胆拥抱科技，让智能工具接手重复性的、单调乏味的工种，释放人工。而打破部门壁垒，重塑酒店的架构组织与人工分配机制，应该是当下探索的方向，这很可能给人工效率带来质的跃升。

资料来源：节选自《旅游商业观察》2017年8月7日，作者：TBO白诗棋，编者做了部分改动。http：//res.meadin.com/HotelData/144911_1.shtml。

思考：除了人工成本，酒店还有哪些成本费用支出？

任务一　酒店成本费用管理概述

一、酒店成本费用的构成与内容

酒店是以其建筑物为凭证，借助客房、餐饮及综合服务设施向客人提供服务，获得经济收益的组织。一家酒店企业，无论经营业绩好坏、利润水平高低，都必然发生各种耗费。我们把那些能够予以对象化的支出列入成本,而把无法对象化的各项耗费计入费用。

1. 酒店成本的构成与主要内容

酒店成本是指酒店营业成本,各个酒店的营业项目不甚相同,使得营业成本的构成不同。一般来说,营业项目比较单一的酒店如中小餐饮住宿企业、经济型酒店、旅社等,营业成本主要包括餐饮原材料的成本和商品进价成本。大型集团化酒店企业,能够为客人提供多方面服务项目,如具有商务中心的酒店满足客人打印、照相、复印等需求而产生的营业成本,代客人送洗高档衣物的成本等。营业成本是酒店企业在为客人提供服务和产品时发生支出并且能够予以对象化的部分。

酒店营业成本包括以下三方面。

(1) 直接耗用的原材料、调配料、辅料、燃料等直接材料,包括饭店餐饮部和餐厅耗用的食品、饮料的原材料、调料、配料成本;餐馆、洗浴部门耗用的燃料成本;饭店洗衣房、照相馆、洗染部、修理部耗用的原材料及辅料成本。

(2) 商品进价成本。按取得渠道分为国内购进商品进价成本和国外购进商品进价成本。国内购进商品进价成本是指购进商品原价。国外购进商品进价成本是指进口商品在购进过程中发生的实际成本,包括商品进价、进口关税、购进外汇差价、支付委托外贸部门代理进口的手续费等。

(3) 其他成本。指酒店出售无形资产、存货(不包括商品)的实际成本。

必须说明的是,酒店的人工成本不计入营业成本,而作为费用。酒店业是生活服务行业,以提供服务为主,而服务是很难量化和对象化的。客人来到酒店享受住宿服务,很难界定某个客房服务员为该客人或该客房服务花费了多少人工费用,应当负担多少工资,餐饮服务员和前台服务员又为其承担多少服务的工资额,无法用某一个标准进行衡量。因此,对酒店的人工成本采用直接计入费用的办法。

2. 酒店费用的构成与主要内容

酒店经营过程中扣除成本的支出均列入费用账户,这些支出额在发生当期期末结转入损益账户,因而也称为期间费用。期间费用由营业费用、管理费用、财务费用三部分构成。

(1) 营业费用。

营业费用是指酒店各营业部门在经营中发生的各项费用,包括运输费、装卸费、包装费、保管费、保险费、燃料费、水电费、广告宣传费、差旅费、洗涤费、清洁卫生费、低值易耗品摊销、物料用品费、经营人员工资及福利费、工作餐费、服装费、其他营业费用等。

运输费:指酒店不能直接认定购入存货发生的运输费用,还包括不独立核算的车队发生的燃料费、养路费等。

装卸费:指不能直接认定的购入存货发生的装卸搬运费。

包装费:指酒店为客人提供包装服务时所耗费的包装用品费用。

保管费:指酒店的瓷器、玻璃器皿、银器等用品以及食品原材料等存货在未使用状态发生的费用支出,包括倒库、晾晒、粮仓和择选整理费用等。

保险费:指酒店向保险公司投保所支付的财产保险费用。

燃料费:指酒店餐饮部门在加工饮食制品过程中所耗用的燃料费用。

水电费:指酒店各营业部门在其经营过程中所耗用的水费和电费。

广告宣传费：指酒店为了提高销售额，扩大经营成果对酒店产品和经营项目进行广告宣传而应该支付的广告费和宣传费用。

差旅费：指酒店各营业部门的人员的出差开支。

洗涤费：指酒店各个营业部门为员工洗涤工作服而发生的洗涤费用支出。

清洁卫生费：指酒店营业部门为加强清洁卫生，对床上用品、台布、餐具、瓷器、玻璃器皿、银器进行清洗，对营业场所清扫所产生的支出。很多大型酒店将这部分工作实行外包管理，发生的外包费本质也是清洁卫生费。

低值易耗品摊销：指酒店各营业部门在领用低值易耗品分别进行的费用摊销。

物料用品费：指酒店营业部门领用物料用品而发生的费用。物料用品包括客房、餐厅的一些日常用品（如针棉织品、餐具、塑料制品、一次性卫生用品、印刷品等），各营业部门发生的修理费用，等等。

经营人员工资及福利费：指酒店各营业部门或收入网点直接从事经营服务活动的人员的工资及福利费，包括工资、奖金、津贴、补贴等。

工作餐费：指酒店按规定为各营业部人员提供的工作餐费。

服装费：指酒店按规定为各营业部人员制作工作服而发生的费用。部分高星级酒店对员工的仪表、仪容以及着装要求很高，并且按一线、二线员工划分服装档次，这部分的费用全部计入营业费用的服装费中。

其他营业费用：指不能列入上述项目的其他与各营业部门有关的费用支出。

（2）管理费用。

管理费用是指酒店为组织和管理经营活动而发生的费用，包括酒店行政管理部门在经营管理中发生的费用，或者公共性的不易分摊的由酒店统一负担的费用。包括公司经费、工会经费、职工教育培训费、劳动保险费、失业保险费、董事会经费、外事费、租赁费、咨询费、审计费、诉讼费、排污费、绿化费、土地使用费、土地损失补偿费、技术转让费、研究开发费、税金、燃料费、水电费、折旧费、修理费、无形资产摊销、低值易耗品摊销、开办费摊销、交际应酬费、坏账损失、存货盘亏及毁损、管理费、其他管理费用等。

公司经费：指酒店行政管理部分的行政职员工资，包括福利费、工作餐费、服装费、办公费、会议费、差旅费、物料消耗低耗品摊销和其他行政经费。

工会经费：指酒店为组织员工开展各项工会活动而发生的支出，按职工工资总额的2%提取。

职工教育培训费：指酒店用于职工培训、继续学习和提高文化技能的费用支出，按职工工资总额的2%提取。

劳动保险费：指酒店支付的离退休员工的离职金、退休金以及其他各项经费。

失业保险费：指酒店按照国家规定缴纳的职工失业保险金。

董事会经费：指酒店最高权力机构——董事会和董事会成员为执行各项职能而发生的各种用度，包括差旅费、会议费等。

外事费：指酒店为出国展览、推销、考察、实习培训和接待外宾所发生的费用。

租赁费：指酒店租赁办公用房、营业用房、低值易耗品等的租赁费用。

咨询费：指酒店向专业咨询机构进行科学技术、经营管理等内容的技术咨询时按有关规定需要支付的费用支出。

审计费：指酒店聘请第三方注册会计师进行查账验资、资产评估等发生的费用。

诉讼费：指酒店因经济纠纷起诉或者应诉而发生的各项费用。

排污费：指酒店按国家和地方规定缴纳的一定金额的排污费用。

绿化费：指酒店对内外部环境进行绿化、修整和维护而发生的费用支出。

土地使用费：指酒店在使用土地（包括海域）按国家相关法律规定支付的土地使用费（海域使用费）。

土地损失补偿费：指酒店在兴建、经营过程中因破坏土地按照国家相关法律法规应支付的费用支出。

技术转让费：指酒店使用非专利技术时支付的费用，包括以技术转让为前提的技术咨询、技术服务、技术培训过程发生的相关支出等。

研究开发费：指酒店研究开发新产品、新技术、新工艺所发生的新产品设计费、技术图书资料费和新产品试制、技术研究有关的其他经费，包括研制新产品失败的损失。

税费：指酒店按照国家规定缴纳的房产税、车船使用税、土地使用税、印花税。

燃料费：指酒店行政管理部门耗用的各种燃料及动力费用。

水电费：指酒店行政管理部门发生的办公用水、电费。

折旧费：指酒店全部固定资产折旧费用，而不区分固定资产的所属部门。

修理费：指酒店除营业部门之外的一切固定资产、低值易耗品发生的修理费用。

无形资产摊销：指酒店购置无形资产按本单位采用摊销方式得到的摊销额。

低值易耗品摊销：指酒店除营业部门外的其他部门零用低值易耗品的摊销支出。小规模餐饮企业的这部分支出可以全部计入管理费用，不另行区分领用部门。

开办费摊销：指酒店在筹建期间或者设立的分支机构在筹建期间发生的支出，按规定摊销期加以摊销。

交际应酬费：指酒店在业务交往进程中开支的各项业务接待费，按全年营业收入净额的一定比例控制使用，按实列支。

坏账损失：指酒店因不能收回应收账款而带来的损失。

存货盘亏及毁损：指酒店在资产清查中发现的存货盘亏和毁损中的净利损失部分，不包括非损失部分。

管理费：指酒店上缴集团公司和管理公司的费用。

其他管理费用：指酒店其他为组织和管理酒店经营活动而发生的、不能列入上述项目的费用支出。

（3）财务费用。

财务费用是指酒店为筹集经营所需资金而发生的各项费用，包括利息净支出、汇兑净损失、金融机构手续费、筹资发生的费用及其他财务费用。

酒店在筹建期间、清算期间发生的筹资费用，应当直接计入开办费或者清算损益，只有在经营期间发生的资金筹集费用，才计入财务费用。另外，利息净支出是指酒店在经营期间的借款利息支出减掉利息收入后的净支出。

二、酒店成本费用的分类

成本费用根据不同的管理要求按照一定标准可以分为以下几类。

1. 按照酒店成本费用总额与经营业务量的依存关系可以分为固定成本、变动成本和混合成本

（1）固定成本指在一定时期和范围内，单位成本中随着业务量变动而变动，而总额相对不变的那部分成本。比如管理人员的工资和福利费、差旅费、固定资产折旧费、修理费等。

固定成本的固定性是有条件的，固定成本总额只有在一定期间和一定范围内是固定的，当业务量的增减变动超过某个范围，固定成本也会发生变动。这个范围我们叫作相关范围。

（2）变动成本指在相关范围内随着业务量的增减变动而呈现正比例变动关系的成本，但单位产品的耗费却保持不变。比如餐饮部门的食品原材料、营业部门的职工工资等。

（3）混合成本指其总额中既包含变动成本也包含固定成本。典型的有通信费等。可分为变动部分和固定部分，常用的分解方法有高低点法、散点图法和回归分析法。

2. 按照酒店管理责任可以分为可控成本和不可控成本两类

（1）可控成本，是指在一个会计期间由单个责任单元确定开支的成本费用，比如营业部的广告费。

（2）不可控成本，是指在一定期间内单个责任单元对成本费用的发生无法加以控制的成本费用。

3. 按照成本与决策的关系可以分为相关成本和无关成本

（1）相关成本，是指在决策分析中，能够影响决策结果的成本。

（2）无关成本，是指在决策分析中，与决策无关的成本。

除了以上成本费用的划分外，在酒店企业中还会经常涉及的成本概念有以下几种。

（1）沉没成本，是指已发生或承诺而无法回收的成本，是决策非相关成本，在项目决策时无须考虑。

（2）机会成本（opportunity cost），是指酒店由于做出某种选择而放弃其他选择所产生的成本。另一项经营活动应取得的收益或另一种收入即正在从事的经营活动的机会成本。

（3）标准成本，也称为责任分解制度，是一种成本计算方法。这种方法不像间接费用是预计的，而是像直接材料和直接人工等是按预计的数字来计算的。

三、酒店成本费用管理原则

酒店的成本费用管理，应该在遵循国家有关规定的前提下，符合酒店业的实际经营情况，因而应该按照以下原则实施管理。

1. 严格遵守国家规定的成本开支范围及费用开支标准

成本核算是计算利润和缴纳税金的基础，酒店业作为第三产业中的生活服务业，应始终以稳健经营为国家和地方财政创造税收来源。国家对酒店发生的支出哪些该计入成本、哪些不该计入成本都做了明确的规定。按权责发生制原则严格核算酒店的成本费用。权责发生制要求凡属于本期应负担的成本费用，不论其是否已经实际支付，均应列入本期的成本费用。

按照财务制度的规定，酒店的下列支出不得计入成本费用范围。

（1）为购置和建造固定资产、购入无形资产和其他资产而发生的支出。

（2）对外投资支出和分配给投资者的利润。

（3）被没收财物的损失。

（4）支付的各项赔偿金、违约金、滞纳金、罚款以及赞助、捐赠支出。
（5）国家规定不得列入成本、费用的其他开支。

2. 正确处理降低成本与保证服务质量的关系

酒店工作的核心是服务，为客人提供全方位高质量的服务才是酒店利润的源泉。诚然，降低成本在一定程度上可以扩大利润总额，若成本的降低引起服务水平的下降、客人体验的下降，则必然会引起营业收入的减少，从而降低利润总额。因此，降低成本要在不影响酒店服务质量的前提下，经过各部门的努力配合共同实现低成本、高水平的经营目标，从酒店内部挖潜力，开源节流，减少浪费，实现成本降低。

3. 健全成本管理责任制，实行全员成本管理

酒店成本的形成不只存在于某一个部门、某一个环节，它是整个酒店在经营过程中逐步形成的，涉及采购、入库、挂账、付款、部门领料和使用的各个环节、各个部门，小组和个人都应在其中担负职责，因此必须实行全员成本管理，建立一整套成本管理责任制度，将成本预算指标分解落实到指定部门，具体到个人，与岗位责任制结合，成本预算的完成情况纳入绩效考核的范畴，真正做到责、权、利结合，让环节中的每个人都去关心成本的高低、控制的好与坏，酒店的成本管理才能真正落到实处。

4. 从酒店实际出发，实行目标管理，事前控制

酒店的成本管理是一种过程管理，包括事前控制、事中控制、事后控制。在事前控制中，运用预测方法进行成本预测、成本决策，制订本期成本计划，以成本计划为目标，在经营过程中严格执行成本控制与核算，事后展开充分分析并对各执行单位进行考核。在整个管理过程中，除了常规的日常记录和事后分析，应该把重心工作放在事前对本期成本计划的制订上，一旦形成预算，即依次为目标进行管控。事后分析有助于发现降低成本的各项有利因素，不断提高制订成本计划和预算的科学性、准确性和可行性，使得目标更容易实现。

任务二　酒店成本费用管理与控制

一、酒店成本费用控制的概念

酒店在经营活动中，根据一定的控制标准，对成本费用形成的全过程进行指导、监督和限制，并采取有效措施及时纠正偏差，从而实现控制成本费用目标的一系列行动称为成本费用控制。

酒店成本费用控制是按照成本费用管理制度和预算的要求，对成本费用形成过程的每一项具体活动进行审核和监督，以保证成本费用预算顺利实现所采取的行动总和。

酒店成本费用的管理可以从餐饮成本与费用两个方面分别展开。

二、酒店成本费用控制的基本方法

常用的费用控制方法有以下几种。

1. 预算控制法

预算控制法是以预算指标作为经营支出限额目标，预算控制即以分项目、分阶段的预算数据来实施成本控制。

预算控制的具体做法是，以实际发生的各项费用总额以及单项发生额与相应的预算数据相比较，在销售量不变的情况下，费用应该与预算持平。通常，为了使预算更接近实际情况，考虑多种可能，在不同销售量水平上做出多个预算数据的测算，编制出滚动预算，使得费用实际发生额和预算数据有可比性。在滚动预算中，只有销售量和变动成本是变化的，固定成本保持不变。因此可以以变动成本随销售量变化而变化的幅度为依据，确定运动预算中销售量数值的档距。

2. 制度控制法

这种方法是利用国家及酒店内部各项成本费用管理制度来控制成本费用开支。成本费用控制制度还应包括相应的奖惩办法，对于努力降低成本费用有显著效果的要予以重奖，对成本费用控制不力造成超支的要给予惩罚。

3. 标准成本控制法

标准成本控制法是指酒店在正常经营条件下以标准消耗量和标准价格计算出的各营业项目的标准成本作为控制实际成本时的参照依据，也就是对标准成本率与实际成本率进行比较分析。实际成本率低于标准成本率称为顺差，表示成本控制较好；实际成本率高于标准成本率称为逆差，表示成本控制欠佳。标准成本控制法更适合用在营业成本的控制管理上。

4. 目标成本控制法

目标成本控制法是指将在一定时期内产品成本应达到的水平作为成本管理工作的奋斗目标的方法。

产品的目标成本 = 产品有竞争力的市场定价 − 企业的目标利润

5. 主要消耗指标控制法

主要消耗指标是对饭店成本费用有着决定性影响的指标。主要消耗指标控制，也就是对这部分指标实施严格的控制，以保证成本预算的完成。这样的主要消耗指标如客房的针棉织品消耗，餐饮部的玻璃器皿、瓷器、银器和餐具消耗，商品销售部门的包装物消耗等。

酒店的成本和费用占营业收入的百分比是不同的，注重效益的酒店会对其成本和费用占营业额百分比的范围进行分析测定，以下数据可做参考。

工资福利占总收入的 10%～15%，　　占总费用的 20%～25%；
燃料费占总收入的 2%～4%，　　　　占总费用的 5%～6%；
水电费占总收入的 8%～10%，　　　占总费用的 15%～20%；
低值易耗品摊销占总收入的 0.1%～0.2%，占总费用的 0.4%～0.8%；
物料消耗占总收入的 2%～4%，　　　占总费用的 5%～8%；
招待费占总收入的 0.5%～0.8%，　　占总费用的 1.5%～2%；
电话费占总收入的 0.5%～2%，　　　占总费用的 2%～3%；
宣传广告费占总收入的 3%～5%，　　占总费用的 5%～10%。

三、餐饮成本管理与控制

餐饮部是酒店为宾客提供就餐、宴会服务的重要场所，通过销售、加工、制作食品饮品满足客人需求，实现酒店营业收入。餐饮部门的经营活动具有边销售边生产制造，产品种类繁多，数量零星，各种产品成本混合在一起，无法单独计算的特点。现行制度规定：①酒店业的营业成本指核算消耗的原材料成本，其他成本项目计入费用。因此员工工资福利费、折旧费用、物料消耗等在费用中核算。②酒店业的餐饮成本核算的是综合成本,以全部产品为核算对象。

1. 酒店餐饮营业成本的确定方法

餐饮成本实际上是一定会计期间内已售食品产品的成本,简称食品成本。

(1) 月食品成本。

酒店餐饮部每月发生的食品成本可以通过计算公式得到食品发料成本,在此基础上调整发料成本,得到耗用食品成本,再扣除员工餐成本后确定月食品销售成本。

月食品发料成本=期初存货(月初食品存货)+进货(包括直拨和入库原料)-
期末存货(本月最后一天食品存货)

食品发料成本是计算食品销售成本的基础,它不一定是食品耗用成本,要确定食品耗用成本,还需要进行调整计算。

规模较大的酒店常常拥有多个不同功能的餐厅,为不同需求的客人提供用餐、宴请服务。不同餐厅间、厨房间时常相互调拨食品原材料和酒水。这些调拨或记录在信息系统之中,或书面记录在各部门的票单里。如果数额很小,对食品成本和食品成本率没有明显影响,那么这种调拨可以忽略。

出售油膘。有些酒店会将加工制作中剩余的油膘转售出去,其收入可以抵减食品成本,计入食品成本账户贷方。

出售给员工的食品原料。一些酒店员工可以以成本价购买食品原料,由此产生的收入也应计入食品成本账户贷方。

免费食品。有些酒店为用餐客人赠送免费果盘,为购买某些酒水的客人提供免费小吃,这些活动均以促销为目的,对客人免费的食品仍然需要酒店付出成本,这部分成本计入食品成本账户贷方。

上述几项内容是比较常见的需要在食品发料成本项下进行调整的部分。通过调整,我们得到食品耗用成本的计算方法如下。

```
            期初存货
         +  进货
         =  可用食品存货
         -  期末存货
         =  食品发料成本
         +  料酒
         +  其他部门调入原料
         -  调给酒吧/其他部门的食品原料
         -  出售油膘收入
         -  出售给员工的食品原料收入
         -  餐饮部的免费食品
         -  促销费用
         =  食品耗用成本
```

计算出来的食品耗用成本代表了本月耗用的食品成本额,这些成本既包括销售给客人的那些食品原材料,也包括酒店为员工供应员工餐的食品成本。因此若要确定食品销售成本,还需扣除员工餐成本。

员工餐厅是酒店员工用餐的场所，员工餐厅常用的计算员工餐成本的方法有以下几种。

专用领料单。为便于核算，员工餐厅的食品原料单独发料，单独填制领料单，或在系统中专门注明领料单位是员工食堂。在计算总额时，对员工餐厅发出的单据单独计算。

规定每人每餐食品成本数额。由于酒店对员工实行包食包住管理，理论上每位员工都应该在酒店的员工餐厅用餐，酒店厨师按计划的成本数额准备员工膳食。根据每日每餐就餐员工人数，对应成本定额，就可以得到每日员工餐成本。

规定每天员工餐成本总额。酒店也可以根据日常就餐人数，由厨师规定每日员工餐成本总数，按规定的成本总额备餐。

以上是常见的几种员工餐成本的认定方法。现实中也有酒店允许员工在员工账户上透支，所选择的食品和价格不必当时付款。在月末根据账户余额和近期平均食品成本率的乘积，算出员工餐成本。

由上述内容可知：

$$食品销售成本 = 食品耗用成本 - 员工餐成本$$

（2）日食品成本。

计算日食品成本的方法如下所述。

直拨原料成本（根据营业日报表）
+ 仓库发料成本（领料单/系统记录当日领用材料成本）
+ 调入调整数额（从酒吧/其他部门调入的食品原料数额）
− 调出调整数额（厨房调给酒吧的直拨食品原料、免费食品、出售油膘等成本贷记项）
= 耗用食品成本
− 员工餐成本
= 日食品成本

$$食品成本率 = 食品成本 \div 营业收入总额$$

在多个食品成本率中，累计食品成本率是经常参考的指标，它比较均衡地反映了一个经营期间的食品成本占收入的比重情况。

为了较好地显示食品成本各指标的变动情况，酒店可以将主要指标列示在日食品成本计算表（表5-1）中。

表5-1 日食品成本计算表

日期	直拨原料	仓库发料	调给酒吧食品	营业收入总额		食品成本率		食品存货		余额
				今日	本周累计	今日	本周累计	收入	发出	

（3）食品原材料初加工的成本管理。

在餐饮食品中，有一部分食品原材料，尤其是鲜活原材料，如肉类、鱼虾、蔬菜、家禽等，容易腐烂变质，新鲜程度变化快，毛料、净料差异较大，需要进行清选、分等、拣洗、宰杀、拆卸等加工；一些干货，如海参、干贝、木耳等也需要经过泡发加工处理后才能使用。没有经过初加工处理的原材料称为毛料，经过初加工处理的原材料称为净料。

在计算各类产品的食品成本时是以其净料为基础的，而餐饮部一般购入的原材料是毛料，在等级、价格上与净料存在巨大差异，因此，需要经过初加工的原材料要先计算出净料价值，进行原材料初加工的核算。

食品原材料挑选整理应遵循四个原则。

第一，因清选整理发生的损耗，不做商品损耗处理，而计入清选整理后的净料成本中。

第二，在清选整理过程中，因发生自然灾害或责任事故，使原材料发生的损失，不得计入净料成本中。

第三，因清选整理而使原材料发生等级、规格、数量变化要重新入账。在入账时，账面总金额不变，只调整其数量和单价。

第四，清选整理后的余料、残料、废料等，应做下脚料处理，不得计入清选整理后的净料成本。

酒店可在"原材料——食品原材料"二级明细账下设"清选户"，核算需要清选整理的原材料。清选完毕，应调整其数量和单价（单位成本）。清选后净料单价的计算应区别不同的情况进行。

在对原材料清选整理后，只有一种净料，无可作价的下脚料，则其计算公式如下：

净料单价 = 清选整理原材料总成本 ÷ 清选整理后净料重量

在对原材料清选整理后，有一种净料，还有可作价的下脚料，则其计算公式如下：

净料单价 = （清选整理前原材料成本 - 下脚料金额）÷ 清选整理后净料重量

原材料清选整理为若干种净料。在此情况下，如果其中只有一种净料的单价没有可供参考的成本资料，则其计算公式如下：

净料单价 = （清选整理前原材料成本 - 其他净料成本之和）÷ 该种净料重量

如果各种净料均有可供参考的成本资料，应本着主要净料成本定得高些，次要净料成本定得低些的原则确定；反之，如果各种净料均无可供参考的成本资料，则要分别计算其单位成本。

在实际工作中，由于每日购进鲜活原材料的品种数量很多，对其清选整理后的净料逐一过秤计量工作量大，因此，通常采用成本系数法和净料率法计算净料的单位成本。

成本系数法是指某种原材料净料的单位成本与其毛料单位成本的比率。其计算公式为：

成本系数 = 某种原材料净料单位成本 ÷ 某种原材料毛料单位成本

在确定成本系数后，购进鲜活原材料清选整理后的净料的单位成本则可直接根据成本系数计算。其计算公式为：

某种原材料净料单位成本 = 该种原材料毛料单位成本 × 成本系数

【例5-1】 某酒店餐厅购进毛鸭50千克，单价8元，清选整理后为40千克。则毛鸭的净料单位成本是多少？假定某日又购进该种毛鸭30千克，单价8.5元，则其净料单位成本是多少？

$$毛鸭的净料单位成本 = 400 \div 40 = 10（元），成本系数 = 10 \div 8 = 1.25$$
$$后来再购的净料单位成本 = 8.5 \times 1.25 \approx 10.63（元）$$

但要注意的是，成本系数不是一成不变的，酒店应根据毛料价格的变动及毛料的等级等因素，做适时合理的调整。

净料率法也叫成货率，是指净料重量与毛料重量的比率。其计算公式为：
$$净料率 = 净料重量 \div 毛料重量$$

在确定出净料率后，购进原材料加工整理后的净料重量，可用以下公式求得：
$$净料重量 = 毛料重量 \times 净料率$$

净料单位成本则用毛料购进总成本除以净料重量求得。其计算公式如下：
$$净料单位成本 = 毛料购进总成本 \div 净料重量$$

接上例，假定采用净料率法计算净料单位成本，则该种毛鸭净料率 $= 40 \div 50 \times 100\% = 80\%$。另某日购进30千克单价8.5元的毛鸭，其净料单位成本计算如下：
$$净料重量 = 30 \times 80\% = 24（千克）$$
$$净料单位成本 = (30 \times 8.5) \div 24 \approx 10.63（元）$$

对于泡发料，因经过泡发过程，数量必然发生变化，因此也需要重新计算其单位成本。其计算公式为：
$$泡发料单位成本 = 干货总成本 \div 泡发材料总量$$

如果泡发过程中加用其他材料，则用其成本与干货总成本之和除以泡发后材料总量，来计算泡发料单位成本。

2. 食品成本控制

酒店进行食品成本控制的步骤如下：第一，制定标准成本；第二，将实际成本与所制定的标准成本进行比对，进行差异分析；第三，采取有效措施及时消除低效因素，对成本差异实施管理，从而实现食品成本的有效控制。

（1）标准成本的制定。

标准成本是通过精确的调查、分析和运用技术手段测定的，在正常生产经营条件下可以实现的一种目标成本。它是控制成本开支、评价实际成本高低、衡量工作质量和效果的重要依据。

在实际工作中，通过一段时期的食品成本率和各种比率数据的变动情况，管理者往往能够察觉成本控制环节存在的问题，若某一时期的相关数据变动不大，则有可能存在隐形问题。比如员工私拿原料、前期存货较多、产品过剩、每份量过多或过少等问题，如果没有改观，前期的相关比率数据到了本期也不会有明显变化，而这些环节中出现的情况却都是成本控制过程中予以纠正完善的。制定标准成本使得酒店管理者在成本控制中有更直观的参照比对，利于发现差异，查找原因。

确定食品成本标准首先要确定标准食谱和标准分量。

标准食谱，也叫标准配方卡，是将每一种菜品或制品定出配方。列明在其生产过程中所需的各种原料、辅料和调味料名称、数量、操作方法、标准分量和装盘、配菜及其他必要信息。

标准食谱要求餐饮食品的加工制作不能依靠厨师的感觉，而应采用标准化操作。酒店根据现有货源、工作量、设备、厨师技术制定自己的标准配方，计算每一菜品或制品的标准成本。

标准成本卡的基本格式见表 5-2。

表 5-2 标准成本卡

出品名称：　　　　　　　　　　　单位：元　　　　　　　　　　　　　　部门：
建议定价：　　　　　　　　　　　　　　　　　　　　　　　　　　　　　日期：

序号	原材料名称	毛料/g	净料/g	单价/[元×(500 g)$^{-1}$]	金额/元	备注
1						
2						
3						
4						
5						
6						
7						
8						
9						
10						
11						
12						
13						
	成本合计					
	成本率					

制作人：_____　　　　　　　　　　厨师长：_____
店财务主管：_____　　　　　　　　出品总监：_____
公司财务经理：_____

标准成本卡由餐饮部经理、厨师长确定菜品，厨师长根据制作该品所需原料的实际用量分别填写诸栏数据，并标注所用原料的出品份数。填制标准成本卡必须已经过试验，各类原材料的用量，按烹制方法制作出的菜品应该能保持一定的水准，必要时可留照片比对。

经过厨师长填制的标准成本卡还应通过酒店财务部的成本核算组，由成本会计根据确定用料的金额、数量计算出成本金额。每一种菜品都应该填制标准成本卡，并计算成本合计数，作为制定销售价格的依据。

以某餐厅一道特色菜特味鳝鱼为例，看看标准成本卡的应用（表 5-3）。餐厅新近出品一道特味鳝鱼，主料用到大鳝鱼片，配菜有青尖椒、蒜、洋葱，调味品有葱、姜、鲜花椒、盐、味精、鸡粉、海鲜蚝油、特级酱油、鸡汁调味汁、食用油。经过多次烹制试验，得到各主配料标准用量，厨师长填制出该菜品的标准成本卡，并交由成本核算会计合计成本。

表5-3 特味鳝鱼的标准成本卡

出品名称：特味鳝鱼　　　　　　　　单位：份　　　　　　　　　　部门：中餐厅
建议定价：58.00元　　　　　　　　　　　　　　　　　　　　　　　日期：

序号	原材料名称	毛料/g	净料/g	单价/[元×(500 g)$^{-1}$]	金额/元	备注
1	大鳝鱼片	200	200	36	14.40	
2	青尖椒	120	100	3.5	0.84	
3	蒜	35		3.5	0.25	
4	鲜花椒	5		11	0.11	
5	洋葱	120		1.1	0.26	
6	葱	30		3	0.18	
7	姜	15	10	3	0.06	
8	盐	8		1.5	0.02	
9	味精	5		8	0.08	
10	鸡粉	6		15	0.18	
11	特级酱油	10		5.6	0.11	
12	海鲜蚝油	3		2.6	0.02	
13	鸡汁调味汁	5		24	0.24	
14	食用油	60		8	0.96	
	成本合计				17.71	

成本会计根据市场价格得到该产品的标准成本是17.71元，根据酒店的加成率，计算出销售价格，会同餐饮部经理共同确定销售价格为58元。

（2）标准食品成本与实际成本的比对分析。

为了衡量酒店的经营效率，了解部门员工担负的责任目标的执行情况，及时发现日常经营管理中的问题，需要对实际经营情况和设定的目标进行比较分析。根据比较分析的标准不同，常用的比较标准有以下四种。

第一，同行业平均成本。通过与酒店业平均水平的横向比较，可以了解本酒店的成本在行业中的位置。

第二，与历史食品成本率进行比较。

第三，酒店预算中规定的食品成本率。这要求酒店制定的预算切实可行，影响因素已尽可能包含在内。

第四，酒店标准食品成本率比较。对酒店业而言，标准食品成本率是非常重要的指标，广泛用在成本控制领域。下面将以此指标作为成本控制比对分析的主体讲解。

我们知道标准成本卡上可以得到某一种食品的标准成本，若想得到标准食品成本率，则需要对餐饮部一段时期的全部产品进行统计，根据此期间的各项产品的销售情况，单个销售量占总销售量的比重，乘以对应的标准成本，得到加权平均标准食品成本率。按照所选取时段的长短不同，分为测试期法和逐日比较法。

测试期法，指所选择数据跨越一定时段，时段越长，信息越精确。请看表5-4，选取

10 天作为测试期，计算该期标准食品成本率。

表 5-4 标准食品成本率计算表（测试期法）

项目	D1	D2	D3	D4	D5	D6	D7	D8	D9	D10	TQ	P	TS	SC	TC	食品成本率/%
A	15	14	16	13	17	20	18	11	16	15	155	18	2 790	6.4	992	36
B	19	12	23	19	21	12	22	22	12	14	171	28	4 788	7	1 197	25
C	30	20	16	22	24	13	22	16	19	20	202	45	9 090	22	4 444	49
合计	64	46	55	54	62	45	57	49	47	49	528	—	16 668	—	6 633	—

TQ：总销售量，指选取期间的某类品种的销售总量。
P：某产品的单价，如套餐产品，则指整个套餐售价。
TS：总销售额，指期间销售某类产品取得销售收入，由总销售量乘以单价可得。
SC：单位标准成本，指某产品的标准成本卡确定的单位成本。
TC：成本总额，指期间所售某类产品的总成本，由总销售量乘以单位标准成本可得。
食品成本率：某食品成本率，以百分数形式体现，由某产品单位标准成本除以某产品单价可得。

标准食品成本率通过加权算数平均得到，由每种产品的销售额占总销售额的比重得到各自权重，再乘以各产品的食品成本率，最后得到该期标准食品成本率。

逐日比较法，需要每天计算标准食品成本率和实际食品成本率，以及某一经营期的累计食品成本率。计算标准食品成本率的过程看似复杂，现行酒店已经推广使用酒店信息管理系统和财务管理软件，借助信息化技术的帮助我们可以便捷地得到相关数据，快速准确地获得有关指标。

（3）对成本差异实施管理。

通过上述方法计算得到的标准食品成本率是餐饮部努力实现的目标，如果实际食品成本率接近标准食品成本率，则说明酒店在成本控制方面的努力是有效的。目前我国酒店业尤其是餐饮业在标准食品成本率上希望实现的目标是35%，如果这个差异控制在 ±1% 范围内，那么是完全正常的。毕竟标准食品成本率的指标是一段时间的均值体现，经济环境和客户选择总在发生变化，实际食品成本率与标准食品成本率之间存在差异是常见的，需要对差异具体区分为合理差异和不合理差异两大类。合理差异有以下几类。

第一，销售品种构成发生变化引起的差异。

第二，食品原材料价格大幅变化引起的差异。这时需要酒店管理者重新计算标准成本，相应调整售价。

第三，由于国家的、行业性的法规制度变化，改变了会计核算程序、报表编制方法等引起的差异。

不合理差异主要体现在原材料存货过多、保管不善、未能严格执行领用制度、员工私拿公产、产量过剩、未按标准成本卡进行生产等方面。酒店管理者应对这些不合理差异进行调整分析，查明原因，采取改进措施，缩小实际食品成本与标准成本之间的差异。

四、酒店费用的管理与控制

酒店包含了酒店服务中的餐饮、住宿、娱乐等内容,以及支撑酒店正常运营的支持部门,在酒店成本费用的划分中,由餐饮部门承担了营业成本部分,而酒店大部分的收入被费用抵消。成本费用的控制始终是酒店财务管理工作的重点,在保证服务质量的前提下,最大化地扩大收入,将支出费用降到合理限度,是酒店管理层始终摆在首位的工作重点。

1. 酒店费用的一般性管理

(1) 财务部集中管理。

制定费用管理制度。制定详细的费用管理制度,明确各部门各岗位在费用管理中的职责范围和各项费用的开支标准,明确费用申请报批程序,建立酒店费用开支的管理制度,细化各部门各岗位。

制定费用计划的定期编制制度,并落实到岗。计划执行得好坏,费用控制的效率高低都需要定期进行检查分析,将其纳入各考核体系,在季度、年度考核中予以体现。

认真实行费用核算,建立费用核算制度。费用核算的难点在日常核算要坚持遵守国家规定的费用划分范围,在基础核算方面不含糊、不蒙混,健全原始记录、费用凭证的收缴和保管,使得费用核算有据可查。

加强审核检查,建立费用管理的内部稽核制度。财务部对酒店的各项费用开支,必须根据国家、地方以及行业制度规定,严格进行事前审核、事中监督、事后检查的完备审核制度,对于违反制度、不合手续的开支,杜绝在萌芽,使从采购到销售各环节各岗位形成一旦出现费用支出,就必须有制度可依的思维习惯,从内部预防费用黑洞。

(2) 归口分集管理,建立费用管理责任制。

按照责任会计的原则,建立其费用管理责任制,归口分级管理费用,对各项费用产生部门分别管理掌握本部门的费用管理,分级负责。

确定费用责任部门及管理部门。按照"谁花钱,谁负责,谁经手,谁管理"的原则,确定管理的责任部门,以费用发生的环节、地点、职能部门进行分工管理。

确定费用分级管理层次和考核指标。依照责任制的负责形式,逐级将费用指标分级,下达到基层小组和个人,尽可能选择可量化指标,适合日常核算与考核。

确定各项费用的不同控制方法。对归口分级管理的各项费用,要分别制定控制标准,避免一刀切。

建立费用控制的日常控制方式。在指标下达后,应坚持日常控制期末考核的原则。

确定费用控制的责与益。费用计划的执行结果应当与各考核对象的经济利益相关,使得费用控制的效果直接惠人。

2. 酒店费用控制的具体方法

(1) 客房费用的控制。

客房经营作为酒店的主要项目,其租金收入占整个酒店收入的50%左右。因此,加强客房营业费用的日常控制与管理,对降低酒店的费用支出具有重要的意义。

客房经营过程中发生的各项支出是通过营业费用进行核算的。客房营业费用的高低与客房出租率的高低有直接的关系。客房出租率是指已出租客房占可出租客房的比例。

客房费用可以分为固定费用和变动费用两部分。固定费用总额不会随出租率的高低而变化,但从每间客房分担的固定费用来讲,则会随着出租率的提高而减少。变动费用却与此相反,变动费用总额会随着出租率的提高而增加,但每间客房的变动费用却是一个常数。

因此,控制客房费用的支出,降低消耗,需从两方面入手。

第一,降低单位固定费用,其途径是提高客房出租率,通过出租数量的增加来降低每间客房分摊的固定费用。虽然出租率对于降低单位固定费用至关重要,但是过分依赖降低价格来提高出租率,即使单位固定费用下降了,但是有可能造成其他方面的支出增加,结果是得不偿失的。

第二,控制单位变动费用,主要是按照客房消耗品标准费用(消耗品定额)控制单位变动费用支出。消耗净定额是对可变费用进行控制的依据,必须按酒店的不同档次,制定消耗品的配备数量和配备规定。对一次性消耗品的配备数量,要按照客房的出租情况落实到每个岗位和个人,领班和服务员要按规定领用和分发各种消耗品,并做好登记,以便对每人所管辖的客房消耗品数量进行对比和考核,对费用控制好的班组和个人要给以奖励,对费用支出超出定额标准的要寻找原因,分清责任。对由于主观因素造成的超标准支出要给以一定处罚。对于非一次性用品的消耗,要按酒店的档次和正常磨损的要求确定耗用量,尽量减少使用不当造成的损耗,加强布草的领发控制和安全保卫工作,减少丢失。通过对固定费用和变动费用的有效控制和管理,就能达到降低消耗、增加盈利的目的。

(2) 餐饮费用的控制。

餐饮服务是酒店主营项目之一,相对于客房费用而言,餐饮成本费用的可控性更强,下降空间更明显。因为客房出租数量总是有限度的,而餐饮服务却没有这类限制,就餐人次、客人的消费水平,都比客房有更大的灵活性。在客房出租率、房价不变的情况下,餐饮的经营是比较灵活的,同时难度也是比较大的。因此,制定有效的餐饮成本费用管理制度,实行严格的成本控制,对于减少浪费、提高酒店效益具有重要作用。

餐饮的成本费用包括食品成本和费用两部分,食品成本在前面已经讲过。下面介绍对费用的具体控制。

餐饮部的营业费用涵盖了人工费用、水电燃料费、玻瓷银器费用及其他费用。

人工费用,指餐饮部从事经营服务的员工的工资及福利费,包括工资、奖金、津贴、补贴等。在人员编制基本固定的情况下,这部分费用基本不变。但是当旺季营业量大增时,酒店往往需雇用一些临时工,会增加开支,或不增加人数,而提高现有员工服务强度,延长工时,导致工资上升,开支增大。为此需确定合理的工时标准和工资率标准,依据淡旺季不同加以调整。需要说明的是,雇用临时工增加的人工费用一般是不含福利费的,也不会增加津贴补贴支出。

水电燃料消耗是餐饮费用的一大支出项目,要严格加以控制。由于销售量不同,水电燃料的开支也不同,因此要编制弹性费用预算,通过标准费用消耗额进行控制。在确定每月标准费用消耗额时,要结合淡旺季特点予以合理分配。其公式为:

某项费用月度标准消耗定额 = 该费用的年度预算总额 × 季节指数

季节指数利用相对数将费用的季节变动规律反映出来,使各季应分摊的费用更加合理。它的计算过程是将近年各季(各月)发生的费用额找出来,计算各季(各月)的总平均额,以总平均额为100%,计算各季(各月)的百分数,该百分数即季节指数。季节指数大,表明该季(该月)是旺季,反之是淡季。在此基础上编制各项费用差额分析表(表5-5)。

表 5-5　餐饮部水电燃料费用差额分析表　　　　　　　　　　　　　　　　元

项目	年度预算	某月指数	单位费用	某月消耗量	标准费用	实际费用	成本差异	合计
	①	②	③	④	⑤=①×②	⑥	⑤=⑥-⑤	⑧
水费								
电费								
燃料费								

通过该分析表，可以发现费用支出中哪些是有利差异，哪些是不利差异，从而进一步寻找原因，对主观能控制的因素提出解决的措施，从而降低费用开支。

餐饮费用控制的另一个重点是玻璃器皿、瓷器、银器及餐具的损耗。餐具是指供客人就餐时使用的碗、碟、杯、刀、叉、勺、筷子等。在集团化高星级酒店中，为了彰显酒店档次与服务品质，满足客人深层次的需求，酒店在服务中往往使用价值昂贵的玻璃器皿、瓷器、银器等器具。这些物品极易丢失和损坏，管控不善即会造成费用的大幅上升。为降低损耗率，需要对这些物品实行管用相结合的办法，制定合理损耗率作为控制依据，为此要建立餐具损耗统计表，员工损坏餐具要如实填上，并按合理损耗率进行考核，对超过合理标准的，要予以相应的处罚；对控制损耗有突出贡献的，要依一定标准予以奖励，从而调动员工爱护餐具、降低损耗的积极性。

（3）酒店人力成本控制。

酒店控制人力成本的途径，可以通过企业组织机构、人员结构、岗位设置的调整和工作流程的改进等，来达到精简高效的目的。

确定合理的人员编制。酒店每年年初都会对上一年的人员编制和岗位等进行探讨，将各部门人力成本与酒店人力成本进行调整，因岗设人。

合理调整、衔接班次，将部分岗位进行合并，并通过交叉培训，培训多面手与万能工，从而优化人力资本，降低人力成本。

操作程序的合理简化，可以提高劳动效率，从而提高人力资本。

任务三　保本点分析法及其运用

一、保本点分析法及相关概念

保本点分析法也叫本量利分析法（Cost-volume-profit Analysis）或盈亏临界分析法（Break-even Analysis）。保本点是指酒店企业在业务经营过程中，其营业收入刚好抵补支出，不盈不亏时所取得的营业收入的数量界限。它表明酒店在一定时期内的营业额达到某个数量金额以上方能营利。反之，在低于这个数量金额时，酒店就出现亏损。

与保本点有关的概念如下所述。

1. 边际贡献

边际贡献是指营业收入扣除变动成本后的余额，是为补偿固定成本和利润所做的贡献。其计算公式为：

$$边际贡献 = 营业收入 - 变动成本 = 固定成本 + 税前利润$$

2. 边际贡献率

边际贡献率是边际贡献占营业收入的百分比。其计算公式为：

$$边际贡献率 = 边际贡献 \div 营业收入 = (营业收入 - 变动成本) \div 营业成本 = 1 - 变动成本率$$

3. 单位边际贡献

单位边际贡献是单价扣除单位变动成本的余额。其计算公式为：

$$单位边际贡献 = 单价 - 单位变动成本$$

二、保本点的确定

根据保本点概念可知，当达到保本时，利润为零。

$$营业收入 = 变动成本 + 固定成本$$

亦即

$$营业收入 - 变动成本 = 固定成本$$

即

$$边际贡献 = 固定成本$$

$$保本销售量 = 固定成本 \div (单价 - 单位变动成本)$$

即

$$保本销售量 = 固定成本 \div 单位边际贡献$$

$$保本营业收入 = 固定成本 \div 单位边际贡献率$$

三、客房经营保本分析

酒店不同部门的业务特点决定保本分析法在具体环境中有不同的用法。对客房部而言，保本分析法主要考虑客房出租率、销售量、每间客房的平均房价等影响因素。

$$保本出租率 = 保本收入 \div 平均房价 \times 可供出租天数$$

【例5-2】 某酒店有客房300间，年固定成本500万元，每间客房的平均房价250元，单位变动成本为170元，则

$$边际贡献 = 250 - 170 = 80（元）$$

$$客房年保本销售量 = 5\,000\,000 \div 80 = 62\,500（间·天）$$

$$年保本出租率 = 62\,500 \div (300 \times 365) \times 100\% \approx 57.08\%$$

通过上述计算可知，当客房出租率达到57.08%时，客房部经营方处于保本状态。

四、餐饮部经营保本分析

餐饮部同客房部一样，在预测保本收入的同时需要考虑餐位利用率，才能有效预测酒店经营保本状况。保本餐位利用率的计算公式为：

$$保本餐位利用率 = 保本收入 \div (人均消费金额 \times 餐位数量 \times 餐次 \times 天数)$$

【例5-3】 某酒店餐饮部年固定成本总额为100万元，平均毛利率为55%，其他变动成本率为10%，假设税金及附加的综合税率为5.5%，则

$$边际贡献率 = 55\% - 10\% - 5.5\% = 39.5\%$$

$$年保本收入 = 1\,000\,000 \div 39.5\% \approx 2\,531\,645.57（元）$$

若该餐厅的人均消费水平为 50 元，每日开三餐，餐位总数量 200 个，则

$$\text{保本餐位利用率} = 2\,531\,645.57 \div (200 \times 50 \times 3 \times 365) \times 100\% \approx 23.12\%$$

由此可见，欲实现餐厅盈利，只需将餐位利用率控制在 23.12% 以上即可。

五、保本点分析法在酒店经营决策中的运用

保本点分析法本质上是本量利分析法的一个特例。其实质是在利润为零的情况下研究销售量（额）与成本之间的变动关系。对酒店企业来说，保本经营不过是一种理论计算的需要，企业真正要做到的是在现有条件下最大限度地营利。因此计算保本点不过是经营活动的最低要求。在此基础上我们将三者关系用下面公式来表示，即

$$\text{目标销售量（额）} = (\text{固定成本} + \text{目标利润}) \div \text{边际贡献（率）}$$

【例 5-4】 某酒店有客房 300 间，每间平均房价 120 元，单位变动成本为 30 元，年固定成本为 450 万元，主营业务税金及附加的税率为 5.5%，预计本年的客房出租率 45%，试预测本年盈利（亏损）金额是多少？如果要实现 100 万元的目标利润，出租率需要提高多少？

(1) 边际贡献 $= 120 - 30 - 5.5\% \times 120 = 83.4$（元）

　　预期利润 $= 300 \times 45\% \times 365 \times 83.4 - 4\,500\,000 = -390\,465$（元）

当客房出租率为 45% 时，预计将亏损 390 465 元。

(2) 目标销售量 $= (4\,500\,000 + 1\,000\,000) \div 83.4 \approx 65\,947$（间·天）

　　目标出租率 $= 65\,947 \div (300 \times 365) \times 100\% \approx 60.23\%$

　　$60.23\% - 45\% = 15.23\%$

若要实现 100 万元的目标利润，需将出租率提高 15.23%，达到 60.23% 左右。

任务四　酒店税金管理

酒店在一定时期内取得收入、实现利润或者发生特定经营行为，要按照规定向国家缴纳各种税金，这些应缴的税金，应按照权责发生制的原则确认。

酒店业作为商业企业的一个类别，属于生活性服务业，其对外服务的价款是由外购原材料、长期资产转移价值与服务相结合形成的，特别是餐饮服务，将外购原材料进行烹制加工后销售给客户，是简单生产与商业服务过程的相互结合。提供食品既是买卖和服务的过程，也是简单生产的过程，价款既包含服务费用，也包含原材料价值。酒店业对外服务对象，不仅包括个人消费，也包括很多企业因公务往来形成的餐饮住宿支出，具有较强商务服务型的特征。

一、酒店的税收种类和计算

酒店餐饮服务业的税费主要为增值税、城市维护建设税、教育费附加、房产税、消费税、土地使用税、车船税、印花税、企业所得税等。

（一）增值税

增值税是以商品（含应税劳务）在流转过程中产生的增值额作为计税依据而征收的一

种流转税。从计税原理上说,增值税是对商品生产、流通、劳务服务中多个环节的新增价值或商品的附加值征收的一种流转税。实行价外税,也就是由消费者负担,有增值才征税,没增值不征税。

1. 增值税纳税人

增值税纳税人分为一般纳税人和小规模纳税人,增值税一般纳税人适用增值税税率,税率为6%,其进项税额可以抵扣。增值税小规模纳税人适用增值税征收率,征收率为3%,其进项税额不可以抵扣。

(1) 增值税一般纳税人是指年应税销售额超过500万元的纳税人。其中,如果年应税销售额超过500万元的纳税人属于"其他个人",则不属于一般纳税人;年应税销售额虽然超过500万元但不经常提供应税服务的单位和个体工商户,也不属于一般纳税人。

(2) 年应税销售额未超过500万元的纳税人为增值税小规模纳税人。但年应税销售额虽然未超过500万元,但会计核算健全,能够提供准确税务资料的,可以向主管税务机关办理一般纳税人资格登记,成为一般纳税人。

2. 增值税的计税方法

纳税人种类不同,增值税的计税方法也不同。一般纳税人发生应税行为适用一般计税方法计税,小规模纳税人发生应税行为适用简易计税方法计税。

(1) 一般计税方法的应纳税额,是指当期销项税额抵扣当期进项税额后的余额。当期销项税额小于当期进项税额不足抵扣时,其不足部分可以结转下期继续抵扣。

一般计税方法的应纳税额计算公式:

$$应纳税额 = 当期销项税额 - 当期进项税额$$

销项税额,是指纳税人发生应税行为按照销售额和增值税税率计算并收取的增值税额。销项税额计算公式如下:

$$销项税额 = 销售额 \times 税率$$

因一般计税方法的销售额不包括销项税额,纳税人采用销售额和销项税额合并定价方法的,按照下列公式计算销售额:

$$销售额 = 含税销售额 \div (1 + 税率)$$

进项税额,是指纳税人购进货物、加工修理修配劳务、服务、无形资产或者不动产,支付或者负担的增值税额。

(2) 简易计税方法的应纳税额,是指按照销售额和增值税征收率计算的增值税额,不得抵扣进项税额。应纳税额计算公式如下:

$$应纳税额 = 销售额 \times 征收率$$

因简易计税方法的销售额不包括其应纳税额,纳税人采用销售额和应纳税额合并定价方法的,按照下列公式计算销售额:

$$销售额 = 含税销售额 \div (1 + 征收率)$$

纳税人适用简易计税方法计税的,因销售折让、中止或者退回而退还给购买方的销售额,应当从当期销售额中扣减。扣减当期销售额后仍有余额造成多缴的税款,可以从以后的应纳税额中扣减。

3. 销售额的含义

(1) 销售额,是指纳税人发生应税行为取得的全部价款和价外费用,财政部和国家税务总局另有规定的除外。价外费用,是指价外收取的各种性质的收费,但不包括以下项目:①代为收取并同时满足以下条件的政府性基金或者行政事业性收费。②以委托方名义开具发票代委托方收取的款项。

(2) 兼营方式的销售额。纳税人兼营销售货物、劳务、服务、无形资产或者不动产,适用不同税率或者征收率的,应当分别核算适用不同税率或者征收率的销售额;未分别核算的,从高适用税率。

(3) 混合销售的销售额。一项销售行为如果既涉及服务又涉及货物,为混合销售。从事货物的生产、批发或者零售的单位和个体工商户的混合销售行为,按照销售货物缴纳增值税;其他单位和个体工商户的混合销售行为,按照销售服务缴纳增值税。

(4) 纳税人兼营免税、减税项目的,应当分别核算免税、减税项目的销售额;未分别核算的,不得免税、减税。

4. 增值税进项税额抵扣

(1) 允许抵扣进项税额。

酒店购入的与生产经营有关的货物、加工修理修配劳务、服务、无形资产或者不动产,并取得下列增值税扣税凭证的,可以在购进时抵扣进项税额。其中,2016年5月1日后取得并在会计制度上按固定资产核算的不动产或者2016年5月1日后取得的不动产在建工程,其进项税额应自取得之日起分2年从销项税额中抵扣,第一年抵扣比例为60%,第二年抵扣比例为40%。

(2) 不得抵扣项目。

用于简易计税方法计税项目、免征增值税项目、集体福利或者个人消费的购进货物、加工修理修配劳务、服务、无形资产和不动产。其中涉及的固定资产、无形资产、不动产,仅指专用于上述项目的固定资产、无形资产(不包括其他权益性无形资产)、不动产。纳税人的交际应酬消费属于个人消费。

非正常损失的购进货物,以及相关的加工修理修配劳务和交通运输服务。

非正常损失的在产品、产成品所耗用的购进货物(不包括固定资产)、加工修理修配劳务和交通运输服务。

非正常损失的不动产,以及该不动产所耗用的购进货物、设计服务和建筑服务。

非正常损失的不动产在建工程所耗用的购进货物、设计服务和建筑服务。纳税人新建、改建、扩建、修缮、装饰不动产,均属于不动产在建工程。

购进的旅客运输服务、贷款服务、餐饮服务、餐饮住宿服务和娱乐服务。接受贷款服务向贷款方支付与该笔贷款直接相关的投融资顾问费、手续费、咨询费等费用。

另外不得开具增值税专用发票的情形包括:向消费者个人提供餐饮住宿服务;适用免征增值税规定的餐饮住宿服务。

5. 兼营与混合销售

(1) 兼营。

酒店兼营免税、减税项目的,应当分别核算免税、减税项目的销售额;未分别核算的,不得免税、减税。

酒店销售货物、加工修理修配劳务、服务、无形资产或者不动产适用不同税率或者征收率的,应当分别核算适用不同税率或者征收率的销售额,未分别核算销售额的,应该从高适用税率或者征收率。

(2) 混合销售。

所谓混合销售是指一项销售行为如果既涉及服务又涉及货物的销售行为。从事货物的生产、批发或者零售的单位和个体工商户的混合销售行为，按照销售货物缴纳增值税；其他单位和个体工商户的混合销售行为，按照销售服务缴纳增值税。

上述从事货物的生产、批发或者零售的单位和个体工商户，包括以从事货物的生产、批发或者零售为主，并兼营销售服务的单位和个体工商户在内。

【例5-5】 某酒店为增值税一般纳税人。5月发生收入1 000万元，其中餐饮收入900万元，停车费收入20万元，出租会议室收入50万元，通过外墙显示屏发布广告收入30万元（看企业有没有广告资质，有资质为广告收入，无资质为不动产租赁），计算本月的销项税额。

$$餐饮收入 = 900 \div 1.06 \times 0.06 = 50.94（万元）$$
$$停车费收入 = 20 \div 1.17 \times 0.17 = 2.91（万元）$$
$$出租收入 = 50 \div 1.11 \times 0.11 = 4.95（万元）$$
$$广告收入（不动产租赁）= 30 \div 1.11 \times 0.11 = 2.97（万元）$$
$$合计销项税额 = 50.94 + 2.91 + 4.95 + 2.97 = 61.77万元（万元）$$

(二) 城市维护建设税

城市维护建设税简称城建税，是国家对缴纳增值税、消费税的单位和个人就其实际缴纳的税额为计税依据而征收的一种税。它属于特定目的税，是国家为加强城市的维护建设，扩大和稳定城市维护建设资金的来源而采取的一项税收措施。

1. 城建税税率

城建税按纳税人所在地的不同，设置了三档地区差别比例税率。适用税率分别如下。

(1) 纳税人所在地为市区的，税率为7%。

(2) 纳税人所在地为县城、镇的，税率为5%。

(3) 纳税人所在地不在市区、县城或镇的，税率为1%。

2. 应纳税额的计算

城建税应纳税额是根据酒店应纳增值税的数额来决定的，计算公式如下：

$$应纳税额 = 实际缴纳的增值税 \times 适用税率$$

【例5-6】 某酒店地处北京市区，毗邻北京故宫，6月份缴纳增值税800 000元，无消费税。当期应缴城市维护建设税金额该如何计算？

$$应纳城建税 = 实际缴纳增值税税额 \times 适用税率$$
$$= 800 000 \times 7\% = 56 000（元）$$

(三) 教育费附加

教育费附加是对缴纳增值税、消费税的单位和个人，就其实际缴纳税额为计税依据征收的一种附加费。其征收的目的是为加快地方教育事业，扩大地方教育经费的资金而征收的一项专用基金。现行教育费附加征收比率为3%。对于酒店餐饮服务业而言，主要缴纳的税种是增值税，因而其计算基础也是已缴的增值税。相关规定同城市维护建设税。

【例 5-7】 某五星级大酒店在 2016 年 6 月份缴纳增值税 800 000 元,无消费税。当期应缴教育费附加金额该如何计算?

$$应缴教育费附加 = 实际缴纳增值税税额 \times 适用税率$$
$$= 800\ 000 \times 3\% = 24\ 000(元)$$

(四) 房产税、土地使用税、车船税和印花税

1. 房产税

房产税是以房产为征税对象,依据房产价格或房产租金收入向房产所有人或经营人征收的一种税。

房产税的征税范围为城市、县城、建制镇和工矿区,不包括农村。

酒店缴纳的房产税根据征收方法有两种情况。

(1) 从价计征。房产税依照房产原值一次减除 10%~30% 后的余额计算缴纳,税率为 1.2%,各地扣除比例由当地省、自治区、直辖市人民政府确定。房产原值应包括与房屋不可分割的各种附属设备或一般不单独计算价值的配套设施。

【例 5-8】 某酒店的经营用房原值 5 000 万元,按照当地规定允许减除 30% 后余值计税,适用税率为 1.2%。请计算酒店应纳房产税税额。

$$应纳房产税税额 = 房产原值 \times (1 - 扣除比例) \times 1.2\%$$
$$房产税税额 = 5\ 000 \times (1 - 30\%) \times 1.2\% = 42(万元)$$

(2) 从租计征。《房产税暂行条例》规定,房产出租的,以房产租金收入为房产税的计税依据。租金收入应包括货币收入和实物收入,如果纳税人对租金收入申报数与同一地段同类房屋的租金收入相比明显不合理的,税务部门可以按照规定核定其应纳税款。征收比率(税率) 为 12%。

【例 5-9】 某酒店出租门面房 2 间,年租金收入为 30 万元,适用税率为 12%。请计算当年的应纳房产税金额。

$$应纳房产税金额 = 租金收入 \times 12\% = 300\ 000 \times 12\% = 36\ 000(元)$$

2. 城镇土地使用税

城镇土地使用税是国家为了合理利用城镇土地,调节土地级差收入,提高土地使用效益,加强土地管理而开征的一种税。

城镇土地使用税是以城镇土地为征税对象,对拥有土地使用权的单位和个人征收的一种税。在城市、县城、建制镇、工矿区范围内使用土地的单位和个人,为城镇土地使用税的纳税人。建立在城市、县城、建制镇、工矿区以外的工矿企业则不需要缴纳城镇土地使用税。

城镇土地使用税以纳税人实际占用的土地面积为计税依据,依照规定税额计算征收。具体标准如下。

(1) 大城市 1.5~30 元。
(2) 中等城市 1.2~24 元。
(3) 小城市 0.9~18 元。
(4) 县城、建制镇、工矿区 0.6~12 元。

【例 5-10】 某大酒店使用土地面积为 30 000 平方米,经税务机关核定,该土地为应税土地,每平方米年税额为 4 元。请计算其全年应纳的土地使用税金额。

$$年应纳土地使用税金额 = 30\,000 \times 4 = 120\,000（元）$$

3. 车船税

车船税的征收范围是指依法应当在我国车船管理部门登记的车船。由拥有车船的单位和个人缴纳。车船税实行定额税率，即按固定税额缴纳，按年申报。

4. 印花税

印花税是对经济活动和经济交往中书立、使用、领受具有法律效力的凭证的单位和个人征收的一种税。印花税是一种具有行为性质的凭证税，凡发生书立、使用、领受应税凭证的行为，就必须依照印花税法的有关规定履行纳税义务。

印花税规定的征税范围广泛，凡税法列举的合同或具有合同性质的凭证、产权转移书据、营业账簿及权利、许可证照等，都必须依法纳税。而且应当在书立、使用、领受应税凭证、发生纳税义务的同时，先根据凭证所载计税金额和应适用的税目税率，自行计算其应纳税额；再由纳税人自行购买印花税票，并一次足额粘贴在应税凭证上；最后由纳税人按规定对已粘贴的印花税票自行注销或者划销。

（五）企业所得税

企业所得税是对酒店从事经营活动所得和其他所得利润征收的一种税。它是国家直接参与酒店企业利润分配的一种形式。

$$应纳税所得额 = 利润总额 - 允许扣除项目的金额$$

允许扣除项目的金额是指经国家批准的可在纳税前利润总额中扣除的项目，如分给其他单位的利润、抵补以前年度亏损（五年内）等。不允许扣除的项目，如资本性支出、违法经营的罚款和没收财物的损失、各项税收的滞纳金、罚金和罚款、自然灾害或意外事故损失有赔偿的部分、各种赞助支出等。

在应纳税所得额计算出来后，乘以25%的所得税税率，便是酒店企业应纳的所得税税额。

二、酒店税金的日常管理

酒店企业向国家和地方政府缴纳的各项税费，是税收和费用税收的简称。税收，是国家为满足社会公共需要，依据其社会职能，按照法律规定，强制地、无偿地参与社会产品分配的一种形式。税费是指国家机关向有关当事人提供某种特定劳务或服务，按规定收取的一种费用。税费就其本质而言，是酒店在国家框架下和社会环境下正常运营而应该支付给环境提供者国家、地方管理部门的一类成本支出。

（一）认真做好纳税申报工作

首先，酒店应该在工商管理部门批准开业、领取营业执照起30日之内，向当地税务机关申请办理税务登记，内容包括纳税人名称、地点、法定代表人、经济性质、企业形式、核算方式、经营方式、经营范围等，经主管税务机关审核批准后，发给税务登记证。日后如果发生转业、合并、分设、联营、歇业、停业、破产等事项，酒店应及时办理变更登记、注销登记等手续。

其次，酒店企业应该通过纳税鉴定，明确本企业应缴纳的税种与税率，了解如何计算纳税额等。此项工作主要是通过填写纳税鉴定申请表及其审批来完成的,税务机关通过对纳税鉴定申请表的审核,明确酒店企业适用的税种、税目、税率、纳税环节、计税依据、纳税期限和征收方式等,经税务机关批准的纳税鉴定书具有与税法同等的效力。纳税鉴定书并不是固定不变的,当纳税鉴定项目发生变化,纳税人经营新的项目或国家修订税法时,都需要在不超过一个月内对原纳税鉴定书做出修订。

最后,根据纳税鉴定书的内容,要在税务机关规定的期限内进行纳税申报,一般在每月终了10天内、年度终了35天内向税务机关报送纳税申请表和会计报表。纳税申报的内容由于税种不同而各异。酒店企业因特殊情况不能按期办理纳税申报的,需上报税务机关,酌情予以延期,先预缴税款,待申报后结算。

(二) 如实按期缴纳税金

一般来说,税款的征收方式主要有查账征收、定期定额征收、自核自缴、代征、代扣、代缴等。酒店应当按规定对不同税种采用不同的缴纳方式,如实按期办理税款的缴纳。逾期不报或不缴纳税金的,税务机关除按规定限期追缴外,还要视不同情况处以不同比例的罚款或滞纳金,并将其从企业税后利润中扣除,对偷税漏税行为,一经查出,除处以罚款外,还要追究个人法律责任。

(三) 做好与纳税有关的文档管理工作

无论是纳税前的核算工作,还是纳税后的凭证保管工作,都需要有健全的文档管理工作作为基础。酒店企业必须建立完备的发票和账单的印、领、用、存管理制度,由专人负责如实记录和统计。在纳税后保管好这些凭证,以备税务稽核之用。

三、酒店税务风险防范

酒店企业收入来源复杂,涉税业务多,税种税目混杂在一起,往往导致财务部门在收入确认、费用分摊和票据使用方面存有隐患,带来很多税务风险。

(一) 视同销售的应税行为处理

个别酒店老板出于经营需要,会在自己的酒店请客吃饭然后签单,但并不实际付款。对于这样的行为,财务部门没有确认收入,因而未缴纳税金。

实际上,酒店真实提供了餐饮宴请服务,尽管用于老板的交际应酬,实际未收到服务收入,但是由于服务是真实发生的,耗费的人力成本、食品成本也是真实的,应按规定视同销售确认收入。同时,根据企业所得税法实施条例第四十三条的规定,酒店发生的与生产经营活动有关的业务招待费支出,按照发生额60%扣除,但最高不得超过当年销售(营业)收入的5‰。因此,该酒店可以将老板签单支出按招待费支出处理。

(二) 长期包房的应税行为处理

酒店有一些老客户长期包房,相关成本酒店在税前予以列支。这样的应税行为,酒店虽未收到房费,但根据企业所得税法的规定,企业应纳税所得额的计算,以权责发生制为原则,属于当期的收入和费用,不论款项是否收付,均作为当期的收入和费用;不属于当期的收入和费用,即使款项已经在当期收付,均不作为当期的收入和费用。因此,酒店应按照权责发生制原则,及时确认客户长期包房收入,按规定计缴税款。

(三)装修装饰、改扩建费用的税务处理

如今酒店企业为了吸引客人,提升酒店档次,几乎每隔几年就会进行一次装修装饰或者改建扩建等,这几乎成为常态。对于装修装饰和改扩建费用,由于金额巨大,酒店一般采取分期摊销的方式处理。但一些酒店可能会出于降低所得税负担的目的,而不恰当地摊销上述费用,埋下不小的税务风险。不正确的摊销,不仅影响了企业所得税的申报,还可能影响房产税的申报。因为更新改造支出、满足固定资产确认条件的装修费用、修理费用等,如果延长了固定资产的使用寿命,酒店应将这些费用纳入房产原值缴纳房产税。酒店财务人员如果错误地将上述费用计入长期待摊费用科目,很可能难以将其作为房产税的计税依据,从而影响房产税的准确申报。

(四)承包经营涉及税务风险

酒店住宿企业在给客人提供住宿、餐饮服务的同时,一般还提供娱乐、购物等服务。目前,很多酒店都将娱乐服务和商品销售业务承包出去,只向承包人收取场地租金。但由于对承包后的纳税义务不太了解,以及承包合同对纳税义务的约定不明确,无论酒店还是承包方在日后的纳税中都存在一定的风险。

对酒店娱乐场所的承包主要涉及增值税的问题。按照营改增以后的要求,如果是被公司承包,由于是独立法人,公司应独立承担经营风险,并独立纳税。酒店只向其收取场地租金,按租金收入缴纳增值税和企业所得税。如果是被个人承包,个人向酒店缴纳承包费,酒店应对夜总会的经营成果负有纳税义务。

项目小结

酒店是以其建筑物为凭证,借助客房、餐饮及综合服务设施向客人提供服务,获得经济收益的企业。一家酒店企业,无论经营业绩好坏,利润水平高低,都必然发生各种耗费,我们把那些能够予以对象化的支出列入成本,而无法对象化的各项耗费则计入费用。酒店成本是指酒店营业成本,一般来说,营业成本主要包括餐饮原材料的成本和商品进价成本。酒店经营过程中扣除掉成本的支出均列入费用账户,由营业费用、管理费用、财务费用三部分构成。按照酒店成本费用总额与经营业务量的依存关系,可以分为固定成本、变动成本和混合成本。按照酒店管理责任可以分为可控成本和不可控成本两类。

餐饮成本实际上是一定会计期间内已售食品产品的成本,简称食品成本。计算已售食品成本,并从中扣除调拨项和员工餐成本后,可以得到食品销售成本,这个成本可以看作向客人提供餐饮服务所付出的食品原材料的成本。食品成本还涉及一项原材料初加工的成本计算。酒店进行食品成本控制的步骤如下:第一,制定标准成本;第二,将实际成本与所制定的标准成本进行比对,进行差异分析;第三,采取有效措施及时消除低效因素,对成本差异实施管理,从而实现食品成本的有效控制。不同于成本,费用控制更多依赖制度的完善。通过财务部集中管理和建立费用管理责任制,实行归口分级管理来进行一般性控制。在具体控制上需要按部门按内容进行分类分级负责制。

保本点是指酒店企业在业务经营过程中,其营业收入刚好抵补支出,不盈不亏时,所取

得的营业收入的数量界限。它表明酒店在一定时期内的营业额达到某个数量金额以上才能营利。通过经营保本预测，可以了解酒店经营状况，控制经营成果，改善管理水平，提高酒店经济效益。灵活运用客房出租率、可供出租客房数、餐位利用率等衡量指标可以预测出客房部与餐饮部的经营保本量和保本额。

酒店涉及的税金种类为增值税、城市维护建设税、教育费附加、房产税、土地使用税、车船税、印花税、企业所得税等。在税金管理上，从纳税申报、如实按期缴纳和文档管理等方面展开。

思考与练习

一、单项选择题

1. （　　）是计算利润和缴纳税金的基础，酒店业作为第三产业中的生活服务业，应始终以稳健经营为国家和地方财政创造税收来源。
   A. 成本规划　　　B. 成本核算　　　C. 成本控制　　　D. 成本分析
2. 固定成本指在一定时期和范围内，（　　）。
   A. 单位成本随着业务量的增减变动而呈现同比例变动关系
   B. 单位成本中随着业务量变动而变动，而总额相对不变的那部分成本
   C. 成本总额并不因业务量的增减变化而变化的成本
   D. 单位成本随着业务量增加而减少，呈现反方向变动关系
3. 预算控制法以（　　）作为经营支出限额目标，预算控制即以分项目、分阶段的预算数据来实施成本控制。
   A. 收入指标　　　B. 利润指标　　　C. 决算指标　　　D. 预算指标
4. 边际贡献是指营业收入扣除（　　）后的余额，是为补偿固定成本和利润所做的贡献。
   A. 利润　　　　　B. 固定成本　　　C. 变动成本　　　D. 混合成本
5. 根据我国税法规定，增值税一般纳税人是指年应税销售额超过（　　）万元的纳税人。
   A. 500　　　　　B. 100　　　　　C. 50　　　　　D. 10

二、多项选择题

1. 按照财务制度规定，下述（　　）行为不可计入成本费用范围。
   A. 为购置和建造固定资产、购入无形资产和其他资产而发生的支出
   B. 对外投资支出
   C. 被没收财物的损失
   D. 支付的各项赔偿金、违约金、滞纳金、罚款以及赞助、捐赠支出
   E. 分配给投资者的利润
2. 酒店营业成本包括（　　）。
   A. 直接耗用的原材料、调配料、辅料、燃料等直接材料
   B. 商品进价成本
   C. 酒店出售无形资产、存货（不包括商品）的实际成本
   D. 酒店各营业部门在经营中发生的各项费用
3. 管理费用是指酒店为组织和管理经营活动而发生的费用，包括（　　）。
   A. 酒店行政管理部门在经营管理中发生的费用
   B. 酒店为筹集经营所需资金而发生的各项费用

C. 公共性的不易分摊的由酒店统一负担的费用
D. 酒店各营业部门在经营中发生的各项费用

4. 按照酒店成本费用总额与经营业务量的依存关系，可以分为（   ）。
A. 沉没成本　　　　B. 固定成本　　　　C. 变动成本
D. 混合成本　　　　E. 机会成本

5. 酒店常用的费用控制方法有（   ）。
A. 预算控制法　　　B. 制度控制法　　　C. 标准成本控制法
D. 目标成本控制法　E. 主要消耗指标控制法

三、判断题

1. 酒店成本费用的管理可以从餐饮成本与费用两个方面分别展开。（   ）
2. 主要消耗指标如客房的针棉织品消耗、餐饮部的玻璃器皿、瓷器、银器和餐具消耗、商品销售部门的包装物消耗等。（   ）
3. 客房服务是酒店主营项目之一，相对于餐饮费用而言，客房成本的可控性更强，下降空间更明显。（   ）
4. 保本点是指酒店企业在业务经营过程中，其营业收入刚好抵补支出，不盈不亏时，所取得的营业收入的数量界限。（   ）
5. 酒店餐饮服务业的税费主要为增值税、房产税、消费税、土地使用税、车船税、印花税、企业所得税、城市维护建设税、教育费附加等。（   ）

四、简答题

1. 酒店成本费用管理原则是什么？
2. 什么是酒店成本费用控制？
3. 什么是标准成本控制法？
4. 在酒店费用的一般性管理中，如何建立费用管理责任制度？
5. 如何控制客房单位变动费用？
6. 如何做好酒店税金的日常管理工作？

五、计算分析题

1. 某酒店可供出售的客房有250间，单位房价150元，单位变动成本30元，月固定成本为45万元，变动成本率为20%，请计算在保本状态下该酒店的月销售额。
2. 某酒店可供出售的客房有250间，单位房价150元，单位变动成本30元，月固定成本为45万元，变动成本率为20%，预计增加6 000元广告支出，并维持15万元的月利润水平，那么其销售额应该增加多少？
3. 某酒店在端午节推出粽子礼盒，售价50元/盒，经测算最大销量5 000盒，单位变动成本20元，该礼盒固定成本60 000元。若想完成12万元的利润目标，在其他条件不变的情况下，变动成本应降至多少元？

参考答案

一、单项选择题

1. B　　2. B　　3. D　　4. C　　5. A

二、多项选择题

1. ABCDE 2. ABC 3. AC 4. BCD 5. ABCDE

三、判断题

1. √ 2. √ 3. × 4. √ 5. √

四、简答题

1. 酒店成本费用管理原则是什么？

答：

酒店的成本费用管理，应该在遵循国家有关规定的前提下，符合酒店业的实际经营情况，因而应该按照以下原则实施管理。

（1）严格遵守国家规定的成本开支范围及费用开支标准。

（2）正确处理降低成本与保证服务质量的关系。

（3）健全成本管理责任制，实行全员成本管理。

（4）从酒店实际出发，实行目标管理，事前控制。

2. 什么是酒店成本费用控制？

答：

酒店在经营活动中，根据一定的控制标准，对成本费用形成的全过程进行指导、监督和限制，并采取有效措施及时纠正偏差，从而实现控制成本费用目标的一系列行动称为成本费用控制。

3. 什么是标准成本控制法？

答：

标准成本是指酒店在正常经营条件下以标准消耗量和标准价格计算出的各营业项目的标准成本作为控制实际成本时的参照依据，也就是对标准成本率与实际成本率进行比较分析。实际成本率低于标准成本率称为顺差，表示成本控制较好；实际成本率高于标准成本率称为逆差，表示成本控制欠佳。标准成本控制法更适合用在营业成本的控制管理上。

4. 在酒店费用的一般性管理中，如何建立费用管理责任制度？

答：

按照责任会计的原则，建立其费用管理责任制，归口分级管理费用，对各项费用产生部门分别管理掌握本部门的费用管理，分级负责。

（1）确定费用责任部门及管理部门。按照"谁花钱，谁负责，谁经手，谁管理"的原则，确定管理的责任部门，以费用发生的环节、地点、职能部门进行分工管理。

（2）确定费用分级管理层次和考核指标。依照责任制的负责形式，逐级将费用指标分级，下达到基层小组和个人，尽可能选择可量化指标，适合日常核算与考核。

（3）确定各项费用的不同控制方法。对归口分级管理的各项费用，要分别制定控制标准，避免一刀切。

（4）建立费用控制的日常控制方式。在指标下达后，应坚持日常控制期末考核的原则。

（5）确定费用控制的责与益。费用计划的执行结果应当与各考核对象的经济利益相关，使费用控制的效果直接惠人。

5. 如何控制客房单位变动费用？

答：

控制单位变动费用，主要是按照客房消耗品标准费用（消耗品定额）控制单位变动费用支出。消耗净定额是对可变费用进行控制的依据，必须按酒店的不同档次，制定消耗品的配备数量和配备规定。对一次性消耗品的配备数量，要按照客房的出租情况落实到每个岗位和个人，领班和服务员要按规定领用和分发各种消耗品，并做好登记，以便对每人所管辖的客房消耗品数量进行对比和考核，对费用控制好的班组和个人要给以奖励，对费用支出超出定额标准的要寻找原因、分清责任，对由于主观因素造成的超标准支出要给以一定处罚。对于非一次性用品的消耗，要按酒店的档次和正常磨损的要求确定耗用量，尽量减少使用不当造成的损耗，加强布草的领发控制和安全保卫工作，减少丢失。通过对固定费用和变动费用的有效控制和管理，就能达到降低消耗、增加盈利的目的。

6. 如何做好酒店税金的日常管理工作？

答：

（1）认真做好纳税申报工作。

（2）如实按期缴纳税金。

（3）做好与纳税有关的文档管理工作。

（4）增强酒店税务风险防范意识。

五、计算分析题

1.

解：

$$月销售额 = 固定成本 \div (1 - 变动成本率) = 45 \div (1 - 20\%) = 56.25（万元）$$

2.

解：

$$预计目标销售额 = (月固定成本 + 新增固定成本 + 目标利润) \div (1 - 变动成本率)$$
$$= (45 + 0.6 + 15) \div (1 - 20\%) = 75.75（万元）$$

3.

解：

$$目标变动成本 = 单价 - (固定成本 + 目标利润) \div 销售量$$
$$= 50 - (60\,000 + 100\,000) \div 5\,000 = 18（元）$$

在固定成本无法降低的条件下，若要实现目标利润，需要使单位变动成本从20元降至18元。

参考文献

[1] 马桂顺. 酒店财务管理（第三版）[M]. 北京：清华大学出版社，2015.

[2] 章勇刚. 酒店财务管理 [M]. 北京：中国人民大学出版社，2014.

[3] 周倩，杨富云. 酒店财务管理实务 [M]. 北京：清华大学出版社，北京交通大学出版社，2011.

[4] 科特. 饭店业管理会计（中文第二版）[M]. 徐虹，译. 北京：中国旅游出版社，2015.

酒店利润分配管理

学习目标

【知识目标】

1. 了解酒店财务成果的形式和内容,掌握酒店利润的形成,熟悉酒店利润的预测。
2. 掌握酒店利润分配原则和酒店利润分配的一般程序;理解酒店股利分配政策;了解酒店股利的发放方式;了解现代酒店利润考核管理的内容。

【技能目标】

1. 掌握酒店利润形成的知识,从而能够对酒店利润进行预测。
2. 在掌握酒店利润分配的原则和程序的前提下,能够进行酒店利润的分配。

案例导入: 北京首旅酒店(集团)股份有限公司2016年度利润分配及资本公积金转增股本实施公告

本公司董事会及全体董事保证本公告内容不存在任何虚假记载、误导性陈述或者重大遗漏,并对其内容的真实性、准确性和完整性承担个别及连带责任。

一、通过分配、转增股本方案的股东大会届次和日期

本次利润分配及转增股本方案经公司 2017 年 5 月 10 日的 2016 年度股东大会审议通过。

二、分配、转增股本方案

1. 发放年度:2016 年度

2. 分派对象:截至股权登记日下午上海证券交易所收市,在中国证券登记结算有限责任公司上海分公司(以下简称"中国结算上海分公司")登记在册的本公司全体股东。

3. 分配方案:本次利润分配及转增股本以方案实施前的公司总股本 679 785 627 股为基数,每股派发现金红利 0.01 元(含税),以资本公积金向全体股东每股转增 0.2 股,共计派发现金红利 6 797 856.27 元,转增 135 957 125 股,在本次分配后,总股本为 815 742 752 股。

三、相关日期

股份类别	股权登记日	最后交易日	除权（息）日	新增无限售条件流通股份上市日	现金红利发放日
A股	2017年5月24日	—	2017年5月25日	2017年5月26日	2017年5月25日

四、分配、转增股本实施办法

1. 实施办法

（1）无限售条件流通股的红利委托中国结算上海分公司通过其资金清算系统向股权登记日上海证券交易所收市后登记在册并在上海证券交易所各会员办理了指定交易的股东派发。已办理指定交易的投资者可于红利发放日在其指定的证券营业部领取现金红利，未办理指定交易的股东红利暂由中国结算上海分公司保管，待办理指定交易后再进行派发。

（2）有限售条件流通股的红利公司亦委托中国结算上海分公司派发，程序同上。

（3）转增股本由中国结算上海分公司根据股权登记日上海证券交易所收市后登记在册股东持股数，按比例直接计入股东账户。

2. 自行发放对象

公司股东北京首都旅游集团有限责任公司的现金红利由本公司自行发放。

3. 扣税说明

（1）对于A股自然人股东和证券投资基金，根据《关于实施上市公司股息红利差别化个人所得税政策有关问题的通知》（财税〔2012〕85号）以及《关于上市公司股息红利差别化个人所得税政策有关问题的通知》（财税〔2015〕101号）的有关规定，持股期限超过1年的，本次分红派息暂免征收个人所得税；持股期限在1年以内（含1年）的，本次分红派息暂不扣缴个人所得税；本次分红派息每股实际派发现金红利人民币0.01元。个人股东及证券投资基金在股权登记日后转让股票时，中登上海分公司根据其持股期限计算实际应纳税额，超过已扣缴税款的部分，由证券公司等股份托管机构从个人资金账户中扣收并划付中登上海分公司，中登上海分公司于次月5个工作日内划付公司，公司在收到税款当月的法定申报期内向主管税务机关申报缴纳。具体实际税负为：股东的持股期限在1个月以内（含1个月）的，其股息红利所得全额计入应纳税所得额，实际税负为20%；持股期限在1个月以上至1年（含1年）的，暂减按50%计入应纳税所得额，实际税负为10%。

（2）对于持有公司股票的合格境外机构投资者（QFII）股东，由本公司根据国家税务总局于2009年1月23日颁布的《关于中国居民企业向QFII支付股息、红利、利息代扣代缴企业所得税有关问题的通知》（国税函〔2009〕47号）的规定，按照10%的税率统一代扣代缴企业所得税，税后每股实际派发现金股息0.009元人民币。如相关股东认为其取得的股息、红利收入需要享受税收协定（安排）待遇的，可按照规定在取得股息、红利后自行向主管税务机关提出申请。

（3）对于香港联交所投资者（包括企业和个人）投资公司A股股票（"沪股通"）：根据《财政部、国家税务总局、证监会关于沪港股票市场交易互联互通机制试点有关税收政策的通知》（财税〔2014〕81号）的规定，其现金红利将由公司通过中登上海分公司按股票名义持有人账户以人民币派发，公司按照10%的税率代扣所得税，税后每股实际派发现金红利人民币 0.009 元。

（4）对于其他机构投资者和法人股东，公司将不代扣代缴，其所得税由其自行缴纳，实际派发现金红利为税前每股人民币 0.01 元。

（5）本次转增股本的资本公积金来源为资本溢价。公司本次资本公积金转增股本不扣税。

五、股本结构变动表

项目	本次变动前	变动数转增	本次变动后
一、有限售条件流通股份（非流通股）	448 385 627	89 677 125	538 062 752
二、无限售条件流通股份（流通股）	231 400 000	46 280 000	277 680 000
A 股	231 400 000	46 280 000	277 680 000
三、股份总数	679 785 627	135 957 125	815 742 752

六、摊薄每股收益说明

实施转股方案后，按新股本总额 815 742 752 股摊薄计算的 2016 年度每股收益为 0.258 6 元，扣除非经常性损益后的每股收益为 0.178 1 元。

七、有关咨询办法

公司股东可在工作日拨打电话咨询利润分配事宜。

联系部门：北京首旅酒店（集团）股份有限公司证券部

联系电话：010－66014466 转 3846

特此公告。

北京首旅酒店（集团）股份有限公司董事会
2017 年 5 月 19 日

资料来源：http：//app. finance. ifeng. com，凤凰网财经。

思考：首旅集团股利发放的方式有哪些种？

任务一　酒店财务成果概述

酒店财务成果是指酒店在一定时期内通过从事生产经营活动而在财务上所取得的成果。综合反映酒店生产、经营活动情况，是考核酒店经营管理水平的一个综合指标。

一、酒店财务成果的形式和内容

酒店财务成果是酒店在一定会计期间所实现的各种收入与相关费用的差额，如果差额大于零，表示为盈利；如果差额小于零，表示为亏损；如果差额等于零，表示酒店处于利润的临界状态。

酒店财务成果的计算和处理一般包括利润的计算、所得税的计算、利润分配或亏损弥补等。

二、酒店利润的形成

酒店利润是指酒店在一定会计期间的经营成果,即收入与成本费用相抵后的差额,包括酒店的营业利润、利润总额和净利润。

1. 营业利润

营业利润是酒店利润的主要组成部分,直接体现经营者的经营业绩和成果。营业利润是指由正常业务活动所取得的利润,是经营利润减去管理费用、财务费用后的余额,用公式表示为:

$$营业利润 = 经营利润 - 管理费用 - 财务费用$$

(1)经营利润。经营利润等于同期营业收入扣除同期营业成本、营业费用和营业税金及附加后的余额,计算公式为:

$$经营利润 = 营业收入 - 营业成本 - 营业费用 - 营业税金及附加$$

式中,营业收入是指酒店的各项经营收入,包括客房收入、餐饮收入、娱乐收入、商品销售收入、商务中心收入和其他业务收入等;营业成本是指经营部门发生的直接成本,包括直接材料、商品进价和其他直接费用;营业费用是指酒店经营过程中各营业部门发生的各种经营费用,包括运输费、装卸费、包装费、保险费、展览费、广告费、水电费、邮电费、差旅费、洗涤费、折旧费、修理费、低值易耗品摊销、直接从事经营的业务部门的人工费用、营业部门领用物料用品而发生的费用以及餐饮部门耗用的燃料费等;营业税金及附加是指与营业收入有关的,应由各项经营业务负担的税金及附加,包括营业税、城市维护建设税及教育费附加等。酒店应按营业收入的一定比例计算缴纳营业税。

(2)管理费用。管理费用是指酒店为组织和管理企业生产经营所发生的各项费用,以及由酒店统一负担的费用。行政管理部门在经营管理过程中发生或应由企业负担的公司经费、工会经费、职工教育经费、劳动保险费、失业保险费、外事费、租赁费、咨询费、审计费、诉讼费、排污费、绿化费、土地使用费、土地损失补偿费、技术转让费、研究开发费、聘请注册会计师和律师费、不应从营业成本和营业费用中列支的房产税、车船税、土地使用税、印花税、燃料费、水电费、折旧费、修理费、无形资产摊销、低值易耗品摊销、交际应酬费、坏账损失、存货盘亏和毁损、存货跌价准备等。

(3)财务费用。财务费用是指酒店为筹集生产经营所需资金而发生的费用,包括利息净支出、汇兑损失以及相关的手续费等。

(4)部门营业利润计算。

如果按照酒店各个营业部门分,营业利润可以分为客房部门利润、餐饮部门利润、康乐部门利润、商场部门利润等。下面以客房和餐饮部门为例介绍部门利润的计算方法。

根据公式客房利润=客房收入-客房费用-税金编制长鸿酒店客房部门利润表(表6-1)。

根据公式餐饮利润=餐饮收入-餐饮成本-餐饮营业费用-税金编制长鸿酒店餐饮部门利润表(表6-2)。

表6-1 长鸿酒店客房部门利润表

项目名称		2016年度
客房收入/元	团队收入/元	9 166 000
	散客收入/元	18 860 000
	长包房收入/元	4 204 000
	其他/元	1 623 000
	总计/元	33 853 000
	平均房价/(元×间$^{-1}$)	280
	可供销售客房数/间	400
	出租率/%	75
客房费用/元	职工工资	420 000
	职工福利	58 800
	低值易耗品	1 845 000
	电话租金	138 000
	服务用品及其他费用	84 000
	办公用品	105 000
	固定费用小计	2 650 800
	清洁用品	335 462
	针棉织品	432 296
	玻璃器皿	217 655
	水费	243 000
	电费	466 000
	维修费	195 200
	洗衣费	334 000
	变动费用小计	2 223 613
	总计	4 874 413
税金	营业税及附加税率/%	5.5
	营业税额/元	1 861 915
部门营业利润/%		27 116 672

表6-2 长鸿酒店餐饮部门利润表

项目名称		2016年度
餐饮收入/元	食品收入	18 186 000
	饮料收入	5 690 000
	其他收入	1 278 000
	总计	25 154 000

续表

	项目名称	2016 年度
餐饮成本/元	食品成本	6 986 000
	饮料成本	1 752 000
	其他成本	486 000
	总计	9 224 000
餐饮费用/元	职工工资	500 000
	职工福利	75 000
	低值易耗品摊销	88 400
	办公用品	76 000
	服务费及其他费用	413 200
	固定费用小计	1 152 600
	清洁用品	173 560
	针棉织品	210 120
	玻璃器皿	87 300
	水费	240 000
	电费	230 000
	燃料费	184 000
	维修费	97 800
	洗衣费	153 000
	变动费用小计	1 375 780
	总计	2 528 380
营业税金及附加/元		1 383 470
部门营业利润/元		12 018 150
平均消费水平/%		80
消费人次		314 425

2. 利润总额

酒店利润总额是酒店一定时期内实现的财务成果,由营业利润、投资净收益和营业外收支净额等几部分构成,计算公式为:

利润总额 = 营业利润 + 投资净收益 + 营业外收支净额 + 补贴收入

(1) 投资净收益。酒店投资净收益是指投资收益扣除投资损失后的数额。投资收益包括对外投资分得的利润、取得的股利、债券利息、投资到期收回或中途转让取得款项高于账面净值的差额。投资损失包括投资到期收回或中途转让取得款项低于账面净值的差额等。

(2) 营业外收支净额。酒店的营业外收入和营业外支出是指与酒店生产经营无直接关系的各项收入和支出。营业外收入减营业外支出净额为营业外收支净额。营业外收入包括固定资产盘盈、处置无形资产净收益、罚款净收入、确实无法支付而按规定程序经批准后转作营业外收入的应付款、礼品折价收入以及其他收入等。营业外支出包括固定资产盘亏损、处置固定资产净损失、处置无形资产净损失、债务重组损失、计提的无形资产减值准备、计提的固定资产减值准备、计提的在建工程减值准备、罚款支出、捐赠支出、非常损失等。

（3）补贴收入。酒店的补贴收入是指酒店按规定实际收到退还的增值税，或按销量或工作量等依据国家规定的补助定额计算并按期给予的定额补贴，以及属于国家财政扶持的领域而给予的其他形式的补贴。

3. 净利润

酒店当期的利润总额扣除应缴纳的企业所得税后的余额为酒店的净利润，又称税后利润。其计算公式为：

$$净利润 = 利润总额 - 所得税$$

（1）酒店所得税。所得税是指国家对企业或个人的各种所得按规定税率征收的税款。酒店的经营所得和其他所得，依照《中华人民共和国企业所得税法》规定应缴纳所得税。所得税计入当期损益，作为一项费用在净利润前扣除。按现行税法规定，所得税税率为25%。

企业所得税通常按年计算，其基本计算公式为：

$$应纳所得税额 = 应纳税所得额 \times 所得税率$$

应纳税所得额是指企业一定时期按照税法规定可以确认的收入，扣除按费用开支范围和标准所计算的成本费用，作为企业计征所得税依据的利润额。

由于企业会计准则与国家一定时期颁布的税法所规定的收入、费用的确认范围、时间和标准可能不一致，企业会计利润总额与应纳税所得额会不一致。这时，企业需要对会计利润总额按照税法规定进行调整。

调减项目包括按规定税前弥补亏损的利润（5年内）、酒店购买国债利息收入、对外投资分回的税后利润。调增项目包括超规定标准和范围多开支的业务招待费，非公益、救济性的捐赠支出，超税法规定标准的加速折旧，税收罚款和滞纳金，被没收财物的损失，等等。其计算公式为：

$$应纳税所得额 = 利润总额 + 纳税调增项目 - 纳税调减项目 - 弥补以前年度亏损$$

为保证国家财政收入的及时和均衡，所得税采取分月、季预征，年终汇算清缴，多退少补的办法。因此，当期应缴所得税额的公式为：

$$当期累计应缴所得税额 = 当期累计应税所得额 \times 适用税率$$

$$当期应缴所得税额 = 当期累计应缴所得税额 - 上期累计已缴所得税额$$

（2）净利润的形成。年度终了，应将本年度实现的净利润总额或亏损总额，全部转入未分配利润。利润表格式见表6-3。

表6-3 利润表

编制单位：　　　　　　　　　　　　　年　月　　　　　　　　　　　　　元

项　目	本年累计数	上年金额
一、营业收入		
减：营业成本		

续表

项　　目	本年累计数	上年金额
营业税金及附加		
营业费用		
管理费用		
财务费用		
二、营业利润（亏损以"－"号填列）		
加：投资收益（损失以"－"号填列）		
营业外收入		
减：营业外支出		
三、利润总额（亏损总额以"－"号填列）		
减：所得税费用（税率为30%）		
四、净利润（净亏损以"－"号填列）		
五、每股收益		
（一）基本每股收益		
（二）稀释每股收益		

三、酒店利润的预测

酒店利润的预测是酒店经营活动的重要一环，通过预算提供劳务的数量、价格和劳务的成本，预测酒店未来一定时期的利润指标，采用的主要方法是本量利分析法。

本量利分析法是"成本－业务量－利润"依存关系分析的简称，是指在变动成本计算模式的基础上，以数学模型与图文来揭示固定成本、变动成本、业务量、单价、营业额、利润等变量之间的内在规律性的联系，本量利分析法预测利润主要有四种方法。

1. 方程式法

根据公式：

$$利润 = 收入总额 - 成本总额$$
$$= 单价 \times 业务量 - (固定成本总额 + 变动成本总额)$$
$$= 单价 \times 业务量 - (固定成本总额 + 单位变动成本 \times 业务量)$$

假设 P 为利润，p 为单价，x 为业务量，b 为单位变动成本，a 为固定成本总额。则

$$P = px - (a + bx)$$

【例6－1】　长鸿酒店销售某一名牌白酒，该酒进货单价为200元，每批白酒固定采购费用是1 000元，销售单价400元，平均每月销售500瓶，计算销售该种白酒每月的利润是多少？

解：$P = 400 \times 500 - (1\ 000 + 200 \times 500) = 99\ 000$（元）

2. 边际贡献法

边际贡献是指收入与变动成本之间的差额，其计算公式如下：

$$T_{cm} = px - bx$$

其中，T_{cm}表示边际贡献，p为单价，x为业务量，b为单位变动成本。

根据上面公式，可以求出单位边际贡献：

$$T_{cm} = p - b$$

$$边际贡献率 = 边际贡献 \div 收入总额 \times 100\%$$
$$= (px - bx) \div px \times 100\%$$

$$变动成本率 = 变动成本 \div 收入总额 \times 100\%$$
$$= bx \div px \times 100\%$$
$$= b \div p \times 100\%$$

由于边际贡献与变动成本之和等于收入总额，所以，边际贡献率与变动成本率之和应该等于1。

【例6-2】承例6-1，计算该种白酒的边际贡献与单位边际贡献、边际贡献率与变动成本率。

解：

$$边际贡献 = px - bx = 400 \times 500 - 200 \times 500 = 100\ 000（元）$$
$$单位边际贡献 = p - b = 400 - 200 = 200（元/瓶）$$
$$边际贡献率 = (p - b) \div p \times 100\% = (400 - 200) \div 400 \times 100\% = 50\%$$
$$变动成本率 = b \div p \times 100\% = 200 \div 400 \times 100\% = 50\%$$

3. 本量利分析法

本量利分析如图6-1所示。

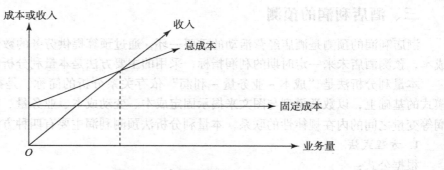

图6-1 本量利分析

从图6-1中可以找出保本点的业务量，所谓保本点就是酒店不盈不亏的数量界限，在这个点上的收入等于成本。保本点业务量的计算公式如下：

$$保本点业务量（Q） = \frac{固定成本总额（a）}{单价（p） - 单位变动成本（b）}$$

【例6-3】承例6-1，计算该种白酒的保本点业务量。

解：

$$Q = \frac{a}{p - b} = \frac{1\ 000}{400 - 200} = 5（瓶）$$

即当白酒销售量为5瓶时，可以保本，超过5瓶时，能够盈利，低于5瓶则亏损。

4. 目标利润法

根据公式：

$$目标利润 = 单价 \times 目标业务量 - (固定成本总额 + 单位变动成本 \times 业务量)$$

酒店如果要达到目标利润,就要实现目标业务量,则

$$目标业务量 = \frac{目标利润 + 固定成本总额}{单价 - 单位变动成本}$$

【例6-4】 承例6-1,假设酒店目标利润确定为199 000元,则需要销售白酒多少瓶?

解:

$$目标业务量 = \frac{199\,000 + 1\,000}{400 - 200} = 1\,000\,(瓶)$$

即目标利润为199 000元,则销售量需要达到1 000瓶。

任务二 酒店利润分配

酒店利润分配就是将酒店实现的净利润,按照国家财务制度规定的分配形式和分配顺序,在企业和投资者之间进行的分配。酒店当期实现的净利润,加上年初未分配利润,若之前有亏损,应当先用当期利润弥补亏损和其他转入后的余额,为可供分配的利润。

一、酒店利润分配的原则

酒店利润分配不仅关系到酒店的现金流量,也关系到酒店价值及各利益主体的经济利益,还能影响到酒店财务的稳定,所以必须遵循一定的分配原则。酒店分配原则是酒店分配活动中所必须遵循的行为准则,其目的是规范酒店分配行为。不同的经济模式,分配所遵循的原则不完全一样。我国酒店应该遵循的分配原则有以下几种。

1. 制度约束原则

酒店分配涉及多个利益主体的利益,各方面的利益虽然有统一的一面,但利益冲突却时刻存在。这就要求分配时必须遵循相关制度,以便合理规范各方面的行为。制度包括三个层次:一是国家的法律,利润分配必须贯彻依法分配原则,严格遵守国家的财经法规。酒店利润首先按税法规定缴纳所得税,然后才能进行税后利润的分配,税后利润分配应严格遵守国家制定的《公司法》《企业会计制度》及其他法规的规定,按财经法规的要求合理确定税后利润分配的项目、顺序及比例;二是政府的各种规定,如《企业财务通则》,对酒店分配提出了相应的要求;三是内部的各种制度或规定,如酒店奖励办法等也对分配问题提出了相应要求。有了制度约束,才能保证分配的合理、合法,才能协调各方面的矛盾,才能保证酒店的长期稳定发展。

2. 积累优先原则

酒店的积累从最终产权归属看,仍为酒店投资者所有,以未分配利润形式存在。积累的留存收益不仅为酒店扩大再生产筹措了资金,同时也增加了酒店抵御风险的能力。在保障积累的前提下,正确处理积累与消费的比例关系,充分调动员工的积极性。

3. 兼顾各方利益原则

利润分配涉及国家、股东、债权人、内部员工及经营单位本身等各方面的利益,除了以税金的形式上缴国家外,酒店的所有者和债权人均以股利、利息的形式参与酒店的利润分配,酒店员工是酒店利润的创造者,酒店当然也应该考虑员工的长远利益,酒店在利润分配时,要考虑各方利益,统筹兼顾,全面安排。

4. 投资与收益对等原则

酒店税后利润分配直接关系到投资者的经济利益，酒店在向投资者分配利润时，应公平、公正地对待，应当体现谁投资谁收益，收益大小与投资比例相适应，即投资与收益对等原则。所有投资者只应按其投资比例分享收益，做到同股同权、同股同利。

二、酒店利润分配的一般程序

酒店实现的利润总额，要在国家、酒店所有者、酒店法人和酒店职工之间进行分配。利润分配的程序就是按照国家有关法规的规定实现上述分配过程的步骤。根据《企业财务通则》规定，酒店可供分配的利润，除国家另有规定外，分配程序为：酒店利润总额按国家规定做相应调整后，依法缴纳所得税；纳税后利润按如下顺序进行分配。

1. 被没收的财务损失，支付各种税收的滞纳金和罚款

酒店因违反法律法规而被没收的财务损失，因违反税收征管条例而被税务部门处以滞纳金和罚款，只能由酒店的税后利润承担，而不能在税前列支。

2. 弥补酒店以前年度的亏损

酒店以前年度内的亏损，如果未能在5年内用税前利润弥补完，就要用税后利润弥补。以前年度亏损弥补前，酒店不能提取公积金和公益金，也不能向投资者分配利润。

3. 提取法定盈余公积金

法定盈余公积金是指按国家法律的规定，从酒店利润中提取的公积金。其目的是防止酒店把利润分净吃光，降低酒店经营风险，提高酒店应付意外事件的能力，保护债权人的利益。我国财务制度规定，企业必须按照当年税后利润扣减弥补亏损后的余额的10%提取法定盈余公积金，提取的公积金达注册资本金的50%时可不再提取。法定盈余公积金可用于弥补亏损或转增资本金，但在转增资本金后，酒店的法定盈余公积金一般不能低于注册资本的25%。

4. 提取公益金

公益金是酒店从税后利润中提取的用于集体福利的资金。在我国，用于职工福利的资金来自两个方面：一是从成本中按职工工资总额的14%提取职工福利费；二是按税后利润的5%~10%提取的用于职工集体福利的公益金。

对于股份制酒店在提取公益金后按下列顺序分配。

（1）支付优先股股利。

（2）按酒店章程或股东会议提取任意盈余公积金。

（3）支付普通股股利。

5. 提取任意盈余公积金

任意盈余公积金是由酒店董事会来决定的、从税后利润中提取的公积金。任意盈余公积金的提取不受法律限制，可以多提，也可以少提，还可以不提。任意盈余公积金可以用于弥补亏损、转增资本金、购置固定资产、增补流动资金等。

6. 向所有者分配利润

酒店税后利润在按上述顺序分配后，可向投资者分配。酒店能否向投资者分配利润，不仅取决于当年是营利还是亏损，还要看酒店是否拥有可供分配的利润。即使在亏损年度，如果酒店年初有较多未分配利润，并且已用合法途径弥补了亏损，仍可进行利润分配。

利润分配表见表6-4。

表6-4　利润分配表

编制单位：　　　　　　　　　××年度　　　　　　　　　　　　　　元

项　　目	行次	本年实际
一、净利润		
加：年初未分配利润		
其他转入		
二、可供分配的利润		
减：提取法定盈余公积金		
提取法定公益金		
提取职工奖励及福利基金		
提取储备基金		
提取企业发展基金		
利润归还投资		
三、可供投资者分配的利润		
减：应付优先股股利		
提取任意盈余公积金		
应付普通股股利		
转作资本（或股本）的普通股股利		
四、未分配利润		

酒店可供分配的利润是全部分掉，还是提取任意公积金或形成未分配利润留待以后各年分配，应由企业董事会根据酒店的具体情况来定。

三、现代酒店亏损处理

若酒店发生亏损，可按规定在5年内延续用下一年度的利润弥补。在发生严重亏损导致偿付危机时，可依据《中华人民共和国企业破产法》申请宣告酒店破产。处理破产的基本程序如下。

1. 清理破产资产

破产财产是指破产酒店可用于分配给债权人的财产，但已用作抵押担保的财产除外。

2. 审核破产债权

破产债权是指能够参与破产财产分配的债权，主要包括破产宣告前成立的无担保债权、放弃优先索取权的有财产担保的债权等。尚未到期的债权应减去未到期的利息。

3. 变卖破产酒店财产

破产酒店财产要按清算方案中规定的办法估价出售。

4. 排列求偿顺序

在取得变卖资金后，还要对求偿顺序进行合理排列。一般应按照下列顺序：一是支付破产财产的管理清算费用；二是支付所欠本酒店职工的工资和劳动保险；三是补缴所欠税款；四是支付破产债权的求偿额。

四、酒店股利分配政策

股利分配政策是指公司股东大会或董事会对一切与股利有关的事项，所采取的较具原则性的做法，是关于公司是否发放股利、发放多少股利以及何时发放股利等方面的方针和策略，所涉及的主要是公司对其收益进行分配还是留存以用于再投资的策略问题。它有狭义和广义之分。从狭义方面来说的股利分配政策就是指探讨保留盈余和普通股股利支付的比例关系问题，即股利发放比率的确定。而广义的股利分配政策则包括：股利宣布日的确定、股利发放比例的确定、股利发放时的资金筹集等问题。

1. 剩余股利政策

剩余股利政策是企业在有良好的投资机会时，根据目标资本结构测算出必需的权益资本与既有权益资本的差额，先将税后利润满足权益资本需要，后将剩余部分作为股利发放的政策。剩余股利政策有利于企业目标资本结构的保持。剩余股利政策一般适用于公司初创阶段和衰退阶段。

剩余股利政策的决策步骤如下。

（1）根据公司的投资计划确定公司的最佳资本预算。

（2）根据公司的目标资本结构及最佳资本预算预计公司资金需求中所需要的权益资本数额。

（3）尽可能用留存收益来满足资金需求中所需增加的股东权益数额。

（4）留存收益在满足公司股东权益增加需求后，如果有剩余再用来发放股利。

【例6-5】 假设某股份制酒店某年的净利润为6 000万元，下一年的投资计划所需资金为8 000万元，酒店的目标资本结构为权益资本占60%、债务资本占40%。那么，按照目标资本结构的要求，酒店投资方案所需的权益资本为：

$$8\ 000 \times 60\% = 4\ 800（万元）$$

酒店当年全部可用于分配的盈利为6000万元，在满足上述投资方案所需的权益资本数额后还有剩余，剩余部分再作为股利发放。当年可用于发放股利的盈利为：

$$6\ 000 - 4\ 800 = 1\ 200（万元）$$

假定该酒店当年流通在外的普通股有500万股，那么每股股利为：

$$1\ 200 \div 500 = 2.4（元）$$

2. 固定或稳定增长的股利政策

固定或稳定增长的股利政策，是酒店将每年派发的股利额固定在某一特定水平上，然后在一段时间内不论公司的盈利情况和财务状况如何，派发的股利额均保持不变。只有当企业对未来利润增长确有把握，并且这种增长被认为是不会发生逆转时，才增加每股股利额。

固定或稳定增长的股利政策的优点有以下两个。

（1）稳定股利向投资者传递着酒店正常发展的信息，有利于树立酒店的良好形象，增强投资者对酒店的信心，稳定股票的价格。

（2）有利于吸引股东作为长期投资者，股东可以将投资该酒店作为稳定的收入来源。

固定或稳定增长的股利政策的缺点有以下两个。

(1) 股利的支付与酒店的营利相脱节,即不论酒店营利多少,均要支付固定的或按固定比率增长的股利,这可能会导致酒店资金紧缺,财务状况恶化。

(2) 在酒店无利可分的情况下,若仍然实施该政策,将给酒店财务运作带来更大的压力,影响酒店以后的发展,而且这本身就违反了《公司法》中"无利不分"的原则。

采用该政策,要求酒店对未来的营利和支付能力能做出准确的判断。此政策通常适用于经营比较稳定或正处于成长期的酒店,而且很难被长期采用。

3. 固定股利支付率政策

固定股利支付率政策是指酒店事先确定一个股利占净利润的比率,然后每年都按此比率向股东发放股利,每年发放的股利额都等于净利润乘以固定的股利支付率。按这一股利政策,各年股利额随酒店经营的好坏而上下波动,获得较多盈余的年份股利额高,获得较少盈余的年份股利额低,从而容易影响到酒店股票的价值。这种股利政策的好处是能使股利与酒店盈余紧密结合,以体现"多盈多分、少盈少分、不盈不分"的原则。这种股利政策的不利之处是一旦股利每年波动比较大,就会给投资者造成经营状况不稳定、投资风险大的不良印象。所以,固定股利支付率政策只是比较适用于那些处于稳定发展且财务状况比较稳定的酒店。

4. 固定股利加额外股利政策

固定股利加额外股利政策是指酒店在一般情况下每年都分派固定股利,在净利润增长较多的年度,再向股东分派额外股利的政策。这种政策使酒店在分派股利时有较大的灵活性,因此通常为利润波动较大的酒店所采用。

这种政策的优点有以下两个。

(1) 具有一定的灵活性,使酒店在股利发放上留有余地,并具有较大的财务弹性。酒店可根据每年的具体情况,选择不同的股利发放水平,以稳定和提高股价,进而实现酒店价值的最大化。

(2) 使那些依靠股利度日的股东每年至少可以得到虽然较低但比较稳定的股利收入,从而吸引这部分股东。

这种政策的缺点有以下两个。

(1) 由于年份之间酒店盈利的波动使得额外股利不断变化,造成分派的股利不同,容易给投资者收益不稳定的感觉。

(2) 若酒店较长时间持续发放额外股利,很可能会被股东认为是"正常股利",一旦取消,传递出的信号就可能是酒店财务状况不良,进而导致股价下跌。

综合以上四种股利政策,可归纳出酒店在不同的发展阶段所应采取的股利政策,见表6-5。

表6-5 酒店在不同的发展阶段所应采取的股利政策

发展阶段	特　点	适用的股利政策
初创阶段	经营风险高,有投资需求且融资能力差	剩余股利政策
快速发展阶段	快速发展,投资需求大	固定股利加额外股利政策
稳定增长阶段	业务稳定增长,每股净收益呈上升趋势	固定或稳定增长的股利政策
成熟阶段	营利水平稳定,已积累一定的资金	固定股利支付率政策
衰退阶段	业务下降,获利能力也下降	剩余股利政策

五、酒店股利的发放方式

目前常用的发放股利的方式主要有现金股利和股票股利两种。

1. 现金股利

现金股利是指股份有限公司制的酒店以现金方式发放给股东的股利。现金股利是发放股利的一种主要方式。股东投资于股票的目的主要是期望得到较其他投资方式更高的现金收益。通常现金宽裕的酒店采用现金股利的方式。

2. 股票股利

股票股利是指股份有限公司制的酒店以增发股票的方式给股东的股利。酒店通过发放股票股利，将应分派给股东的股利转换为股本以增加公司的资本，从而避免了现金流出，增强了酒店的财务实力，有利于生产经营业务的拓展。股东取得新股可以随时在证券市场上抛售而取得现金。这种方式具有一定的灵活性。

六、现代酒店利润的考核管理

利润是一项能全面体现酒店经营状况和最终财务成果的综合性指标，对其进行考核可以分为绝对数指标和相对数指标两种。

1. 利润额

利润额是反映酒店经营成果的绝对数指标，通过利润额指标可以较全面地反映酒店经营活动的经济效益，同时对酒店利润预算完成情况进行考核。酒店经营规模及其他条件不同，有时难以从绝对值上进行比较，还需要对人均利润额进行考核。人均利润额是酒店在一定时期内利润总额与酒店全体职工平均人数之间的比例，反映一定时期内人均创造的利润额的高低。其计算公式为：

$$人均利润额 = \frac{利润总额}{职工平均人数}$$

这项指标在一定程度上反映了酒店职工的劳动效率，要求酒店在管理中要合理安排职工人数，充分调动职工积极性，努力实现减员增效的良性循环。

2. 利润率

利润率是反映酒店经营管理质量好坏的相对数指标，它弥补了利润额指标不宜在不同酒店之间或同一酒店不同时期之间进行比较的不足。酒店对其利润状况进行考核常用的利润率指标主要有以下几个。

（1）营业收入利润率，是指利润总额与营业收入总额的百分比。其计算公式为：

$$营业收入利润率 = \frac{利润总额}{营业收入总额} \times 100\%$$

该指标表明每百元营业收入所得的利润额，这是一项综合性指标。它反映了利润额与营业收入以及成本费用的关系。利润额应随营业收入的增加而增加，同时在营业收入一定的情况下，成本费用控制得越好，利润就越多，营业收入利润率就越高。通过对这个指标的变化及其趋势分析，可以了解酒店在创收节支增效方面的工作质量和水平。

（2）成本费用利润率，这一指标反映的是酒店在一定时期的利润总额与成本、费用总额的比率。其计算公式为：

$$成本费用利润率 = \frac{利润总额}{成本费用} \times 100\%$$

该项指标越高表示酒店经营情况越好,酒店通过降低成本或提高利润都会带来高成本利润率的结果。但成本费用不是越低越好,一旦影响产品质量,必将影响到利润的取得。

(3) 总资产利润率,这一指标反映占用每百元资产所获得的利润额的相对指标,是利润总额对总资产平均占用额的百分比。其计算公式为:

$$总资产利润率 = \frac{利润总额}{总资产平均占用额} \times 100\%$$

总资产利润率指标反映了对总资产利用的效率和效益的大小,也反映了对总资产投资决策的正确与否。如果先期投资决策错误,投入经营后有可能显现出资产结构不合理、资产利用效率低下等问题,这些将会影响到资产创新能力。这个指标对酒店利润考核与分析、改进经营管理工作都具有重要意义。

项目小结

本项目主要讲述了酒店财务成果的形式和内容、酒店利润的形成和预测、酒店利润分配的原则、酒店利润分配的一般程序、现代酒店亏损处理、酒店股利分配政策、酒店股利的发放方式、现代酒店利润的考核管理。

思考与练习

一、单项选择题

1. ( ) 是指酒店在一定会计期间的经营成果,即收入与成本费用相抵后的差额。
   A. 酒店利润　　　B. 营业利润　　　C. 利润总额　　　D. 净利润
2. ( ) 是酒店利润的主要组成部分,直接体现经营者的经营业绩和成果。
   A. 经营利润　　　B. 营业利润　　　C. 利润总额　　　D. 净利润
3. ( ) 是指酒店为筹集生产经营所需资金而发生的费用,包括利息净支出、汇兑损失以及相关的手续费等。
   A. 管理费用　　　B. 财务费用　　　C. 营业费用　　　D. 营业成本
4. 依照《中华人民共和国企业所得税法》规定,所得税税率为( )。
   A. 33%　　　　　B. 30%　　　　　C. 27%　　　　　D. 25%
5. ( ) 股利政策的好处是能使股利与酒店盈余紧密结合,以体现"多盈多分、少盈少分、不盈不分"的原则。
   A. 剩余股利政策　　　　　　　　B. 固定或稳定增长的股利政策
   C. 固定股利支付率政策　　　　　D. 固定股利加额外股利政策

二、多项选择题

1. 酒店财务成果的计算和处理一般包括( )等。
   A. 利润的计算　　B. 所得税的计算　　C. 营业税金及附加的计算
   D. 利润分配　　　E. 亏损弥补
2. 营业费用是指酒店经营过程中各营业部门发生的各种经营费用,包括( )等。
   A. 运输费　　　　B. 装卸费　　　　C. 包装费
   D. 保险费　　　　E. 广告费

3. 本量利分析法预测利润的方法主要有（　　）。
A. 方程式法　　　　　B. 边际贡献法　　　C. 本量利分析法
D. 目标利润法　　　　E. 毛利润分析法

4. 酒店利润分配的原则包括（　　）。
A. 客房收入制度约束原则　　　　B. 积累优先原则
C. 消费优先原则　　　　　　　　D. 兼顾各方利益原则
E. 投资与收益对等原则

5. 酒店股利分配政策包括（　　）。
A. 剩余股利政策　　　　　　　　B. 盈余股利政策
C. 固定或稳定增长的股利政策　　D. 固定股利支付率政策
E. 固定股利加额外股利政策

三、判断题

1. 酒店财务成果是酒店在一定会计期间所实现的各种收入与相关费用的差额，如果差额大于零，表示为盈利。（　　）
2. 由于企业会计准则与国家一定时期颁布的税法所规定的收入、费用的确认范围、时间和标准可能不一致，所以企业会计利润总额会与应纳税所得额不一致。（　　）
3. 预测酒店未来一定时期的利润指标，采用的主要方法是本量利分析图法。（　　）
4. 酒店以前年度的亏损，都可以用税前利润弥补，没有时间限制。（　　）
5. 成本费用利润率指标越低表示酒店经营情况越好，酒店通过降低成本或提高利润都会带来高成本利润率的结果。（　　）

四、简答题

1. 酒店利润分配的一般程序如何？
2. 酒店处理破产的基本程序如何？
3. 股利支付政策有哪几种？各自使用的发展阶段是什么？
4. 固定或稳定增长的股利政策的优点及缺点有哪些？

五、计算分析题

1. 长鸿酒店餐厅供应午餐和晚餐，每月的房租、水电、工资等固定成本为10 000元，每位顾客平均消费15元，每份餐的变动成本为7元。那么，该餐厅每月至少有多少客流量才能保本？如果目前每月的客流量是2 000人，该餐厅的经营是否安全？

2. 长鸿酒店2016年税后利润在提取公积金、公益金后为4 000万元。2017年投资计划已定，所需资金4 800万元。经测定，酒店合理的资本结构为权益资本占60%、债务资本占40%。若酒店当年流通在外的普通股为2 000万股，采用剩余股利政策每股普通股应发放多少股利？

参考答案

一、单项选择题

1. A　　2. B　　3. B　　4. D　　5. C

二、多项选择题
1. ABDE　　2. ABCDE　　3. ABCD　　4. ABDE　　5. ACDE

三、判断题
1. √　　2. √　　3. ×　　4. ×　　5. ×

四、简答题

1. 酒店利润分配的一般程序如何？

答：酒店利润分配的一般程序如下。

（1）被没收的财务损失，支付各种税收的滞纳金和罚款。

（2）弥补酒店以前年度的亏损。

（3）提取法定盈余公积金。

（4）提取公益金。

（5）提取任意盈余公积金。

（6）向所有者分配利润。

2. 酒店处理破产的基本程序如何？

答：酒店处理破产的基本程序如下。

（1）清理破产资产：破产财产是指破产酒店可用于分配给债权人的财产，但已用作抵押担保的财产除外。

（2）审核破产债权，主要包括破产宣告前成立的无担保债权、放弃优先索取权的有财产担保的债权等。

（3）变卖破产酒店财产，要按清算方案中规定的办法估价出售。

（4）排列求偿顺序，在取得变卖资金后，还要对求偿顺序进行合理排列。

3. 股利支付政策有哪几种？各自使用的发展阶段是什么？

答：股利支付政策有四种。

（1）剩余股利政策，一般适用于公司初创阶段和衰退阶段。

（2）固定或稳定增长的股利政策，通常适用于经营比较稳定或正处于成长期的酒店，一般酒店处于稳定增长阶段。

（3）固定股利支付率政策，比较适用于那些处于稳定发展且财务状况比较稳定的酒店，一般酒店处于成熟阶段。

（4）固定股利加额外股利政策，通常为利润波动较大的酒店所采用，一般酒店处于快速发展阶段。

4. 固定或稳定增长的股利政策的优点及缺点有哪些？

答：这种政策的优点有以下两个。

（1）具有一定的灵活性，使酒店在股利发放上留有余地，并具有较大的财务弹性。

（2）使那些依靠股利度日的股东每年至少可以得到虽然较低但比较稳定的股利收入，从而吸引这部分股东。

这种政策的缺点有以下两个。

（1）由于年份之间酒店盈利的波动使得额外股利不断变化，造成分派的股利不同，容易给投资者收益不稳定的感觉。

（2）若酒店较长时间持续发放额外股利，很可能会被股东认为是"正常股利"，一旦取消,传递出的信号就可能是酒店财务状况不良,进而导致股价下跌。

五、计算分析题

1. 解:

(1)该酒店的每月固定成本总额是 10 000 元,销售单价是 15 元,单位变动成本是 7 元,则根据保本点业务量的计算公式:

Q = 固定成本总额 ÷(单价 − 单位变动成本)= 10 000 ÷ (15 − 7) = 750(人)

(2)如果每月客流量是 2 000 人,则超过保本点业务量,即 2 000 > 750,该餐厅经营安全。

2. 解:

(1)按照酒店资本结构要求,酒店投资计划所需的权益资本数额为:4 800 × 60% = 2 880(万元)

(2)酒店税后可用于分派的利润 4 000 万元,除了满足投资计划所需资金 2 880 万元,可用于发放股利的数量为:4 000 − 2 880 = 1 120(万元)

(3)酒店当年普通股为 2 000 万股,采用剩余股利政策每股普通股应发放股利为:1 120 ÷ 2 000 = 0.56(元)

参考文献

[1] 宋涛. 酒店财务管理 [M]. 武汉:华中科技大学出版社,2014.

[2] 章勇刚. 酒店财务管理 [M]. 北京:中国人民大学出版社,2014.

[3] 左桂谔. 酒店财务管理 [M]. 北京:北京大学出版社,2012.

[4] 张立俭,焦念涛,王光健. 酒店经理人财务管理 [M]. 北京:清华大学出版社,2013.

[5] 陈斯雯,雷雯雯. 新编现代酒店财务管理与成本控制实务大全 [M]. 北京:中国时代经济出版社,2013.

[6] 章晓盛,黄丽丽. 新编酒店财务管理 [M]. 广州:广东旅游出版社,2004:185 − 193.

项目七

酒店营运资金管理

学习目标

【知识目标】

1. 了解酒店营运资金的特点。
2. 熟悉现金、应收账款、存货的日常管理。
3. 掌握现金最佳持有量的确定方法。
4. 掌握应收账款的信用政策和存货经济批量的确定方法。

【技能目标】

1. 能运用酒店营运资金管理方法进行有效管理。
2. 能测定最佳现金持有量,制定合理的应收账款信用政策。
3. 能制定合理的存货订货量。

案例导入:

A 酒店 2014 年 3 月 16 日在深圳证券交易所挂牌上市,该酒店一直拥有充裕的现金,与多家金融机构有理财业务往来。根据公司 2015 年经营销售目标,预计经营活动现金需要量为 8 000 万元,财务经理为了满足企业经营业务的资金周转,决定日常保持 500 万元的现金持有量,当现金不足时,可转换有价证券。据悉,每次将有价证券转换为现金需要发生的费用为 5 万元,即交易成本为 5 万元,有价证券年收益率为 10%,该酒店的现金持有量是多少最合适?

任务一 酒店营运资金管理概述

一、酒店营运资金的概念

酒店营运资金是指酒店经营活动中占用的流动资产上的资金。它有广义和狭义之分,广义的酒店营运资金是指一个酒店投放在流动资产上的资金,在数额上等于流动资产的总额;狭义的酒店营运资金是指酒店的流动资产减去流动负债后的余额。本项目中指的是狭义的营运资金,其计算公式为:

$$营运资金 = 流动资产 - 流动负债$$

营运资金可以用来衡量酒店的短期偿债能力,其金额越大,代表该酒店对于支付义务的准备越充足,短期偿债能力越好。当营运资金出现负数,也就是酒店的流动资产小于流动负债时,酒店的营运可能随时因周转不灵而中断。但并不是说酒店的营运资金越多越好,那么一家酒店的营运资金到底多少才算适宜,是决策的关键。

二、酒店营运资金管理的内容

酒店营运资金管理是对酒店流动资产及流动负债的管理,其核心内容是对资金运用和资金筹措的管理。一个酒店要维持正常的运转就必须拥有适量的营运资金,既不能过多,也不能过少。营运资金过多,说明酒店的资产利用率不高;营运资金过少,说明酒店潜在的偿债压力大,同时预示固定资产投资依赖短期借款等流动性融资额的程度高,酒店经营上可能面临一定的困难。因此,酒店的营运资金管理必须解决好以下两个方面的问题。

(1) 酒店应该投资多少在流动资产上,即资金运用的管理,主要包括现金管理、应收账款管理和存货管理。

(2) 酒店应该怎样进行流动资产的融资,即资金筹措的管理,包括银行短期借款的管理和商业信用的管理。

三、酒店营运资金管理的原则

(1) 保证合理的资金需求。
(2) 提高资金使用效率。
(3) 节约资金使用成本。
(4) 保持足够的短期偿债能力。

任务二 酒店现金管理

一、酒店现金的范围

酒店现金是指酒店在生产经营过程中以货币形态存在的资金,具体包括库存现金、银行存款、其他货币资金等。现金是酒店流动性最强的资产,是保证生产经营活动正常进行不可缺少的资源。

(1) 库存现金:是存放在会计部门或有关收银部门,由出纳员保管、作为零星开支用的款项,包括人民币现金和外币现金。

(2) 银行存款:是酒店存放在银行或其他金融机构的款项,包括人民币存款和各种外币存款。

(3) 其他货币资金:是指除现金和银行存款以外的各种货币资金,主要有外埠存款、银行汇票存款、银行本票存款、信用卡存款等。外埠存款是指酒店到外地进行临时采购或零星采购时，汇往采购地银行开立采购专户的款项；银行汇票存款是指酒店为取得银行汇票而按照规定存入银行的款项；银行本票存款是指酒店取得银行本票按照规定存入银行的款项；信用卡存款是指酒店因业务人员所需而存到各种信用卡上以备随时支付的款项。

酒店现金管理主要是编制现金收支预算、日常收支控制、现金最佳持有量的测定等工作。

二、酒店持有现金的目的

酒店日常应持有适量的现金，以满足经营过程中的各种需要。一般而言，酒店持有现金的目的主要有以下三个。

1. 交易性需要

酒店为满足日常经营产生的现金支付需要而持有的现金，如采购、工资、差旅等。对前台部门的收银员来说，必须持有现金，以备顾客结账退房时退还押金、找零等的需要。

2. 预防性需要

酒店为应对意外现金需求而持有的现金。酒店经营过程中经常会遇到一些酒店的现金收支预测的可靠程度、临时借款能力以及酒店愿意承担风险的程度。

3. 投机性需要

投机性需要是酒店为利用短期获利机会而持有现金。

三、酒店现金预算的编制

现金预算也叫现金收支计划，是对酒店未来一定期间现金流量及现金余额所进行的安排。它是酒店全面预算的一个组成部分，也是酒店现金管理的最重要的工具。现金预算是在酒店编制的营业收入预算、材料采购预算、费用支出预算等基础上编制的。

下面以现金收支法为例，说明酒店现金预算的编制。

（1）预测酒店的现金流入量。酒店的现金流入量主要是销售收入产生的，通常是在销售侧的基础上来预算；此外，也包括其他方面产生的现金流入量。

（2）预测酒店的现金流出量。主要包括购买原材料、支付工资、对外投资、支付营业费用等业务所产生的现金流出量。

（3）确定对现金不足或多余部分的处理方法。如现金不足，可采取向银行借款等措施。如现金多余，可采取归还银行借款或进行短期投资等措施。

采用现金收支法编制的现金预算基本结构如表7-1所示。

表7-1 现金预算基本结构

项目	1月	2月	…	12月	本年合计
期初现金余额					
加：营业现金收入					
其他现金收入					
可供使用的现金					
减：各项支出					
材料采购支出					

续表

项目	1月	2月	…	12月	本年合计
工资支出					
营业费用支出					
…					
现金溢余或短缺					
向银行借款					
归还银行借款					
短期证券投资					
出售短期证券投资					
期末现金余额					

采用这种方法编制的预算，便于与现金收支的实际情况相对比，以检查和分析现金预算的执行情况，但不能揭示出酒店生产经营财务成果与现金流量之间的重要关系。

四、最佳现金持有量的测定

为保证日常经营及意外事件对现金的需要，酒店必须持有一定数量的现金。如果酒店持有的现金过多，就会降低酒店的整体营利水平；如果持有量过少，又可能使酒店丧失支付能力，增加财务风险。在现金持有量的确定上，面临着收益与风险的权衡问题。确定最佳现金持有量的目的就是要确定一个既能保证酒店经营对现金的需要，又能使持有现金的代价最低的现金持有量。常用的确定方法有成本分析模式和存货模式。

1. 成本分析模式

成本分析模式是通过分析持有现金的成本，寻找持有成本最低的现金持有量。酒店持有现金的成本主要有以下三种。

（1）机会成本。

现金的机会成本，就是酒店因持有一定数量的现金而丧失的被占用现金的再投资收益。它与现金持有量的多少密切相关，即现金持有量越大，机会成本越大，反之就越少，也就是说现金的机会成本与现金持有量正相关。假定某酒店的资本收益率为10%，年均持有现金600 000元，则该酒店每年现金的机会成本为60 000元（600 000×10%）。

（2）管理成本。

酒店拥有现金，还需发生管理费用，如管理人员工资、安全措施费用等，这些费用就是现金的管理成本。管理成本是一种固定费用，与现金持有量之间无明显的变化关系。

（3）短缺成本。

现金的短缺成本，是因缺乏必要的现金不能应付业务开支所需，而使酒店蒙受的损失或为此付出的代价。现金的短缺成本随现金持有量的增加而下降，随现金持有量的减少而上升。

上述三种成本总和最小的现金持有量，就是最佳的现金持有量。如图7-1所示，机会成本线向右上方倾斜，短缺成本线向右下方倾斜，管理成本线平行于横轴，总成本线就是最上面的一条抛物线，其最低点的横轴坐标就是最佳现金持有量。

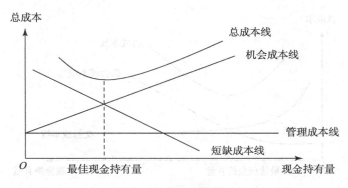

图7-1 成本分析模式

最佳现金持有量的确定一般按以下步骤进行：①根据不同现金持有量测算并确定各方案的机会成本、管理成本、短缺成本。②确定各方案的总成本，找出总成本最低时的现金持有量，即最佳现金持有量。

上述过程可通过编制最佳现金持有量测算表完成。

【例7-1】华丰酒店有A、B、C、D四种现金持有方案，有关资料见表7-2。

表7-2 现金持有量备选方案

项　　目	A	B	C	D
平均现金持有量/元	30 000	50 000	70 000	90 000
机会成本率/%	10	10	10	10
短缺成本/元	1 000	1 000	2 000	4 000
管理成本/元	3 000	3 000	3 000	3 000

根据表7-2，编制最佳现金持有量测算表，见表7-3。

表7-3 最佳现金持有量测算表　　　　　　　　　　　　元

项　　目	A	B	C	D
机会成本	3 000	5 000	7 000	9 000
短缺成本	1 000	1 000	2 000	4 000
管理成本	3 000	3 000	3 000	3 000
总成本	7 000	8 000	12 000	16 000

比较各方案的总成本，A方案的总成本最低。因此，华丰酒店的最佳现金持有量为30 000元。

2. 存货模式

存货模式是将存货的经济订货批量模型用于确定现金持有量的方法。这种模式通过分析机会成本与交易成本，寻找使两者总成本最低的现金持有量。其中，交易成本是指企业每次以有价证券转换回现金时要付出的代价（如支付经纪费用），它与现金的平均持有量成反比。现金的机会成本和交易成本与现金持有量的关系如图7-2所示。

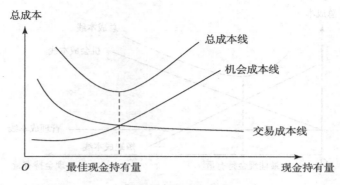

图7-2 存货模式

两条曲线的交叉点为总成本最低的现金持有量,即最佳现金持有量,它可以由现金持有量存货模式求出,计算公式为:

$$Q = \sqrt{\frac{2TF}{K}}$$

其中,Q为最佳现金持有量;T为一定期间内的现金需求量;F为每次转换有价证券的交易成本;K为持有现金的机会成本率(有价证券利息率)。

【例7-2】 假设某酒店全年(按360天计算)需用现金800 000元,现金转换有价证券的交易成本为600元/次,有价证券的年利率为4%,确定该酒店的最佳现金持有量。

$$最佳现金持有量 = \sqrt{\frac{2 \times 800\,000 \times 600}{4\%}} \approx 154\,919.33\,(元)$$

五、酒店现金收支的日常管理

1. 现金收入管理

现金收入管理的主要目的是采用适当的方法加速现金的回收,提高现金的使用效率。在不影响酒店未来收益的情况下,应尽可能地缩短现金回收的时间。如果允许使用现金折扣,则应尽量采用这一方法,以加速现金的回收。对于散客,由于是现收现付,不存在加速收款的问题;对于单位,尽量给予现金折扣,催促收款;而对于旅游社团,则应尽可能采用预收款的方式来加速收款。

2. 现金支出管理

现金支出管理的主要任务是尽可能延缓现金的支出时间。当然,这种延缓必须是合理合法的且不损害酒店的信誉。酒店若能有效控制现金支出,同样可带来大量的现金结余。

(1) 合理使用现金浮游量。现金浮游量是指由于酒店提高收款效率和延长付款时间所产生的账户上的现金余额和银行账户上的酒店存款余额之间的差额。正常使用浮游量可以适当减少现金持有量,提高现金的使用效率,但使用浮游量必须注意以下几个问题:①如果付款不及时,会使酒店的信用度受损。②可能出现银行存款的透支。因此,必须慎重使用浮游量这一方式,合理控制使用的时间及额度。

(2) 尽量推迟应付款的支付。推迟应付款的支付,是指酒店在不影响自己信誉的前提下,充分运用供货方所提供的信用优惠,尽可能地推迟应付款的支付期。例如,酒店在采购消耗性物品时,对方开出的付款条件是"2/10,1/20,N/30",财务部门应安排在第10天付款，最大限度地利用现金而又不失现金折扣。

（3）汇票代替支票。与支票不同的是，承兑汇票并不是见票即付。这一方式的优点是推迟了酒店调入资金支付汇票的实际所需时间。这样酒店就只需在银行中保持较少的现金余额。它的缺点是某些供应商可能并不喜欢用汇票付款，致使酒店的信用度大打折扣，而且同支票相比，银行会收取较高的汇票手续费。

（4）改进员工工资支付模式。酒店可以为支付工资专门设立一个工资账户，通过银行向职工支付工资。为了最大限度地减少工资账户的存款余额，酒店要尽量缩短开出支付工资的支票与职工去银行提工资的时间。

（5）争取现金流出与现金流入同步。酒店应尽量使现金流出与流入同步，这样，就可以降低交易性现金余额，同时可以减少有价证券转换为现金的次数，提高现金的利用效率，节约转换成本。

（6）适当进行证券投资。酒店库存现金没有利息收入，银行活期存款的利率也非常低，因此，当酒店有较多闲置不用的现金时，可适当投资于国库券、大额定期可转让存单、企业债券、企业股票，以获取更多的利息收入，而当酒店现金短缺时，再出售各种证券获取现金，这样既能保证有较多的利息收入，又能增强酒店的变现能力。

任务三　酒店应收账款管理

应收账款是酒店向客户提供了住宿、餐饮等服务应收而未收的款项，是酒店的一项债权。

一、应收账款产生的原因

1. 商业竞争

在市场经济条件下，为在激烈的商业竞争中生存和发展，酒店需要采用各种手段扩大销售，除依靠服务质量、服务价格、广告等手段外，赊销也是酒店扩大销售常用的手段之一。对于同等星级的酒店，如果服务、价格相差无几，那么实行赊销的酒店销售额将大于实行现销的酒店销售额，因为酒店的客户将从这一商业信用中获得优惠。

2. 销售与收款的时间差

由于酒店提供服务和收取货款的时间不一致，产生应收账款，这是由结算手段决定的。结算手段越落后，结算所需时间越长，产生的应收账款就越多；如果结算手段先进，结算所需时间就会缩短，产生的应收账款就会相应减少。

二、应收账款对酒店的影响

1. 应收账款对酒店的有利影响

（1）扩大销售，提高市场占有率。为增加市场竞争能力，酒店需要想方设法采用各种促销手段，促进酒店服务的提供。商业信用是酒店常用的促销手段之一，它能有效吸引资金周转暂时不好或不愿及时付款的客户，以扩大销售，提高市场占有率。

（2）增加盈利，增强实力。采用商业信用，能扩大酒店销售收入，尽管不可避免地会相应增加酒店费用的开支，但只要酒店应收账款管理得当，仍能为其带来可观的收益。

(3）减少存货，加速营运资金的周转。扩大销售能使酒店经营过程中所消耗的存货增加，减少存货占用资金，加速酒店营运资金周转。

2. 应收账款对酒店的不利影响

（1）占用酒店资金。应收账款的存在无偿占用了酒店的周转资金，酒店需要为此筹集相应的资金，承担筹资费用，甚至可能使酒店承担资金周转不灵的风险。

（2）增加收款支出。产生应收账款，酒店需要相应发生收款支出，如电话传真费、办公用品费、人员工资费、催款人员的差旅费，甚至可能包括法律诉讼费用等。

（3）承担坏账损失风险。如果酒店收款不及时，或是客户有意拖欠、赖账，尤其是客户破产，酒店就要承担坏账损失的风险。

三、酒店持有应收账款的成本

酒店持有一定量的应收账款，会产生管理成本、机会成本、坏账损失等，即其持有应收账款的成本。

1. 管理成本

管理成本是指从应收账款产生到收回期间，所有与应收账款管理有关的费用总和，包括因制定信用政策产生的费用、对客户资信调查与跟踪费用、信息收集费用、应收账款记录与监督费用、收账费用等。

2. 机会成本

酒店应收账款被客户占用，酒店就丧失将该笔资金用于投资其他项目获取收益的机会，从而产生机会成本。这是一种隐含的观念成本，酒店不需现实支付，但酒店在进行应收账款决策时需加以考虑。

3. 坏账损失

坏账损失是指应收账款无法收回给酒店带来的损失。坏账损失一般与应收账款余额成正比，与应收账款的收回时间成反比。酒店在进行应收账款决策时，需充分考虑各项成本的构成，尽量使应收账款总成本最低。

四、酒店应收账款的信用政策

应收账款的信用政策是指企业为对应收账款投资进行规划与控制而确立的基本原则与行为规范，一般由信用标准、信用条件和收账政策三部分组成。制定合理的信用政策是加强应收账款管理、提高应收账款投资效益的重要前提。酒店为减少应收账款带来的损失，需要认真、详细地进行信用分析，慎重选择信用对象，合理确定信用条件。

1. 信用标准

信用标准是酒店同意向客户提供商业信用而要求对方必须具备的最低条件，一般以坏账损失率表示。

酒店在制定信用标准时，主要考虑以下三个方面的因素。

（1）同行业竞争对手的情况。

如果竞争对手实力很强，酒店就应考虑采取较低的信用标准，增强对客户的吸引力；反之，则可以考虑制定较严格的信用标准。

（2）酒店承担违约风险的能力。

当酒店具有较强的违约风险承担能力时,就可以考虑采用较低的信用标准,以提高酒店产品的竞争能力;反之,如果酒店承担违约风险的能力较弱,则应制定较严格的信用标准,谨防坏账的发生。

(3)客户的资信程度。

酒店应在对客户的资信程度进行调查、分析的基础上,判断客户的信用状况,并决定是否给该客户提供商业信用。客户的信用状况通常可以从以下五个方面来评价,即品质(Character)、能力(Capacity)、资本(Capital)、抵押品(Collateral)、经济状况(Conditions),简称"5C"评价法。

品质:指客户履约或违约的可能性。酒店需要设法了解客户过去的付款记录,评价其以前是否一贯能按期如数付款,客户是否愿意按期支付款项与该客户以往的交易过程中所表现出来的品质有很大的关系。因此,品质是评价客户信用的首要因素。

能力:指客户支付款项的能力。客户支付款项的能力取决于其资产特别是流动资产的数量、质量、流动比率以及现金的持有水平等因素。一般来说,流动资产数量越多,质量越好,流动比率越高,持有现金越多,其支付应付账款的能力就越强;反之,就越弱。对客户偿债能力的评价,主要依据客户的资产负债表、偿债记录以及对客户的实地考察等。

资本:指客户的经济实力和财务状况。这表明客户可能偿还债务的背景,体现在客户财务报告的所有者权益中。

抵押品:指客户拒付款项或无力支付款项时能被用作抵押的资产。当对客户的信用状况有怀疑时,如果客户能够提供足够的抵押品,就可以向其提供商业信用。这不仅对顺利收回款项比较有利,而且一旦客户违约,也可以变卖抵押品,挽回经济损失。

经济状况:指可能影响客户付款能力的经济环境,包括一般经济发展趋势和某些地区的特殊发展情况。当发现客户的经济状况向不利的方向发展时,给其提供商业信用就应十分谨慎。

"5C"评价法是对酒店客户的定性分析,为对客户信用能力进行定量分析,酒店可建立数学模型,进一步分析客户的信用水平。

2. 信用条件

(1)信用条件的构成。

所谓信用条件,就是指企业要求客户支付货款所提出的付款要求和条件,主要包括信用期限、折扣期限及现金折扣等。信用条件的基本表现方式一般是赊销时在信用订单上加以注明,如"2/10,N/30"就是一项信用条件,它表明的意思是:若客户能够在发票开出后的10日内付款,可以享受2%的现金折扣;如果放弃折扣优惠,则全部款项必须在30日内付清。在此,30天为信用期限,10天为折扣期限,2%为现金折扣率。

信用期限是酒店为客户规定的最长的付款时间界限,并在赊销合同中加以明确。通常越长的信用期限,能给客户越多的优惠,从而吸引更多的客户消费,增加酒店销售。但信用期限过长,会给酒店带来各项相关支出,如应收账款的管理成本、机会成本和坏账损失等。为在赊销过程中获取收益,酒店需要合理确定信用期限,合理预计收益和相应的成本损失,在成本效益原则的要求下,使酒店总收益最大化。

酒店合理确定信用期限,可以采用边际分析法、净现值流量法进行测算,针对不同客户科学合理地确定不同的期限。边际分析法通过计算应收账款的边际收益和边际成本,比较边际收益与边际成本的大小来确定信用期限。净现值流量法通过计算应收账款带来的现金流入净现值和现金流出净现值,比较现金净流量来确定信用期限。

折扣期限是指客户可享受现金折扣的付款期限。现金折扣是酒店为鼓励客户在一定时期内早日偿还款项而给予的一种折扣优惠。现金折扣通常表示为"2/10,1/20,N/30",即如果客户能在 10 天内付清货款,就可享受 2% 的现金折扣,只需支付 98% 的货款;如果客户能在 20 天内付清货款,就可享受 1% 的现金折扣,只需支付 99% 的货款;30 天内付清全部货款。现金折扣期限与现金折扣率的大小成反比例关系。

企业提供比较优惠的信用条件往往能增加销售量,但同时也会增加现金折扣成本、收账成本和应收账款的机会成本及管理成本。在进行信用条件决策时应综合考虑上述因素,选择可以最大增加企业利润的信用条件。

(2) 信用条件的选择。

信用期限的长短与企业制定的信用标准是密切相关的,信用标准高,则信用期限短,应收账款的机会成本及坏账损失都相应低,但不利于扩大销售;反之,信用标准低,则信用期限长,表明客户享受了更加优越的信用条件,节约了融资成本,对客户有较大的吸引力。信用条件优惠,可以增加销售额,但同时也增加了应收账款的成本。因此,确定信用条件也需要进行成本效益分析。

【例 7-3】 某酒店长期从事大型会议、项目培训的接待工作,现在采用 30 天按发票金额付款(不给折扣),拟将信用期放宽至 60 天,仍按发票金额付款,该酒店的最低报酬率要求达到 15%,其他资料如表 7-4 所示。

表 7-4

项　　目	信用期:30 天	信用期:60 天
参加培训人数/人	200	300
营业收入(2 000 元/人)/元	400 000	600 000
营业成本/元		
其中:变动成本(1 200 元/人)/元	240 000	360 000
固定成本/元	100 000	100 000
毛利/元	60 000	140 000
可能发生的收款费用/元	5 000	15 000
可能发生的坏账损失/元	2 000	6 000

收益的增加

= 增加的培训人数 × 单位边际贡献

= (300 - 200) × (2 000 - 1 200) = 80 000(元)

占用资金的利息增加(应收账款的机会成本)

= 应收账款平均占用资金 × 资金成本率

= 平均每日营业收入 × 营业收入成本率 × 平均收款期 × 资金成本率(酒店的报酬率)

30 天信用期机会成本 = 400 000 ÷ 360 × 240 000 ÷ 400 000 × 30 × 15% = 3 000(元)

60 天信用期机会成本 = 600 000 ÷ 360 × 360 000 ÷ 600 000 × 60 × 15% = 9 000(元)

机会成本增加：9 000 – 3 000 = 6 000（元）
收账费用和坏账费用增加 =（15 000 – 5 000）+（6 000 – 2 000）= 14 000（元）
改变信用期的税前损益 = 收益增加 – 成本费用增加
　　　　　　　　　　 = 80 000 –（6 000 + 14 000）
　　　　　　　　　　 = 60 000（元）

实行 60 天的信用期要比 30 天的信用期多付出成本 20 000 元但收益增加了 80 000 元，两者之差为 60 000。由此看来，企业在可能的情况下应该实行 60 天信用期这一方案。

现金折扣是企业为了鼓励客户及早付款而给予客户的折扣优惠，它可以加速货款收回，减少应收账款投资的机会成本和坏账损失，但由于提供现金折扣，企业也付出了代价，即如果客户接受现金折扣优惠，就会导致企业原来计算的销售收入额的相对减少。现金折扣额相当于企业提早收回账款的成本。企业应当采用多长的现金折扣期限以及多大的现金折扣，必须与信用期限、加速收款所得的收益、付出现金折扣成本结合起来分析。

(3) 收账政策。

收账政策是指企业对各种逾期应收账款所采取的对策、措施以及准备为此而付出代价的策略。为了加速回收应收账款，酒店财务管理人员必须注意以下两点：①确保账单能及时寄出。②注意那些逾期不交款的客户，及时催收账款。

一般来说，企业可行的收账措施有信函和电话催收、派人上门催收、聘请法律顾问协助催收及提起法律诉讼等。

收账费用是企业对拖欠的应收账款催收产生的费用，包括通信费、派专人收款的差旅费和不得已时的法律诉讼费等。一般来说，收账费用越大，收账措施越有力，可收回账款的数额越大，坏账损失就越少。因此，制定收款政策，要在收账费用和减少的坏账损失之间做出权衡。制定有效的、恰到好处的收账政策应当是使收账成本最小化，可以通过比较各收账方案成本的大小，选择成本及小的收账方案。

五、酒店应收账款的日常管理

对于已经发生的应收账款，应进一步强化日常管理工作，以有力的措施进行分析控制。这些措施主要包括应收账款的追踪分析、账龄分析、收现率分析以及根据有关会计法规建立应收账款坏账准备金制度。

1. 应收账款的追踪分析

一般来说，酒店的客户赊购了产品或服务，能否按期偿还主要取决于以下三个因素：①客户的信用品质。②客户的财务状况。③客户是否可以实现该产品的价值转换或增值。赊销酒店为了达到按期足额收回账款的目的，就有必要在收账之前对该项应收账款的运行过程进行追踪分析。

在通常情况下，主要对金额大或信用品质较差的客户的欠款进行重点考察，如果有必要和可能的话，也可对客户的信用品质与偿债能力进行延伸性调查和分析。

2. 应收账款的账龄分析

应收账款的账龄是指未收回的账款从产生到目前的整个时间。企业已发生的应收账款的账龄有长有短，有的在信用期内，有的已逾期。酒店进行应收账款账龄分析的重点是已逾期拖欠的应收账款。

应收账款的账龄分析就是对应收账款的账龄结构的分析。所谓应收账款的账龄结构，是指各类不同账龄的应收账款余额占应收账款总额的比重。在应收账款的账龄结构中，可以清楚地看出企业应收账款的分布和被拖欠情况，便于企业加强对应收账款的管理。

3. 应收账款收现保证率分析

为了适应酒店现金收支匹配关系的需要，酒店必须对应收账款的收现水平制定一个必要的控制标准，即应收账款收现保证率。应收账款收现保证率所确定的是有效收现的账款占全部应收账款的百分比，即

应收账款收现保证率
=（当期必要的现金支付总额－其他稳定现金流入额）÷当期应收账款总额

其中，其他稳定现金流入额，是指从应收账款收现以外的途径可以取得的各种稳定可靠的现金流入数额，包括短期有价证券变现净额、可随时取得的银行贷款等。

计算应收账款收现保证率的意义在于：应收账款未来是否可能发生坏账损失对酒店并非最为重要，更为关键的是实际收现的账款能否满足同期必需的现金支付要求，特别是满足为了适应企业现金收支匹配关系的需要。

4. 应收账款坏账准备金制度

只要有应收账款就有发生坏账的可能性。按照权责发生制和谨慎性原则的要求，必须对坏账发生的可能性预先进行估计，并计提相应的坏账准备金。坏账准备金的计提比例与应收账款的账龄存在密切的关系。应收账款坏账准备金的具体计提比例可由酒店根据自己的实际情况和以往的经验加以确定。不过，我国现行的会计制度对股份有限公司计提坏账准备金做了一些详细的规定。例如，在会计报表附注中说明计提的比例及理由。

5. 酒店应收账款管理的具体措施

（1）对住店客人应收账款管理的措施：①如是VIP，则应由有关部门经理签批。②如是信用卡支付，则需查看是否超过信用卡限额，如果超过，则需要进一步取得授权，记录授权号码。③如是支票结算，则需核查是否超出支票备注内容、金额范围。④如是现金结算，则一般及时签发催款信或去客人房间催收。

（2）对非住店客户的应收账款收款时需注意的要点：①收账员不办理应收账款的现收。②应收账款的总账和明细账定期核对。③现金收入、非现金收入、应收账款的记账分别由不同的人员担任。④有争议的账款须经财务经理处理。⑤无法收回的账款须经财务总监审批后才可转为坏账处理。

任务四　酒店存货管理

酒店存货是酒店在经营过程中为提供劳务而储备的物资，包括原材料、燃料、材料物品、低值易耗品、装饰用品等。酒店存货经常处于不断销售、耗用和重置之中，流动性很强，是酒店流动资产的一个重要组成部分。所以加强对存货的管理是酒店提高资金使用效率的关键。存货通常在酒店的流动资产中占有最大的比重，而且是流动资产中变现能力最弱的资产。存货的积压必然会引起酒店资金周转的困难，进而影响酒店生产经营活动的正常开展，而存货的不足又会直接影响酒店的生产经营活动和营业收入的实现，因此存货的储备必须适量。此外，存货还容易被偷盗和散失，因此必须加强对存货的管理和核算，以正确确定

存货的数量和价格,确保存货的安全。

一、储备存货的作用和成本

1. 储备存货的作用

(1) 生产经营的需要。

实际上酒店很少能做到随时购入生产或销售所需的各种物资,即使是市场物资供应量充足也如此。因为,一方面酒店采购、生产和销售之间存在时间差异,即企业从购入材料到投入生产,或者生产出产品到实现销售,都有一定的时间差异。另一方面,存货的运输过程也需要一定的时间。出于以上考虑,酒店需要储备一定的存货。此外,原材料供应市场和产品销售市场总是会有变化,为了防止原材料市场供应中断和产品销售市场需求旺盛而造成缺货,也应当储备一定的存货。

(2) 降低成本的需要。

零购物资的价格往往较高,而批量采购常会得到折扣的好处,可以降低存货的采购成本。另外,单件或少量生产的产品单位成本一般较高;批量生产因规模效应,单位成本一般较低。但是,存货的积压也会占用较多的流动资金,且加大库存的成本。所以酒店必须同时在库存成本和库存效益间进行平衡,达到两者的最佳结合。

2. 储备存货的成本

储备存货的相关成本,主要包括进货成本、储存成本和缺货成本。

(1) 进货成本。

进货成本指为取得某种存货而花费的代价,通常由订货成本和购置成本两部分构成。

订货成本是指取得订单的成本,如采购部门的办公费、采购人员差旅费、邮费、电报电话费等支出。订货成本中有一部分与订货次数无关,如常设采购机构的基本开支等,称为固定订货成本;另一部分与订货次数有关,这类成本与订货次数成正比,如差旅费、邮资等,称为变动订货成本。订货成本应为变动订货成本与固定订货成本之和。

购置成本指存货本身的价格,是由买价和运杂费构成的成本,常用数量与单价的乘积来确定。当存货价格保持不变,并且无数量折扣时,存货的购置成本是稳定的,若存货购置有数量折扣时,必须考虑订购批量变动时购置成本的变动。

(2) 储存成本。

储存成本是指因储存存货而发生的各种成本,包括支付给储运公司的仓储费、存货占用资金应计利息、保险费、损耗费,企业自设仓库的一切费用等。

(3) 缺货成本。

缺货成本是指由于存货供应中断而造成的损失,包括材料供应中断造成的停工损失,存货供应中断导致延误发货而丧失销售机会的损失和企业信誉损失。缺货成本能否作为决策的相关成本,应视酒店是否允许出现存货短缺的不同情形而定。若企业允许缺货,则缺货成本属于决策相关成本;若企业不允许缺货情形,则缺货成本为零,在决策时无须加以考虑。

酒店存货管理的目标就是在存货成本与效益之间做出权衡,达到两者的最佳结合。

二、经济订货批量的确定

经济订货批量是指能够使一定时期存货的相关总成本达到最低时的订货数量。存货的总成本由进货成本、储存成本和缺货成本构成。这些成本有些是固定性的，有些是变动性的，只有变动成本才是经济订货批量决策时的相关成本。与经济订货批量决策相关的成本主要包括变动性订货成本、变动性储存成本及允许缺货时的缺货成本。不同的成本项目与订货批量呈现不同的变动关系。如果减少订货批量，增加订货次数，会使储存成本降低，同时也会导致订货成本与缺货成本的提高；如果增加订货批量，减少订货次数，尽管有利于降低订货成本和缺货成本，但同时会造成储存成本的提高。经济订货批量就是权衡各项成本之间的关系，使其总和保持在最低水平上。

在进行经济订货批量决策时，一般有以下基本假设。

（1）企业一定时期的订货总量可以较为准确地予以预测。

（2）存货的耗用或者销售比较均匀。

（3）存货的价格稳定，且不存在数量折扣，订货日期完全由企业自行决定，且每当存货量降为零时，下一批存货均能立即到位。

（4）仓储条件及所需现金不受限制。

（5）不允许出现缺货情形。

（6）所需存货市场供应充足，不会因买不到所需存货而影响其他方面。由于企业不允许缺货，故不存在缺货成本。

此时与存货订货批量、批次直接相关的就是订货成本和储存成本两项，即

$$存货相关总成本 = 相关订货成本 + 相关储存成本$$

设存货相关总成本为 T_C，存货年需要量为 D，每次订货的变动性订货成本为 K，每次订货量为 Q，存货年单位变动性储存成本为 K_C，则

$$T_C = \frac{D}{Q} \cdot K + \frac{Q}{2} \cdot K_C$$

显然，每次订货量少，则储存成本小，但必然会导致订货次数增加，引起订货成本增大；反之，每次订货量多，则储存成本大，但可使订货次数减少，订货成本降低。可见，每次订货量太多或太少都不好。存货控制就是寻找最优的订货量 Q，使全年存货相关总成本达到最小值。这个 Q 就是经济订货量，或称经济订货批量。

$$经济订货批量\ Q^* = \sqrt{\frac{2DK}{K_C}}$$

$$最小相关总成本\ T_C = \sqrt{2DK K_C}$$

经济订货批量出现在变动性订货成本和变动性储存成本之和最小时，即出现在变动性订货成本和变动性储存成本相等时，如图 7-3 所示。

三、存货的 ABC 分析法

酒店生产的产品通常是多种多样的，所需要的原材料更是由几种、几十种甚至几百种组成。这些材料物资品种繁杂多样，规格型号各异，单价高低悬殊，存量多少要求不等，需占用较大数额的资金。但不同的材料物资所占用的资金量也各不相同，而酒店的资源是有限的，为使酒店有限的人力、财力和物力资源发挥更大的作用，使存货控制能够突出重点、区别对待，常采用 ABC 分析法。

ABC 分析法就是将全部材料物资按品种数量的多少及其所占材料物资价值的大小，按

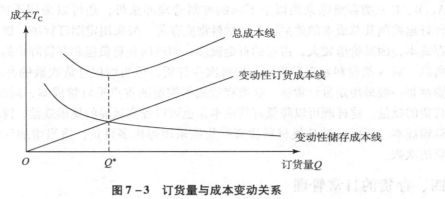

图7-3 订货量与成本变动关系

一定标准分析后依次划分为 A、B、C 三类,采取有区别、分主次的办法和措施对各类材料物资进行相应的控制和管理。

ABC 分析法对材料物资的划分标准如下。

A 类:品种数量占全部材料物资品种数量的 5%~10%,实物价值占全部材料物资总价值的 70%~80%。

B 类:品种数量占全部材料物资品种数量的 15%~25%,实物价值占全部材料物资总价值的 15%~20%。

C 类:品种数量占全部材料物资品种数量的 65%~80%,实物价值占全部材料物资总价值的 5%~10%。

为了对 A、B、C 三类存货进行有效控制,在上述分类的基础上,应根据其具体情况分清主次、抓住重点、区别对待,用不同的要求和措施控制不同类别的材料物资。

1. A 类材料物资存货

A 类材料物资的品种数量虽少,但占用的成本金额多,是日常控制的重点,必须按照经济订货批量法计算每个品种或每个类别的经济订货量和订货次数,使日常存量达到最优水平。

采用定期订货控制法,建立一套科学完善的盘存制度,应用周期检查控制法及时准确地掌握实际库存量、未来需要量、提前期、订货点等各种情况,以保证日常控制工作的正常进行。此外,企业还应注意该类材料物资的市场价格变动趋势,做好市场预测与分析,适当调整订货量,使每次订货量符合实际需要。

2. B 类材料物资存货

B 类材料物资存货的品种数量和成本金额介于 A 类和 C 类之间,对其控制不必像 A 类那样严格,也不宜过于放任,仍然需要制定一套相应的管理制度。例如,按大类确定订购数量和储备定额。酒店应根据 B 类材料物资存货的不同情况采取灵活的库存控制方法。对占用金额较大的材料或多用途的材料可计算其经济订货量,实行周期检查法,对占用金额较小且在市场上可随时购买的一般性材料,则按计划实行准时存货控制方法。

3. C 类材料物资存货

C 类材料物资的品种数量较多但占用的成本金额较少,对其采取一般控制,不要求专门计算存货量。可根据酒店的具体情况,规定最大储存量和最小储存量,也可适当增加每次订货量。C 类材料物资的日常控制可采用分档控制法。

A、B、C三类存货除采用以上不同的控制管理办法外，还可以采用不同的订货方式，达到较好地控制其总成本的效果。A类材料物质存货一般采用定期订货法，成本控制的重点是储存成本，因其价值较大，占有的资金较多，酒店的利息负担和存货降价的市场风险也较大。所以，对A类材料物资存货应采用每次少订货，适当增加订货次数的办法。对C类材料物资存货一般采用定量订货法，这类存货成本控制的重点是订货成本，减少订货的次数，增加订货的批量。这样既可以降低订货成本，也可以提高运输的规模效益，降低单位材料存货的运输成本。所以，对C类材料物资存货应采用每次多订货，适当增加订货的批量，减少订货的次数。

四、存货的日常管理

在存货管理过程中，不仅需要考虑存货的购入对酒店资金的占用，而且需要对酒店存货形成及使用的全过程，包括定额管理、采购管理、仓储管理、发放管理、报废管理的全过程进行监控，以便有效管理存货、合理使用存货，提高存货利用效率。

（一）定额管理

存货定额是指酒店在一定时期、一定技术水平和管理水平下，为完成经营服务所必须消耗的存货数量标准。存货定额包括存货消耗定额和存货仓储定额。酒店在经营过程中对存货进行定额管理，目的在于找出存货消耗的规律，降低存货消耗量，节约成本，促进酒店增加经济效益。

1. 存货消耗定额管理

存货消耗定额管理是指酒店在一定时期和一定经营条件下，为提供服务所必须消耗的存货数量标准。确定酒店存货消耗定额的工作程序有以下几个。

（1）首先将存货消耗定额任务下达到各部门，详细说明存货消耗定额的意义和内涵，根据酒店各部门存货消耗工作的要求，确定存货消耗定额标准。

（2）各部门根据工作特点，详细制定单位产品或商品、单位接待能力所需存货配备表。

（3）确定一次性用品单位时间或单位产品消耗定额，注意按照不同用品的不同特性选用不同计算单位和计算标准。

（4）确定多次性用品在寿命期内的损耗率或一段时间的更新率。

（5）综合汇总。

在确定酒店存货消耗定额的过程中，要注意区分客用存货和店用存货。客用存货消耗定额制定时尽量从宽，以应付特殊情况的发生；而店用存货消耗定额制定时应从严，这样可以在员工中树立节约观念。

2. 存货资金定额的确定

（1）客房用品资金定额的确定。

酒店客房用品一般分为一次性用品和多次性用品。一次性用品，如供客人使用的牙膏、牙刷、香皂、拖鞋、纸、笔、洗衣袋等；多次性用品，如毛巾、浴袍、床单、被套等。客房用品的消耗取决于客房的数量、出租率、每间客房用品配备量、用品的使用时间等。其计算公式为：

$$一次性客房用品日均消耗量 = 客房间数 \times 平均出租率 \times 每间客房用品配备量$$

(2) 餐饮用品资金定额的确定。

餐厅用品主要是指餐具、桌布、餐巾、牙签等，国家从节约能源的角度出发，提倡餐厅尽量使用多次性使用的物品。所以，酒店除牙签、餐巾纸以外，大部分用品都是多次性使用的。其计算公式为：

一次性餐厅用品日均消耗量＝餐位数量×餐位平均利用率×每个餐位用品配备量

(3) 食品原材料资金定额的确定。

食品原材料是酒店用于制作餐饮食品的各种原材料。食品原材料资金定额受客人消费水平的影响。

（二）采购管理

酒店存货采购是参照既定存货定额，在一定时间段内购入不同品种、不同数量的存货，以维持酒店正常运转。采购管理是建立在酒店存货定额基础上的，是对采购过程的管理和控制要求，酒店制订合理的采购计划，挑选合适的采购人员，督促他们比较采购价格，选择合适的供应商和支付方式。

1. 采购管理的内容

(1) 认真分析酒店各项经营业务的存货需要，依据市场存货供应情况，科学合理地确定采购存货的种类和数量。

(2) 根据酒店业务部门对存货的数量和质量需求，通过比较存货供给价格，选择合适的供应商，及时订货或直接采购。

(3) 控制采购活动全过程，使存货采购保质、保量、按时完成。

(4) 制定严密的存货采购程序，规定严格的手续和制度，使采购工作前后衔接、相互监督，并保证采购过程中的所有原始凭证得以妥善收集、整理和保存。

(5) 交易合同真实有效，交易合同保管完整。

(6) 协助财务部门做好货款的清算工作。

2. 采购计划的编制内容

采购计划以书面（比较多的情况是表格）形式规定采购的项目、规格、单位、数量以及质量要求等，是采购活动的工作说明书，能起到周密安排采购工作、严格监控采购质量、科学比较采购价格的作用。存货采购计划的内容主要包括以下几点。

(1) 存货采购规格书。采购规格书具体包括以下内容：采购存货的确切名称、基本用途、品牌、质量等级、单位、规格、形状、包装要求、来源或产地，以及可取净料的最低限等。

(2) 存货的采购数量、采购频率、采购批量和计划采购时间。其中采购批量是指一次采购的数量；采购频率是指计划期内存货采购的次数。根据存货的采购频率、采购批量，就可合理确定采购的最佳时间。

(3) 大宗存货采购的最佳供货渠道及供应商。

(4) 理想采购价格和可能的资金占用量。市场上同类商品的价格有时高低不等，需要根据品牌、质量等级、规格、产地等指标，合理确定理想采购价格，有时价格并不是越低越好。依据采购价格和采购数量，可以合理预测可能的资金占用量。

(5) 储运方式。在酒店采购的存货中，依据有些存货的特性，对运输方式有特殊要求，在编制采购规格书时有必要说明其储运方式。

3. 采购计划的编制程序

（1）部门起草。酒店采购计划先应由存货的使用班组组织研究，依据酒店对本部门下达的营业额和利润指标、各类存货以往的耗用量，提出计划所需求存货的品种、规格、品牌、数量、质量等级等。使用部门对班组意见进行分析、审核、归类、统计，提出本部门计划期内对各类存货的需求，上报采购部门。

（2）采购部汇总。每个部门编制的存货采购计划由采购部汇总，采购部逐项检查每种存货的库存量和实际需要采购量，对有疑问之处作补充调查研究，配合使用部门进行修改，并补充采购渠道、供应商、储运方式等内容，编制出完整的采购计划。

（3）财务审批。酒店财务部将采购计划与酒店预算比较，修正采购计划中不符合酒店预算的部分，使采购计划更为合理、可行。

（4）总经理审批。采购计划编制的最后一步是酒店总经理或采购审核小组对财务部修改后的采购计划进行审核，综合平衡整个采购计划，根据酒店新的经营策略修改采购计划。经总经理审批后的存货采购计划就可以最终交采购部实施采购。

（三）验收管理

验收管理是指酒店对整个验收过程进行的系统管理。它是酒店存货入库前必经的一个步骤和存货管理关键环节之一。

1. 验收内容

验收是酒店在存货采购任务完成以后，由酒店验收人员根据订货单以及交货通知单，检查所购存货交货是否按时，存货数量、质量、价格是否准确，并详细记录检查结果，对合格的存货准予入库或直接拨到使用部门，对不合格的存货予以拒收。验收包括检验和收货两部分。

（1）检验。检验是检查有关存货采购的凭证、质量、数量、价格、时间等项目。

（2）收货。收货部在验收合格后，收货员需要做详细记录，填制收货单，并将当日收货单内容汇总填制进货日报表，然后将验收合格的存货分类及时入库或分发给使用部门。

2. 验收程序

（1）验收前的准备工作。采购员订货后，需要及时将订货单转给收货部。通过订货单，收货员可以及时了解所购物资的基本情况。收货员将订购单与请购单相核对，若两者不一致，需要及时通知财务部。在酒店所购物资到店前，需要安排好验收人员，准备好验收工具、验收场地，合理确定验收范围，并将订货单准备好，以备使用。

（2）验收操作。酒店所购物资到店的同时，一般附有交货通知单。收货员依据订货单和交货单详细核对到店物资的名称、规格、数量、单价、金额等，逐个检查外包装是否密实，测试外观和内在质量是否符合要求。在验收过程中，若发现问题，则当场向供货商反映，并做出全部拒收或部分拒收的处理，填写双方认可的拒收单。

（3）存货入库。检验合格的存货需要及时存入仓库或发放到使用部门。

（4）记录验收结果。收货人员最终以书面形式记录验收情况，包括填制验收单、填写验收报告和汇总收货日报。

(四) 仓储管理

酒店所有购入后未及时使用、储存在仓库的存货，都需要进行仓储管理。其目的在于确保仓储存货的安全完整，尽量减少因治安不力、防火不严、仓储条件简陋等原因导致的库存存货数量短缺或质量低下。仓储管理主要包括以下工作内容。

(1) 安排合适的仓储场所。酒店要对所购存货安排合适的仓储场所，就必须先对存货进行合理的分类，可以从横向和纵向两方面进行。横向分类是根据存货的基本特征分类，以确定存货选择仓库的方向，纵向分类是在同一类存货内进行，以确定存货储存的位置。对所购存货安排合适的仓储场所，还需要就近选库，尽量减少存货的搬运，加快存货发放速度，提高存货质量。

(2) 入库存放。存货入库首先需要进行合理的堆放，根据存货的性质、形状、包装、轻重等特征，考虑合理、牢固、定量、整齐、节约、方便等因素，从方便存放、方便盘点、方便领料、方便清扫等角度出发，堆放存货，以便对存货进行妥善保管，提高仓库利用率，减少仓储成本。存货入库后还需填制入库单。

(3) 货位编码。货位编码是指对入库的存货进行定位。将仓库、货架按一定的顺序统一编码，做出明显的识别性标志，以方便登记和准确找寻每一件存货。

(4) 存货保管。存货保管是指酒店尽量采取各种有效可行的措施，确保存货的数量、质量，尽量降低存货储存成本。

在保障存货数量方面，酒店对收入的存货详细登记存货保管卡，以货架、货垛为单位或以物资种类为单位，详细记录每批存货的进出数、结存数、存储位置等信息，做到卡物相符，将保管卡挂在货架或货垛上，便于寻找存货。同时，登记存货保管账，做到账卡相符，并作为存货清点盘存的主要依据。为了保障存货数量，酒店要采取对仓库上锁、妥善保管钥匙、只允许专人进仓、设闭路电视监控等防范措施。

在保障存货质量方面，酒店应尽量做到：先进先出、保持良好的仓储环境、做好存货的遮盖与衬垫工作、加强存货的养护工作、做好存货的清查盘点工作等。

(五) 发放管理

存货发放是酒店存货的出口。酒店购入存货后直接拨给使用部门，或经仓库储存后在部门领用时发放给使用部门，使存货进入酒店的经营过程。

1. 存货发放程序

(1) 请领单汇总。存货使用部门依据酒店存货的实际消耗情况，编制请领计划，经部门审核后形成请领单，交酒店仓库。请领单的内容是存货实际申领的情况。仓库依据对请领单的汇总，及时准备存货，这样可以使使用部门在需要存货时能及时领到，避免存货出库时才发现存货短缺，减少因此而导致的差错和损失。

(2) 核对发放凭证。主要核对：请领单上存货的品名是否和在库的存货登记册上的记录一致；请领量是否超过成本控制计划限额；请领手续是否齐备。

(3) 备料。仓库管理员在备料时要注意检查：库存存货的品种、规格、型号是否符合请领要求；质量是否有问题；仓储数量是否足够；对散装存货进行包装，对包装规格不一或包装过大的存货改换包装；对请领单要求的特定等级、花色、式样、规格的搭配事先进行挑选。

（4）点交。在存货发货前，再次检查请领单上的规格、型号、数量、等级等指标是否与备料一致，凭证字迹是否清晰、有无涂改，签章是否齐全，日期是否正确等。在核对无误后即可发货，并填制出库单。

（5）清理。在存货点交结束后，仓库管理员应进行内部清理。

账面清理。对存货的变动及时在账面上加以反映。

地面和货架清理。存货领用后搞好地面和货架卫生，保证仓库整洁。

存货管理。对开箱开包的存货及时整理。

（6）复核。随时对发放过程中的每一环节进行自查、复查，主要复核出库单与实发存货是否相符，包括数量、质量、规格、型号等各项经济指标。对未经复核、手续不全、账实不符的存货不予出库。

（7）原料计价。及时在出库单上标注存货单价，计算存货总价，计入领用部门成本中。

2. 存货数量短缺的处理

出现存货短缺，酒店需要及时查明原因，明确责任，按照规章制度进行处理。

任务五　酒店流动负债管理

酒店的流动负债主要有两种来源：短期借款和商业信用，各种来源具有不同的获取速度、灵活性、成本和风险。

一、短期借款

借款通常按偿还时间的长短，划分为短期借款和长期借款。短期借款是指酒店同银行或其他金融机构借入的期限在1年（含1年）以下的各种借款，其功能主要是满足酒店临时或短时间资金困难需要，短期借款主要包括以下内容。

1. 信贷额度

信贷额度即贷款限额，是酒店与银行在协议中规定的借款最高限额，信贷额度的有效期限通常为1年。在一般情况下，在信贷额度内，酒店可以随时按需要支用借款。但如果酒店信誉恶化，即使在信贷限额内，酒店也可能得不到借款。

2. 补偿性余额

补偿性余额是银行要求借款酒店在银行中保持按贷款限额或实际借用额一定比例（通常为10%～20%）计算的最低存款余额，通常称为担保金。对银行来说，担保金有助于降低贷款风险，补偿其可能遭受的风险；但对于借款酒店来说，担保金则提高了酒店借款的实际利率，加重了酒店的负担。

【例7－4】　某酒店向银行借款1 000万元，利率为6%，银行要求保留10%的补偿性余额，则酒店实际可动用的贷款为800万元，该贷款的实际利率为：

$$借款实际利率 = \frac{1\,000 \times 6\%}{800} = 7.5\%$$

3. 贴现计息法

银行借款利息的支付方式分两种：一种为收款法，即在贷款到期时支付本金和利息。一般这种贷款只发放给信誉度比较高的酒店；另一种为贴现法，即银行向酒店发放贷款时，先从本金中扣除利息,将余款付给借款酒店,贷款到期时借款酒店再偿还全部本金,一般这种贷款发放给信誉一般或较差的酒店。在第二种方法下,酒店实际可利用的贷款额为本金扣除利息后的差额部分,从而提高了贷款的实际利率。

【例7-5】 某酒店从银行取得借款500万元,期限1年,利率6%,利息30万元。按贴现法付息,酒店实际可动用的贷款为470万元,该借款的实际利率为:

$$借款实际利率 = \frac{500 \times 6\%}{470} = 6.38\%$$

二、商业信用

商业信用是指酒店在经营过程中,购买材料或商品时延期付款或为顾客提供劳务服务之前先预收订金而形成的借贷关系,是酒店与企业或客户之间的直接信用行为,也是酒店短期资金的重要来源。商业信用产生于酒店商品或劳务交易之中,是一种"自动性筹资"。

1. 商业信用的形式

(1) 应付账款。

应付账款是供应商给酒店提供的一个商业信用。由于酒店往往在到货一段时间后才付款,商业信用就成为酒店短期资金来源。商业信用条件通常包括信用期和现金折扣,如"2/10,N/30"表示10天内付款享受现金折扣2%,若买方放弃折扣,30天内必须付清款项。

供应商在信用条件中规定有现金折扣,目的主要是加速资金回收。酒店在决定是否享受现金折扣时,应仔细考虑,通常放弃现金折扣的成本是高昂的。

【例7-6】 某酒店按"2/10,N/30"的付款条件购入80万元商品。如果酒店在10天以后付款,便放弃了现金折扣1.6万元(80万×2%),信用额为6.4万元。放弃现金折扣的信用成本率为:

$$放弃现金折扣的信用成本率 = \frac{折扣\%}{1-折扣\%} \times \frac{360}{付款期(信用期)-折扣期}$$

$$= \frac{2\%}{1-2\%} \times \frac{360}{30-10} = 36.73\%$$

上述公式表明,放弃现金折扣的信用成本率与折扣百分比大小、折扣期长短和付款期长短有关,与货款额没有关系。酒店在放弃折扣的情况下,推迟付款的时间越长,其信用成本便会越小,结果是酒店信誉逐渐恶化,从而导致其信用度的严重下降,日后可能招致更加苛刻的信用条件。

酒店放弃应付账款现金折扣的原因,可能是酒店资金暂时的缺乏,也可能是基于将应付的账款用于临时性短期投资,以获得更高的投资收益。如果酒店将应付账款用于短期投资,那么所获得的投资报酬率应该高于放弃折扣的信用成本率,否则应当放弃短期投资。

(2) 应计未付款。

应计未付款是酒店在经营和利润分配过程中已经计提但尚未以货币支付的款项,主要包括应付工资、应缴税费、应付利润或应付股利等。以应付工资为例,酒店通常以半月或月为单位支付工资,在应付工资已计提但未付的这段时间,就会形成应计未付款。它相当于职工给酒店的一个信用。应缴税费、应付利润或应付股利也有类似性质。酒店使用这些自然形成的资金无须付出任何代价,但酒店不能总是拖欠这些款项。酒店尽管可以充分利用应计未付款，但并不能长时间控制这些应计未付款。到需要付款的时候酒店必须支付这些款项。如果一直拖欠职工工资或者一直不分给股东股利和投资者利润，职工和投资者肯定会心生抱怨，酒店在职工和投资者心目中的形象就会大打折扣。同样，如果酒店一直不缴纳税款，就会付出支付滞纳金的代价。

(3) 预收订金。

预收订金是指酒店按照合同和协议规定，在提供劳务之前向客户预先收取部分或全部款项的信用行为。酒店预收订金或货款的情况比较少，一般为了加强对外地旅游团队的管理，酒店会采取这种预收订金的形式。

2. 商业信用筹资的优缺点

(1) 商业信用筹资的优点：①比较容易筹资。酒店在长期的经营过程中，总会产生一些比较信任的客户，这些客户一般不会对酒店的经营状况和风险作严格的考量，酒店无须办理像银行借款那样复杂的手续便可取得商业信用，有利于应对酒店经营之急需。②酒店有较大的灵活性。酒店能够根据需要，选择决定信用额度大小和期限长短，这要比银行借款等方式灵活得多，甚至当酒店在信用期限内不能付款时，还可以通过与客户的协商，请求延长时限。③不必抵押资产。通常，商业信用筹资不需要第三方担保，也不会要求酒店用资产进行担保。这样，即使出现逾期付款或交货的情况，也可以避免像银行借款那样面临抵押资产被处置的风险，酒店的经营能力在相当长的一段时间内也不会受到限制。

(2) 商业信用筹资的缺点：①成本高。由于商业信用筹资属于临时性筹资，其筹资成本比银行信用要高很多。②压力大。商业信用的期限短、还款压力大，酒店如果长期或经常性地拖欠账款，会造成酒店的信誉恶化，使以后的筹资难度变大。③受外部环境影响较大。一是受商品市场的影响，如当求大于供时，卖方可能停止提供信用。二是受资金市场的影响，当市场资金供应紧张或有更好的投资方向时，商业信用筹资就可能遇到障碍。

三、流动负债的日常管理

1. 准确登记还款日期，积极还款

对于酒店的流动负债，严格登记入账，避免漏登或者少登，同时还应在备查簿上按还款的时间登记借款，在借款即将到期前，积极筹措资金以归还借款。如果确实无法按时还款，就应在到期前积极与银行或者贷款单位商谈是否可以将贷款展期，同时给予提高借款利率的条件。

2. 充分利用酒店的应计未付款

酒店应充分利用其应计未付款，在有限的利用期内，投资股票等其他有价证券，或者投资期货市场以获取投资收益，但前提一定要保证款项在支付期满时可以准时支付，否则酒店就要衡量因为延期支付款项所应支付的信用成本与取得的收益孰高孰低。

3. 杜绝恶意拖欠，维护酒店信誉

酒店在经营过程中，会逐渐形成一种无形资产，那就是信誉，信誉并不能简单地靠价值来衡量，有时候酒店可能并不起眼的行为，实际上已经严重损坏了酒店的信誉，比如说拖欠借款，如果是恶意拖欠，可能情况会更糟，所以酒店应该在适当的情况下利用应付款进行投资，但是不要为了寥寥的投资收益而选择放弃酒店来之不易的信誉。

项目小结

1. 本项目主要讲述了酒店营运资金管理的内容、原则。
2. 酒店现金的持有目的、最佳现金持有量的测定、现金收支的日常管理办法。
3. 酒店应收账款的成本、信用政策、日常管理。
4. 酒店存货的储存成本、经济订货批量的确定、存货 ABC 分析法、日常管理。
5. 酒店短期借款、商业信用以及酒店流动负债的日常管理。

思考与练习

一、单项选择题

1. 下列酒店持有现金的目的中，属于应付意外事件而需要持有现金的是（   ）。
   A. 交易性需要　　B. 预防性需要　　C. 投机性需要　　D. 经营性需要
2. 营运资金是指（   ）。
   A. 流动资产减去流动负债后的余额
   B. 营业收入减去变动成本后的余额
   C. 全部资产减去全部负债后的余额
   D. 全部资产减去流动负债后的余额
3. 下列属于固定成本性质的是（   ）。
   A. 现金的机会成本　　　　　　　B. 现金的转换成本
   C. 现金的短缺成本　　　　　　　D. 现金的管理成本
4. 对信用期限的表述中正确的是（   ）。
   A. 信用期限越长，坏账发生的可能性越小
   B. 信用期限越长，表明客户享受的信用条件越优惠
   C. 延长信用期限，将会减少销售收入
   D. 信用期限越长，收账费用越少
5. 下列属于每次订货的变动成本的是（   ）。
   A. 采购机构的基本开支　　　　　B. 订货的差旅费
   C. 采购人员的工资　　　　　　　D. 存货的搬运费、保险费

二、多项选择题

1. 下列属于酒店现金的是（   ）。
   A. 库存现金　　B. 银行存款　　C. 银行汇票　　D. 银行本票
2. 应收账款的信用政策主要包括（   ）
   A. 信用标准　　B. 信用条件　　C. 收账政策　　D. 经营政策
3. 存货的有关成本包括（   ）
   A. 订货成本　　B. 购置成本　　C. 储存成本　　D. 缺货成本
4. 商业信用的形式包括（   ）
   A. 应付账款　　B. 应计未付款　　C. 预收订金　　D. 应收账款
5. 下列关于存货管理的 ABC 分析法描述正确的是（   ）
   A. A 类存货金额巨大，但品种数量较少
   B. C 类存货金额巨大，但品种数量较少

C. 对 A 类存货应重点控制
D. 对 C 类存货应重点控制

三、判断题

1. 酒店的最佳现金持有量通常等于满足各种动机需要的现金余额之和。（　　）
2. 酒店花费的收账费用越多，坏账损失就越少，平均收账期也会越短。（　　）
3. 在用存货模式分析确定最佳现金持有量时，应考虑的成本费用项目包括现金的机会成本和管理成本。（　　）
4. 评估客户的信用等级，可以采用"5C"系统来评估。（　　）
5. 经济订货批量与存货的年储存成本成反比。（　　）

四、简答题

1. 应收账款对酒店的影响有哪些？
2. 在进行经济订货批量决策时，一般有哪些基本假设？
3. ABC 分析法对材料物资的划分标准是什么？

五、计算分析题

1. 某酒店全年经营所需现金 20 000 元，准备用短期有价证券变现取得，有价证券每一次变现的交易成本为 400 元，有价证券的年利率为 10%，请确定该酒店的最佳现金持有量是多少？

2. 某酒店预计 201× 年需 A 材料 360 000 千克，该原材料的单位采购成本为 10 元，每千克该材料年储存成本为 10 元。每次订货费用为 2 000 元，试计算该原材料的经济订货批量以及全年最小相关总成本。

参考答案

一、单项选择题

1. B　2. A　3. D　4. B　5. B

二、多项选择题

1. ABCD　2. ABC　2. BCD　4. ABC　5. AC

三、判断题

1. ×　2. ×　3. ×　4. √　5. √

四、简答题（略）

五、计算分析题

1. $Q = \sqrt{20\,000 \times 400 \times 10\%}$
   $= 800\,000$（元）

2. $Q = \sqrt{\dfrac{2 \times 360\,000 \times 2\,000}{10}}$
   $= 12\,000$（元）

   $T_C = \sqrt{2 \times 360\,000 \times 2\,000 \times 10}$
   $= 120\,000$（元）

参考文献

[1] 张立俭,焦念涛,王光健. 酒店经理人财务管理 [M]. 北京:清华大学出版社,2013.

[2] 章勇刚. 酒店财务管理 [M]. 北京:中国人民大学出版社,2014.

[3] 陈斯雯,雷雯雯. 新编现代酒店财务管理与成本控制实务大全 [M]. 北京:中国时代经济出版社,2013.

项目八

酒店固定资产管理

学习目标

【知识目标】

1. 了解酒店固定资产的特点与种类。
2. 熟悉固定资产的日常管理措施。
3. 掌握酒店固定资产折旧管理方法。

【技能目标】

1. 能运用多种方法计算固定资产折旧额。
2. 能灵活运用固定资产日常管理的方法与措施。

案例导入：

某酒店客房部张经理在工作期间发现电脑忽然失灵了，于是向维修部门报修，由于现场缺少需要更换的电脑零部件，因此不能马上将电脑维修好。无奈之下，张经理将酒店客房里供客人使用的电脑搬至办公室使用。当晚，恰好有客人入住该客房，因为没有电脑，于是对酒店服务与设施表示不满意。

思考：该酒店的固定资产管理方面存在哪些问题？

任务一　酒店固定资产管理概述

一、酒店固定资产的含义与特点

1. 酒店固定资产的含义

根据《旅游、饮食服务企业财务制度》规定，酒店固定资产是指使用年限在一年以上的房屋、建筑物、机器、机械、运输工具和其他与生产经营活动有关的设备、器具工具等；

不属于生产经营主要设备的物品,单位价值在2 000元以上,并且使用年限超过两年的,也应当视为酒店固定资产。

2. 酒店固定资产的特点

酒店固定资产的特点有以下几点。

(1) 一次性投资大,使用期限长。

(2) 在较长的使用期限中不会明显改变原来的实物形态。

(3) 价值以双重形式存在。固定资产一部分随实物磨损程度以折旧形式逐渐转移到费用或成本中去,并从营业收入中得到补偿;另一部分仍留存在实物形态中,直至报废。

(4) 不以销售为目的。固定资产属于劳动资料,是为企业的生产经营管理服务的,不同于以销售为目的的房屋建筑物、机器设备等商品性产品。

(5) 属于有形资产。固定资产是具有实物形态的有形资产,它不同于企业拥有的各种权利,如专利权、商标权、著作权等不具有实物形态,属于无形资产的范畴。

(6) 投资的集中性和回收的分散性。固定资产的价值补偿和实物更新在时间上是分别进行的,酒店购置固定资产是一次全部垫支资金,即体现投资的集中性;但由于其价值是逐渐转移的,因此,固定资产的收回是分次逐步实现的。

酒店企业应在财政部规定的固定资产分类折旧年限表的基础上,结合本企业具体情况,制定固定资产目录,报主管财政机关批准后,作为对固定资产管理与核算的基本依据。

二、酒店固定资产的分类

1. 按经济用途分类

酒店固定资产按经济用途分类,可以分为经营用固定资产和非经营用固定资产两大类。

(1) 经营用固定资产,是指直接参与酒店经营过程或服务于酒店经营过程的固定资产,如房屋、建筑物、机器设备、交通运输工具等。

(2) 非经营用固定资产,是指不直接参与或服务于酒店经营过程,而是为了满足员工物质文化需要的固定资产,如员工餐厅、浴室、医务室等使用的房屋、设备等。

按经济用途对固定资产进行分类,可以考核、分析酒店固定资产的配置是否合理。

2. 按使用情况分类

酒店固定资产按使用情况分类,可以分为在用固定资产、未使用的固定资产和不需用的固定资产三大类。

(1) 在用固定资产,是指正在使用的固定资产,包括由于季节性和大修理等原因暂停使用以及存放在使用部门以备替换使用的机器设备。

(2) 未使用的固定资产,是指酒店购入而尚未使用、尚待安装及进行改(扩)建的固定资产和经批准停止使用的固定资产。

(3) 不需用的固定资产,是指酒店不需用而准备处理的固定资产。

按照使用情况对固定资产进行分类,可以促使酒店合理地使用固定资产。同时,这一分类也便于正确计提固定资产折旧。

3. 按实物形态分类

根据《中华人民共和国旅游服务行业会计制度》分类,按固定资产的实物形态,将固定资产分为房屋及建筑物、机器设备、电器设备、交通运输工具、家具和其他设备，这样可以反映酒店固定资产的不同类别，为确定固定资产折旧年限奠定基础。

（1）房屋及建筑物，指酒店所有的营业用房和其他建筑物。

（2）机器设备，包括供电系统、供热系统、中央空调系统、电子系统、厨房机具、电梯、通信设备、大型洗涤设备、维修器械及其他机械设备等。

（3）电器设备，包括电脑网络系统、复印打字设备、闭路电视播放设备、音响设备、电视机、电冰箱、空调机及其他电器设备。

（4）交通运输工具，包括客车、货车、行李车等。

（5）家具，包括酒店各部门使用的家具、办公用家具设备、灯具、地毯及工艺摆设等。

（6）其他设备，包括消防监控设备、贵重器皿、健身房设备等不在上述分类的固定资产。

三、酒店固定资产管理的要求

固定资产管理一般易受传统观念的束缚。传统观念认为，固定资产的再生产周期较长，一般不具有流动性，存在一次投入、分次回收，在较长时间内使用后才能替换的特点，一经投入若要改变就非常困难。因此，一般着重量（数量及其价值量）的管理，即在保持固定资产的完整和完好状况的前提下，保证账实相符，通过清查盘点处理盘盈盘亏等。量的管理是必要的，但更重要的是固定资产的动态管理，结合折旧和更新，使固定资产不断得到优化和重组。固定资产管理主要有以下两个方面。

1. 优化固定资产配置

固定资产是酒店企业的一项重要投资。优化固定资产配置，必须使固定资产的投入合理，需注意以下几点。

（1）从发挥企业经营服务能力出发，优化固定资产结构，提高酒店企业技术密集程度，降低手工劳动程度和减轻手工劳动强度。

（2）从提高营业设备的技术含量、保持其先进水平和高效能出发，提高经营服务的质量和速度。

（3）从投入产出的角度出发，优化经营服务作业程序，充分发挥设备设施的效能，取得成本低、收益高、质量好的投入产出的最佳效果，实现资产滚动增值。

2. 促进固定资产合理流动

固定资产的合理流动，反映在折旧、更新和重组三个环节上。

（1）合理计提折旧，从价值转移上促进固定资产合理流动。固定资产一般使用年限较长，价值转移较慢。应当考虑某些固定资产的技术经济寿命情况，适当缩短折旧年限和采取加速折旧政策，为技术含量高的固定资产积累更新资金，促进经济和科技的发展。

（2）实行技术性更新，从实物形态的新陈代谢上促进固定资产合理流动。在固定资产重置上，要用先进的固定资产代替陈旧、落后的固定资产，或者是采用技术改造的办法不断改良旧的固定资产，发挥内涵扩大再生产的功效。

（3）从调整结构和重新组合上促进固定资产合理流动。随着经营服务能力的发展，原有的固定资产结构已经不适应更新换代发展的需要。因此，应随时对固定资产的类型和构成进行适当的调整和重新组合，即通过及时变卖、转让等方式，处理旧的，购建新的，使固定资产的技术、质量不断优化，从而使企业的综合经营服务能力不断提高。

任务二　酒店固定资产日常管理

一、建立健全酒店固定资产管理责任制

固定资产管理责任制，就是根据管用结合的原则，把管理权限和责任下放到各使用部门并落实到班组和个人，纳入岗位责任制，使各部门使用的固定资产都有专人负责管理。

在固定资产管理责任制中，要明确酒店各部门的职责，包括工程技术部门、使用保管部门和财务部门。财务部门对管理固定资产承担总体及主要责任，其主要职责是全面掌握固定资产的增减变动情况，保证酒店财产不受损失，定期组织财产清查，正确计提折旧，对固定资产利用情况进行分析，协助各有关部门建立健全固定资产管理的各项制度。

为进一步落实固定资产管理责任制，必须完善固定资产日常管理的一些基础性工作，如按照固定资产类别编制固定资产目录，通过建立固定资产总账及明细分类账、部门保管账和保管卡来完善固定资产账目体系。

二、建立定期盘点清查制度

酒店应成立由相关部门责任人参加的盘点小组，通过定期盘点清查，及时发现问题，查明原因，保证账账相符、账卡相符、账物相符。盘点方法有以账面数字核对实物和以盘点数核对账存两种。

对盘点清查出的盘盈、盘亏及毁损，要查明原因并及时处理。盘盈的固定资产，按同类或类似固定资产的市场价格，减去按该项资产新旧程度估计的价值损耗后的余额，作为固定资产的入账价值；盘亏及毁损的固定资产按照原价扣除累计折旧、过失人及保险公司赔款后的差额，计入营业外支出；酒店在工程施工中发生的固定资产清理净损失，计入有关工程成本；筹建期间发生的与工程不直接有关的固定资产盘盈、盘亏和清理净损益，以及由于非常原因而造成的固定资产清理净损失，计入开办费。

酒店对于出售或清理报废固定资产所获得的变价净收入（变价收入、残料价值减去清理费用后的净额）与固定资产净值（固定资产原值减去累计折旧）的差额，计入营业外收入或营业外支出。

对盘点中需清理的固定资产应按照规定的审批程序和手续，先由工程部提出，进行认真的技术鉴定，经财务部审查，报总经理审批。

三、做好固定资产的维修保养

酒店的固定资产品种多、分布广泛，其完好程度直接影响酒店产品的质量，尤其是宾客直接使用的一些设施设备，更应注意保持清洁、安全、整齐等。为此，必须建立健全必要的维修保养秩序和管理的责任制度，如计划内维修制度、计划外维修制度、设备维修保养分工制度、设备维修保养评价制度（设备完好率、设备维修费用率）等。通过多重质量控制体系，从专业部门到工程部门，从上岗、使用到保养、自检、维修，多方面做好质量控制工

作,确保设施设备时刻处于完好状态。

四、建立固定资产投资、出租、出借管理制度

酒店固定资产主要用于本酒店生产经营,不对外投资、出租、出借。如因需要将固定资产向外投资、出租,须按酒店财务制度规定,由财务资产管理部门写出可行性分析报告,经酒店组织评估、有关部门批准,签订投资和出租合同方可实施。

酒店固定资产原则上不予外借。如因特殊情况需临时出借,则应由总经理批准,借用单位出具正式借据,并按规定收费。酒店内部各部门借用固定资产,借用一方应向出借一方开收据,并按期归还。酒店固定资产不得给私人使用。

五、做好固定资产的报废与清理管理工作

1. 固定资产报废申请条件

固定资产报废表明固定资产退出使用范围而丧失了它的使用价值,造成固定资产价值的减少。符合下列条件之一的酒店固定资产可申请报废。

(1)使用年限过长,功能丧失,完全失去使用价值,或不能使用且无修复价值的。

(2)产品技术落后,质量差,耗能高,效率低,已属淘汰且不适于继续使用,或技术指标已达不到使用要求的。

(3)严重损坏,无法修复的或虽能修复,但累计修理费已接近或超过市场价值的。

(4)主要附件损坏,无法修复,而主体尚可使用的,可做部分报废。

(5)免税进口的仪器设备应当在监管期满,向海关申请解除监管,在获得批准之后才能提出报废申请。

酒店应分析固定资产报废的原因,把好报废固定资产的审批关。对于专业性较强的专用设备报废,必须由专业技术人员审查、鉴定,取得技术鉴定书,申明详细理由,按规定程序报上级主管部门批准,基层单位一律不得擅自报废处理。

2. 固定资产报废损失的认定

对报废、毁损的固定资产,其账面净值扣除残值、保险赔偿和责任人赔偿后的余额部分,依据下列证据认定损失。

(1)酒店内部有关部门出具的鉴定证明。

(2)单项或批量金额较大的固定资产报废、毁损,酒店应逐项做出专项说明,并委托有技术鉴定资格的机构进行鉴定,出具鉴定证明。

(3)不可抗力(自然灾害、意外事故、战争等)造成固定资产毁损、报废的,应当有相关职能部门出具的鉴定报告,如消防部门出具的受灾证明,公安部门出具的事故现场处理报告、车辆报损证明,房管部门出具的房屋拆除证明,锅炉、电梯等安检部门出具的检验报告,等等。

(4)酒店固定资产报废、毁损情况说明及内部核批文件。

(5)涉及保险索赔的,应当有保险公司理赔情况说明。

酒店财务部门应配合有关部门正确估计报废固定资产的残值,监督清理费用开支,并将变价收入及时入账。

任务三　酒店固定资产折旧管理

一、固定资产折旧的实质

固定资产折旧是指在固定资产的使用寿命内，按照确定的方法对应计折旧额进行的系统分摊。固定资产在使用过程中，由于磨损和其他经济原因而逐渐转移的价值，这部分转移的价值以折旧费用的形式计入成本费用中，并从企业营业收入中得到补偿，转化为货币资金。固定资产折旧的实质在于将固定资产的成本以一定的方式分配给由此资产获取效益的各期，以便使费用与收入配比。

二、酒店固定资产折旧的计提范围

除以下情况外，酒店企业应对所有固定资产计提折旧。

（1）已提足折旧仍继续使用的固定资产。所谓提足折旧，是指已经提足该项固定资产的应提折旧总额。

（2）按照规定单独估价作为固定资产入账的土地。在我国，土地归国家所有，任何企业和个人只拥有土地的使用权，企业取得的土地使用权应作为"无形资产"入账。"计入固定资产的土地"是指特定情况下按国家规定允许入账的固定资产，这种情况目前相当少见。

酒店确定计提固定资产折旧范围时，具体需注意以下几点。

（1）已达到预定可使用状态的固定资产，无论是否交付使用，尚未办理竣工决算的，应当按照估计价值确认为固定资产，并计提折旧；待办理完竣工决算手续，再按实际成本调整原来的暂估价值，但不需要调整原已计提的折旧额。

（2）融资租入的固定资产，应当采用与自有应计折旧资产相一致的折旧政策。能够合理确定租赁期届满时取得租赁资产所有权的，应当在租赁资产使用寿命内计提折旧。无法合理确定租赁期届满时能够取得租赁资产所有权的，应当在租赁期与租赁资产使用寿命两者中较短的期间内计提折旧。

（3）处于更新改造过程停止使用的固定资产，应将其账面价值转入在建工程，不再计提折旧。在更新改造项目达到预定可使用状态转为固定资产后，再按重新确定的折旧方法和该项固定资产尚可使用寿命计提折旧。因进行大修而停用的固定资产，应当照提折旧，计提的折旧额应计入相关资产成本或当期损益。

（4）企业固定资产应当按月计提折旧，当月增加的固定资产，当月不计提折旧，从下月起计提折旧；当月减少的固定资产，当月仍计提折旧，从下月起不计提折旧。

三、酒店固定资产的使用寿命、预计净残值和折旧方法的复核

酒店固定资产在使用过程中，由于经济环境、技术环境及其他环境等客观情况的改变、使原有的固定资产预计使用寿命、预计净残值和折旧方法已不能恰当地反映其实际情况，企业应根据新会计准则的规定，至少应当于每年年度终了，对固定资产的使用寿命、预计净残值和折旧方法进行复核。

无论是固定资产使用寿命的改变，还是预计净残值和折旧方法的改变，都应当作为会计

估计变更。通过对固定资产使用寿命、预计净残值和折旧方法的恰当调整，使固定资产信息更加真实，也更加有助于会计信息使用者做出正确的经济决策。

四、酒店固定资产折旧额的计算

固定资产由于磨损和其他经济原因而转移到产品成本或期间费用中去的价值，很难用技术的方法正确测定，酒店应当根据与固定资产有关的经济利益的预期实现方式，合理选择固定资产折旧方法。同时要求企业定期对固定资产的折旧方法进行复核。如果固定资产包含的经济利益的预期实现方式有重大改变，则应当相应地改变固定资产折旧方法。

1. 年限平均法

年限平均法是根据固定资产的原始价值扣除预计净残值，按预计使用年限平均计提折旧的一种方法。年限平均法又称直线法，它将折旧均衡分配于使用期内的各个期间。因此，用这种方法所计算的折旧额，在各个使用年份或月份中都是相等的。其计算公式为：

$$固定资产年折旧额 = (固定资产原值 - 预计净残值) \div 预计使用年限$$

或

$$固定资产年折旧额 = 固定资产原值 \times 年折旧率$$

$$固定资产年折旧率 = \frac{1 - 预计净残值率}{预计使用年限} \times 100\%$$

使用年限法的特点是每年的折旧额相同，缺点是随着固定资产的使用，修理费越来越多，到资产的使用后期，修理费和折旧额会大大高于固定资产购入的前几年，从而影响企业的所得税税额和利润。

【例8-1】某酒店有一台价值400 000元的设备，预计净残值率为3%，估计使用年限为5年。请按直线法计算每年应计提折旧额。

该设备的年折旧额计算如下：

$$预计净残值 = 400\,000 \times 3\% = 12\,000（元）$$

$$每年折旧额 = (400\,000 - 12\,000) \div 5 = 77\,600（元）$$

2. 工作量法

工作量法是指根据固定资产在规定的折旧年限内可以完成工作量（如汽车的行驶里程、机器设备的工作小时等）的比例计算折旧额的一种方法。按照这种方法可以正确地为各月使用程度变化相对较大的固定资产计提折旧。其计算公式为：

$$单位工作量折旧额 = 固定资产原价 \times (1 - 预计净残值率) \div 预计总工作量$$

$$某项固定资产月折旧额 = 该项固定资产当月工作量 \times 单位工作量折旧额$$

【例8-2】某酒店有一设备，账面原值为260 000元，规定的预计净残值率为6%，预计工作总量为200 000小时，该月实际完成工时180小时。请计算本月应计提折旧额。

$$单位工作小时折旧额 = 260\,000 \times (1 - 6\%) \div 200\,000 = 1.22（元）$$

$$本月折旧额 = 180 \times 1.22 = 219.60（元）$$

3. 双倍余额递减法

双倍余额递减法是指在不考虑固定资产残值的情况下，根据每期期初固定资产账面余额和双倍的直线法折旧率计算固定资产折旧的一种方法。其计算公式为：

$$年折旧率 = 2 \div 预计的折旧年限 \times 100\%$$

月折旧率 = 年折旧率 ÷ 12

月折旧额 = 固定资产账面净值 × 月折旧率

【例 8-3】 承例 8-1，请用双倍余额递减法计算每年应提折旧额。

该项设备的年折旧率 = 2 ÷ 5 × 100% = 40%

双倍余额递减法下计算的每年应提折旧额如表 8-1 所示。

表 8-1 双倍余额递减法下固定资产折旧的计算

时间	折旧率/%	年折旧额/元	账面净值/元
第一年	40	160 000(400 000 × 40%)	240 000
第二年	40	96 000(240 000 × 40%)	144 000
第三年	40	57 600(144 000 × 40%)	86 400
第四年	50	37 200(86 400 - 12 000) ÷ 2	49 200
第五年	50	37 200(86 400 - 12 000) ÷ 2	12 000

由于双倍余额递减法不考虑固定资产的残值收入，因此，在使用这种方法时，必须注意不能把固定资产的账面折余价值降低到它的预计残值收入以下。按现行制度规定，实行双倍余额递减法计提折旧的固定资产，应当在其折旧年限到期以前两年内，将固定资净值扣除预计净残值后的余额平均摊销。

4. 年数总和法

年数总和法又称合计年限法，是将固定资产的原值减去净残值后的净额乘以一个逐年递减的分数计算每年的折旧额。其计算公式为：

年折旧率 = 尚可使用的年数 ÷ 预计使用年限的年数总和 × 100%

月折旧率 = 年折旧率 ÷ 12

月折旧额 = (固定资产原值 - 预计净残值) × 月折旧率

按这种方法提取的折旧额在开始年度大，以后随着折旧年限增加而减少。在折旧年限相同的情况下，年数总和法比直线法和工作量法的折旧速度要快。

【例 8-4】 承例 8-1，请用年数总和法计算每年应提折旧额。

年数总和 = 1 + 2 + 3 + 4 + 5 = 15

或

年数总和 = (1 + 5) × 5 ÷ 2 = 15

第一年计算如下：

年折旧率 = 5 ÷ 15 × 100% = 33.33%

年折旧额 = (400 000 - 12 000) × 5 ÷ 15 = 129 333（元）

年数总和法下计算的每年应提折旧额如表 8-2 所示。

表 8-2 年数总和法下固定资产折旧的计算

时间	折旧率/%	年折旧额/元	账面净值/元
第一年	5/15	129 333(388 000 × 5 ÷ 15)	270 667
第二年	4/15	103 467(388 000 × 4 ÷ 15)	167 200
第三年	3/15	77 600(388 000 × 3 ÷ 15)	89 600
第四年	2/15	51 733(388 000 × 2 ÷ 15)	37 867
第五年	1/15	25 867(388 000 × 1 ÷ 15)	12 000

双倍余额递减法和年数总和法均属于加速折旧法。加速折旧法也称为快速折旧法或递减折旧法。其特点是，在固定资产有效使用年限的前期多提折旧，后期则少提折旧，从而相对加快折旧的速度，以使固定资产成本在有效使用年限中加快得到补偿。

加速折旧法的依据是效用递减，即固定资产的效用随着其使用寿命的缩短而逐渐降低，因此，当固定资产处于较新状态时，效用高，产出也高，而维修费用较低，所取得的现金流量较大；当固定资产处于较旧状态时，效用低，产出也小，而维修费用较高，所取得的现金流量较小。由此按照配比原则的要求，折旧费用应当呈递减的趋势。

五、酒店固定资产折旧的核算

在我国会计实务中，各月固定资产折旧的计提工作一般是通过按月编制"固定资产折旧计算表"进行的。计算出的折旧额应根据使用地点和用途不同，计入相应的成本费用中。生产部门正常使用固定资产的折旧，应借记"制造费用"账户；车间管理部门正常使用固定资产的折旧，应借记"制造费用"账户，行政管理部门正常使用固定资产的折旧，应借记"管理费用"账户；销售部门正常使用固定资产折旧，应借记"销售费用"账户；工程正常使用固定资产的折旧，应借记"在建工程"账户；未用不需用固定资产的折旧，应借记"管理费用"账户；修理、季节性停用固定资产的折旧记入原成本费用账户；经营租赁租出固定资产计提的折旧，应借记"其他业务成本"账户。

项目小结

本项目主要讲述了酒店固定资产的含义、特点、分类，固定资产日常管理办法，固定资产折旧计提范围，折旧额的计算方法。

思考与练习

一、单项选择题

1. 下列不属于固定资产特点的是（　　）。
   A. 使用期限长　　　　　　　　B. 使用期限中不会明显改变原来的实物形态
   C. 属于有形资产　　　　　　　D. 以销售为目的
2. 下列固定资产中应提折旧的是（　　）。
   A. 已提足折旧的固定资产　　　B. 提前报废的固定资产
   C. 融资租入的固定资产　　　　D. 处于季节性大修理的固定资产
3. 下列固定资产折旧方法中，属于加速折旧的是（　　）。
   A. 年限平均法　　B. 工作量法　　C. 双倍余额递减法　　D. 直线法
4. 影响固定资产折旧额的因素不包括（　　）。
   A. 已提折旧额　　B. 净残值　　C. 固定资产原值　　D. 预计使用年限

二、判断题

1. 酒店固定资产的盘点方法有以账面数字核对实物和以盘点数核对账存两种。（　　）
2. 酒店固定资产一律不得对外出租、出借。（　　）
3. 酒店应对所持有的全部固定资产计提折旧。（　　）
4. 当月取得的固定资产，应从当月起开始折旧。（　　）
5. 当固定资产功能已丧失，完全失去使用价值，或不能使用且无修复价值时，可申请

报废。（　　）

三、简答题

1. 固定资产的特点有哪些？又是如何分类的？
2. 做好酒店的固定资产日常管理应注意哪些方面？

四、计算题

1. 某酒店有一台价值 800 000 元的设备，预计净残值率为 5%，估计使用年限为 5 年。请分别采用直线法、双倍余额递减法、年数总和法计算每年应计提折旧额，并分析不同折旧方法对财务报表产生的影响。

2. A 酒店一清洁设备原价是 60 000 元，预计可以使用 40 000 小时，预计净残值率为 5%，2016 年 2 月该设备使用了 200 小时，请用工作量法计算 2 月的折旧额。

参考答案

一、单项选择题
1. D　　2. C　　3. C　　4. A

二、判断题
1. √　　2. ×　　3. ×　　4. ×　　5. √

三、简答题（略）

四、计算题（略）

参考文献

[1] 张立俭，焦念涛，王光健. 酒店经理人财务管理 [M]. 北京：清华大学出版社，2013.

[2] 盛锦春. 财务管理 [M]. 北京：北京邮电大学出版社，2015.

[3] 陈斯雯，雷雯雯. 新编现代酒店财务管理与成本控制实务大全 [M]. 北京：中国时代经济出版社，2013.

项目九

酒店财务预算管理

学习目标

【知识目标】

1. 了解酒店财务预算管理的目的和意义。
2. 熟悉酒店财务预算的科目内容及相互关系。
3. 知晓酒店利润预算如何推算得出。

【技能目标】

1. 学会简单利用数字、公式进行预算调整。
2. 能通过审阅预算报表找出各项比例是否健康可行。
3. 能将预期的销售策略与任务指标完美地体现在预算表格中。

案例导入

某快捷连锁酒店在某年10月份开始编制下一年度的经营预算。根据往年及本年度已完成情况和剩余月份预测情况，某店长结合未来一年的全年销售计划，找到财务人员、运营一线经理、销售负责人一起开会研讨新年度酒店经营预算方针政策。确保全年经营收入、利润值、利润率、各项成本费用比例达到并超出集团总部的预算指标要求。

思考：除了自己店的情况，是否还要考虑竞争对手的情况，比如同一品牌酒店是否在周边商圈开业，竞争酒店过去一年的经营数据，预算指标比完成情况，会否在3公里范围内继续开发新店。国家及本省本市有没有利好的政策，或市政方面有没有修路等改造工程，年度内能对大经济有影响的重要活动或会晤，这些外力因素也要多加考虑，这样在制定预算编制的时候才更加客观准确。

任务一 酒店财务预算概述

一、编制酒店预算的目的和意义

（1）预算是预测未来收益情况的重要战略动作。
（2）没有预算将是盲目的风险投资，后果不堪设想。
（3）预算科目的健全，可以帮助企业管理者梳理清晰的管理内容。
（4）预算数据的精准，可以帮助企业管理者更有效地达成经营目标。
（5）预算制作的专业程度，直接能体现一个管理者的专业水准。

二、酒店预算编制的原则和技巧

（1）收入要结合市场营销发展战略和战术进行预测。
（2）成本费用要用"率"来衡量和控制。
（3）一切设定都要以"利润值"为前提进行反推考量。
（4）不是利润率越高越好，而是合理才行。
（5）必要的成本投入，是满足客户需求的最基本因素。
（6）收入越高，利润越高。
（7）收入越高，成本占比越低。
（8）收入越高，利润率越高。
（9）收入的增加和成本的增加不成正比。
（10）利润率衡量企业的健康程度，利润值衡量企业的活力指数。

三、酒店实际运作预算科目展示

（1）图9-1为收入部分。

C	M	N	O	P
酒店编号：010078		酒店集团2014年酒店经营预算		
酒店名称：某某店				预算酒店输入
	10月	11月	12月	年合计
每月法定节日天数	3	0	0	11
AG01_门市价	190	175	175	188
AG02_房间数	132	132	132	132
AG03_出租率	100.0%	100.0%	100.0%	100.0%
AG04_房价	152	140	139	150
AG05_房价执行率	80.0%	80.0%	79.4%	79.9%
AG06_RevPAR	152	140	139	150
AG07_收益率	80.0%	80.0%	79.4%	79.9%
AG08_客房收入	624,984	557,400	571,836	3,049,596
AG0901_餐饮收入	15,000	15,000	15,000	75,000
AG0902_商品收入	15,000	14,000	14,500	73,500
AG0904_其他收入	100	100	100	500
AG0903_普卡收入	6,000	5,000	5,000	28,000
AG0906_金卡收入	9,000	8,000	8,000	43,000
AG0905_代客收入（洗涤费/电话费）				0
AG09_非客房收入	45,100	42,100	42,600	220,000
AG10_考核总收入	670,084	599,500	614,436	3,269,596

图9-1 收入部分

(2) 图 9-2 为税金及营业成本。

22	AG10 考核总收入	670,084	599,500	614,436	3,269,596
23	AG11 税金	39,779	36,449	37,665	196,175
24	AG1101 税率	5.9%	6.1%	6.1%	6.0%
25	AG1102 营业税金及附加	39,779	36,449	37,665	196,175
26	AG1103 增值税				0
27	AG12 营业成本	26,500	25,250	25,250	130,000
28	AG1201 营业成本率	4.0%	4.2%	4.1%	4.0%
29	AG1202 餐饮成本%	66.7%	66.7%	66.7%	66.7%
30	AG1203 餐饮成本	10,000	10,000	10,000	50,000
31	AG1204 商品成本%	50.0%	51.8%	50.0%	50.3%
32	AG1205 商品成本	7,500	7,250	7,250	37,300
33	AG1206 卡成本%	40.0%	38.5%	38.5%	39.4%
34	AG1207 卡成本	6000	5000	5000	28,000
35	AG1208 销售服务费（CRS除外）	3,000	3,000	3,000	15,000
36	AG13 人力成本	104,600	95,400	92,600	482,500
37	AG1301 人力成本率	15.6%	15.9%	15.1%	14.8%
38	AG1302 应发工资	50,000	50,000	50,000	250,000

图 9-2 税金及营业成本

(3) 图 9-3 为人力成本和物料用品。

AG13 人力成本	104,600	95,400	92,600	482,500
AG1301 人力成本率	15.6%	15.9%	15.1%	14.8%
AG1302 应发工资	50,000	50,000	50,000	250,000
AG1306 绩效超额奖预提				0
AG1307 工资附加	30,000	30,000	30,000	150,000
AG1308 福利费	15,000	5,800	3,000	34,500
AG1309 考核提成	4,600	4,600	4,600	23,000
AG1304 绩效达标奖计提	5,000	5,000	5,000	25,000
AG1303 绩效达标奖计提%	10.0%	10.0%	10.0%	10.0%
AG1305 绩效超额奖预提%	0.0%	0.0%	0.0%	0.0%
AG14 物料用品	34,848	29,942	29,848	164,479
AG1401 物料用品费用率	5.2%	5.0%	4.9%	5.0%
AG1402 清洁用品	200	200	200	1,000
AG1403 清洁费				500
AG1404 服务用品	11,048	10,692	11,048	54,529
AG1406 棉织品-老店计提金额/新店摊销	5,000			15,000
AG1407 棉织品-实际支出				0
AG1408 餐厨具	100	100	100	500
AG1409 低值易耗品	200	200	200	1,000
AG1410 洗涤费	18,000	18,000	18,000	90,000
AG1411 物料用品摊销				0

经营预算

图 9-3 人力成本和物料用品

(4) 图9-4为能源费用、维修保养费用、其他费用。

酒店名称：未来店		10月	11月	12月	年合计
57	AG1411_物料用品摊销				0
58	AG1310_服装费	300	750	300	1,950
59	AG15_能源费用	24,000	52,000	52,000	176,000
60	AG1501_能源费用率	3.6%	8.7%	8.5%	5.4%
61	AG1502_水费	1,000	1,000	1,000	5,000
62	AG1503_电费	15,000	15,000	15,000	75,000
63	AG1504_煤、燃气费		28,000	28,000	56,000
64	AG1505_蒸汽费	8,000	8,000	8,000	40,000
65	AG16_酒店维修保养费	0	0	0	0
66	AG1601_维修保养费用率	0.0%	0.0%	0.0%	0.0%
67	AG1602_维修预提-酒店(新店无)				0
68	AG1603_维修预提-公司(新店无)				0
73	AG17_其他费用	8,200	8,700	8,200	45,500
74	AG1701_其他费用率	1.2%	1.5%	1.3%	1.4%
75	AG1702_交通差旅费		500		4,500
78	AG1705_印刷及文具费	2,000	2,000	2,000	10,000
79	AG1706_邮电费	3,000	3,000	3,000	15,000
80	AG1707_有线电视费	3,000	3,000	3,000	15,000
82	AG1709_金融机构手续费	200	200	200	1,000
86	AG1799_其他				0

图9-4 能源费用、维修保养费用、其他费用

(5) 图9-5为酒店经营利润、市场营销、城区管理费、店长考核GOP等。

86	AG1799_其他				0
87	AG18_酒店经营利润	432,157	351,759	368,873	2,074,941
88	AG19_市场营销	0	0	0	0
89	AG1901_市场营销费用率	0.0%	0.0%	0.0%	0.0%
90	AG1902_业务招待费				
91	AG1903_宣传费				0
92	AG20_城区管理费用	6,701	5,995	6,144	32,696
93	AG2001_计提城区管理费用	6,701	5,995	6,144	32,696
94	AG2002_实际城区管理费用				0
95	AG2003_实际区域人员管理费用				0
96	AG21_店长考核GOP	425,456	345,764	362,728	2,042,245
97	AG22_店长考核GOP率	63.5%	57.7%	59.0%	62.5%
98	AG23_代垫公司费用				
99	AG24_非考核收入	0	0	0	0
100	AG2401_转租收入				0
101	AG25_营业外收入				0
102	AG26_营业外支出				0
103	AG27_摊销	0	0	0	0
104	AG2701_长期待摊				0
105	AG2702_折旧				0
107	AG2704_租金				0

图9-5 酒店经营利润、市场营销、城区管理费、店长考核GOP等

(6) 图 9-6 为酒店费用每间夜效率分析。

104	AG2701 长期待摊				0
105	AG2702 折旧				0
107	AG2704 租金				0
108	AG28 其他非经营费用	4,000	4,000	4,000	20,000
109	AG2801 咨询费				0
110	AG2802 利息收入				0
111	AG2803 CRS费用	4,000	4,000	4,000	20,000
112	AG2804 汇兑损益及其他				0
113	AG29 利润总额	421,456	341,764	358,728	2,022,245
114	AG30 所得税	105,364	85,441	89,682	505,561
115	AG31 每月天数	31	30	31	365
116	AG32 有效每月天数	31	30	31	153
117					
119	费用效率分析（每间夜）				
120	服务用品（客用品）	2.7	2.7	2.7	2.7
121	洗涤费	4.4	4.5	4.4	4.5
122	水费	0.2	0.3	0.2	0.2
123	电费	3.7	3.8	3.7	3.7
124	煤、燃气费	-	7.1	6.8	2.8
125	蒸汽费	2.0	2.0	2.0	2.0

图 9-6 酒店费用每间夜效率分析

任务二 酒店财务预算的编制说明

一、某集团下属一线酒店年度预算编制具体要求实例剖析

某酒店集团 2014 年酒店经营预算及固定资产更新预算编制说明。

1. 要点提示

（1）为帮助区域及时准确完成今年的预算编制工作，公司帮助提供城区和酒店的参考预算，最终酒店预算由城区确定；其中改造双品牌按照一家店编制预算，新建双品牌按照 2 家店分别编制预算。

（2）酒店须将填写好的预算模板以邮件附件的方式发给资深店长或城总审核，确认审批后酒店方可上传预算，第一轮酒店预算上传的截止时间为 2013 年 10 月 18 日，城区在系统中操作审批。

（3）费用预算科目调整：增加金卡收入和成本；员工餐成本从"福利费"调整到"餐饮成本"。

2. 预算关注

（1）关注酒店的内外网费用。

（2）快捷品牌防毒面具即将满三年。

（3）人员编制：快捷实行"三效化"。

二、2014 年经营预算编制表填制的主要原则

（1）排除不可预计和不可控的风险因素，真实反映酒店在 2014 年经营的实际水平；对于在 2013 年度中有过房量或餐饮调整的，2014 年预算房量和餐饮按调整以后的实际情况编制预算，且体现改变后对预算的影响。

（2）费用预算以尊重实际、从紧编制为原则，并遵循费用使用效率的逐年改进：人力成本中应发工资预算最大值不应超过目前实有在编人员工资上限；客用品、洗涤费、水费和电费每间夜出租房费用在 2013 年全年实际值以下；餐饮毛利率在 2013 年实际基础上有提高（剔除员工餐的情况下）。

（3）体现公平原则：对于 2013 年预算完成较好的酒店和城区，能在 2014 年的预算编制中充分体现其经营实际业绩的潜力；对于在 2013 年未完成预算的酒店，店长及城区在充分评估 2014 年可能面临的情况后，编制较为贴近实际的预算。

（4）若 2014 年无特殊因素，各月预算分配比例应沿用 2013 年实际季节变化因素，若有特殊事件，请充分考虑对 2014 年季节的影响。

三、预算原则——营收规则

1. 酒店三大指标的编制原则：均价、出租率、RevPAR

（1）编制原则：①在 2013 年全年预测的基础上提升。②原则上 RevPAR 不低于 2013 年 1—8 月。③原则上改造双品牌和升级改造酒店指标不能调整给其他直营店。

（2）提升幅度：按店龄、2013 年全年预测 RevPAR 高低、RevPAR 指标完成率、2013 年 1—8 月 RevPAR 同比。

（3）城区和酒店参照：客源、同城酒店经营情况。

2. 酒店非客房收入的编制原则

非客房收入如图 9-7 所示。

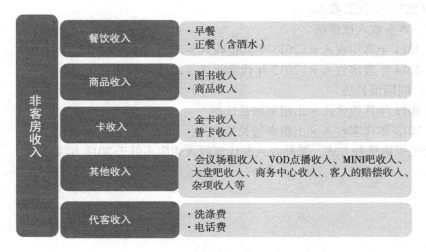

图 9-7 非客房收入

（1）餐饮收入。

方案1：单位客流用餐比例法。

公式：房间数×预估过夜出租率×单位客房人数×用餐比例×单价×天数

方案2：客房收入比例法。

公式：2014年客房收入×（2013年餐饮收入÷2013年客房收入）

方案3：同期增长法。

公式：2013年餐饮收入×增长比例（5%～10%）

其中，方案1适用于测算早餐收入，方案2、方案3适用于测算早餐和正餐收入。

若2013年餐饮模式有调整的，门店应参考调整后经营状况，择其合适的方案测算。

若2013年餐饮模式无调整的，餐饮收入应在2013年基础上有所增长。

（2）商品收入。

方案1：客房收入比例法。

公式：2014年客房收入×（2013年商品收入÷2013年客房收入）×（1+5%）

方案2：同期增长法。

公式：2013年商品收入×增长比例（10%～15%）

以上无论采取哪种方式，商品收入均应在2013年基础上有所增长，并且不得低于1 500元/月。

（3）卡收入。

方案1：售卡比例法。

公式：房间数×出租率×上门散客比例×嘉宾卡转化率×单价×天数

方案2：客房收入比例法。

公式：2014年客房收入×（2013年卡收入÷2013年客房收入）×（1+5%）

方案3：同期增长法。

公式：2013年卡收入×增长比例（10%～15%）

以上无论采取哪种方式，卡收入均应在2013年基础上有所增长。

（4）其他收入/代客收入。

方案1：客房收入比例法。

公式：2014年客房收入×（2013年其他收入÷2013年客房收入）

　　　2014年客房收入×（2013年代客收入÷2013年客房收入）

方案2：同期增长法。

公式：2013年其他收入×出租率增长比例

　　　2013年代客收入×出租率增长比例

以上无论采取哪种方式，其他收入和代客收入均应不低于2013年实际。

四、预算原则——费用规则

1. 税金

税金如图9-8所示。

图9-8 税金

2. 营业成本

营业成本如图9-9所示。

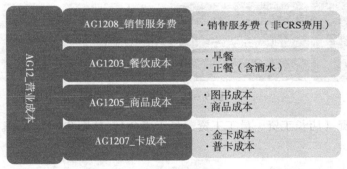

图9-9 营业成本

（1）销售服务费（线上线下的中介费用，如携程佣金）。

编制销售服务费预算分以下几种情况。

若2014年预算客房收入与2013年的实际客房收入相当，则原则上，2014年销售服务费预算按等于2013年实际销售服务费编制，但各月份的预算数值需要根据节假日的实际变动情况做微调。

若2014年预算客房收入比2013年实际客房收入有增加，则2014年预算销售服务费预算一般根据销售年计划中的各月的中介占比×对应月份门市价×95%×15%×月可售房总数编制（此公式只适用月门市价150~240元的情况；若月门市价小于150元或大于240元，则将公式中对应月份的门市价×95%×15%替代成25%或40%），其中月可售房总数等于房间数×出租率×月天数。

（2）餐饮成本（早餐、正餐含酒水、员工餐）。

编制方法：餐饮收入×(1-餐饮毛利)+员工餐成本。

早餐：毛利率30%；正餐：毛利率48%~52%。

员工餐成本计算方法：

按 2014 年酒店岗位预算编制数 × 对应城市级别的人均餐费标准 × 当月天数 × 75% + 当月应享员工福利人数 × 当月应享福利费编制，但年预算福利费总额不超过 2014 年酒店岗位预算编制数 × 对应城市级别人员餐标 × 266。

餐标：一类城市 14 元，二类城市 12 元，其余 10 元。

（3）商品成本、卡成本。

编制方法：

$$商品成本 = 2014 年各月的预算商品收入 \times 55\%$$

$$卡成本 = 购卡成本 + 员工提成$$

3. 人力成本

人力成本如图 9 – 10 所示。

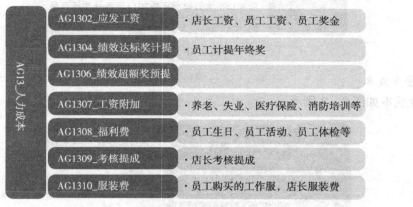

图 9 – 10 人力成本

（1）应发工资（店长工资、员工工资、员工奖金），如图 9 – 11 所示。

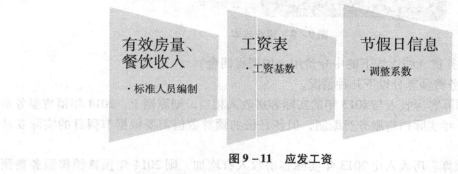

图 9 – 11 应发工资

先根据 2014 年年预算的有效房量和月均预算餐饮收入计算各岗位的编制人数（驻店专员按 0.5 人计算，直营酒店无会计兼人事编制，特许店该岗位编制为 1 人），再用各岗位的预算编制人数（店长编制人数除外）与对应城市岗位工资标准（取 2013 年人事发布的城市岗位工资标准表中各岗位"Ⅲ级工资"+"基准奖金"的合计值）相乘做各月应发工资预算的基数，以此基数乘以固定假日的预算调整系数再加上对应城市级别单店店长的Ⅲ级工资（特许酒店店长的岗位工资取特许加盟合同中的"总经理费"）来编制预算。其中，酒店的人员编制标准和法定假日的预算调整系数如图 9 – 12 和表 9 – 1 所示。

如家酒店2013年人员编制标准（房量系数为16间）

岗位名称	60间及以下	61-76间	77-92间	93-108间	109-124间	125-140间	141-156间	157-172间	173-188间	189-204间	205-220间	221-236间	237-252间	253-268间	269-284间	285间及以上
店长/副店长/驻店经理	0.5	0.5	1	1	1	1	1	1	1	1	1	1	1	1	1	1
运营经理	1	1	1	1	1	1	1	1	1	1	1	1	1	1	1	1
前厅经理	1	1	1	1	1	1	1	1	1	1	1	1	1	1	1	1
前厅副理(暂缺)	—	—	—	—	—	—	—	—	—	—	—	—	—	—	—	—
前台服务员	5	5	5	6	6	6	6	7	7	8	8	8	8	9	9	9
客房经理	—	—	—	—	1	1	1	1	1	1	1	1	1	1	1	1
客房领班	1	1	1	1	1	1	1	2	2	2	2	3	3	3	3	3
客房服务员	5	6	7	8	9	10	11	12	13	14	15	16	17	18	19	20及以上
会计或餐务员(暂缺)	—	—	—	—	—	—	—	—	—	—	—	—	—	—	—	—
会计兼人事(仅标许店)	0/1	0/1	0/1	0/1	0/1	0/1	0/1	0/1	0/1	0/1	0/1	0/1	0/1	0/1	0/1	0/1
驻店专员/出纳	0.5/1	0.5/1	0.5/1	0.5/1	0.5/1	0.5/1	0.5/1	0.5/1	0.5/1	0.5/1	0.5/1	0.5/1	0.5/1	0.5/1	0.5/1	0.5/1
工程维护员	1.5	1.5	2	2	2	2	3	3	3	3	3	4	4	4	4	4
安全服务员	2	2	2	2	2	2	2	2	2	2	2	2	2	2	2	2
合计	17.5/19	18.5/21	20.5/22	22.5/24	24.5/26	25.5/27	26.5/28	28.5/30	31.5/33	32.5/34	34.5/36	35.5/37	38.5/40	39.5/41	41.5/43	45及以上
人房比	0.29	0.3-0.27	0.26-0.24	0.23-0.2	0.22-0.2	0.2-0.18	0.18-0.17	0.18-0.16	0.18-0.16	0.17-0.16	0.16-0.15	0.16-0.15	0.16-0.15	0.15-0.14	0.15-0.14	0.15

供餐标准	只提供早餐			提供三餐				
餐厅人员编制要求	营业额<2万	2.01万≤营业额<3万	3万≤营业额<5万	5万≤营业额<6万	6万≤营业额<8万	8万≤营业额<10万	10万≤营业额<12万	
餐厅主管	—	—	—	—	1	1	1	
餐厅服务员	1	1	3	3	3	5	6	
厨师长	—	—	—	1	1	1	1	
厨师	1	1	1	1	2	2	2	
厨杂工	—	1	2	2	3	3	3	
合计	2	3	6	7	10	12	13	
餐厅人员与万元营业额之比	0-1	1.5-1	2-1.2	1.4-1.2	1.66-1.25	1.5-1.2	1.3-1.08	

图 9-12 酒店的人员编制标准和法定假日的预算调整系数

表 9-1 酒店的人员编制标准和法定假日的预算调整系数

岗 位	岗位级别工资					基准奖金	各级工资+基准奖金				
	Ⅰ级	Ⅱ级	Ⅲ级	Ⅳ级	Ⅴ级		Ⅰ级总额	Ⅱ级总额	Ⅲ级总额	Ⅳ级总额	Ⅴ级总额
运营经理	3 000					600	3 600				
前厅经理	1 900					400	2 300				
客房经理	1 800					400	2 200				

岗 位	岗位工资Ⅰ级	岗位工资Ⅱ级	基准奖金	工资Ⅰ级基准奖金	工资Ⅱ级基准资奖金						
前台服务员	1 450										
客房领班	1 350										
客房服务员	1 150										
餐厅主管	1 500										
餐厅服务员	1 150										
厨师长	2 150										
厨师	1 350										
厨工	1 100										
工程维护员	1 650										
安全服务员	1 150										
安全兼人事	2 150										
驻店专员/出纳	1 750										
资深员工额度			200								
城市平均奖金数			227								

举例:

如图 9-13 所示:2014 年预算的有效房量为 118(125×94.4%)间,月均预算餐饮收入为 21 083(253 000÷12)元,对应的各岗位的人员编制见图 9-14 粗线框处,对应的岗位工资标准见图 9-15 粗线框处。该店 2014 年月预算应发工资的基数为 44 300 元(对应岗位人数×对应工资合计,运营经理岗位人数 1×运营经理岗位对应级别工资合计 3 700 元+前厅经理岗位人数 1×前厅经理岗位对应级别工资合计 2 500 元+……+厨杂工岗位人数 1×厨杂工岗位工资合计 1 200 元),则 2014 年各月预算应发工资如图 9-16 所示。

图 9-13　2014 年预算

图 9-14　各岗位的人员编制

(2)绩效达标奖计提、超额奖预提、工资附加。

AG1304_绩效达标奖计提　●　员工计提年终奖

编制方法:(对应月份应发工资预算-店长岗位编制数×店长的岗位工资)×12.5%。

图3	岗位级别工资					基准奖金	各级工资+基准奖金				
	Ⅰ级	Ⅱ级	Ⅲ级	Ⅳ级	Ⅴ级		Ⅰ级总额	Ⅱ级总额	Ⅲ级总额	Ⅳ级总额	Ⅴ级总额
运营经理	3000					600	3600				
前厅经理	1900					400	2300				
客房经理	1800					400	2200				

岗位	岗位工资Ⅰ级	岗位工资Ⅱ级	基准奖金	工资Ⅰ级+基准奖金	工资Ⅱ级+基准奖金
前台服务员	1450				
客房领班	1350				
客房服务员	1150				
餐厅主管	1500				
餐厅服务员	1150				
厨师长	2150				
厨师	1350				
厨工	1100				
工程维护员	1650				
安全服务员	1150				
会计兼人事	2150				
驻店专员/出纳	1750				
资深员工额度			200		
城市平均奖金数			227		

图 9-15 岗位工资标准

月份	1月	2月	3月	4月	5月	6月	7月	8月	9月	10月	11月	12月
应发工资基数	44300	44300	44300	44300	44300	44300	44300	44300	44300	44300	44300	44300
预算调整系数	115%	115%	105%	110%	110%	110%	105%	105%	110%	120%	105%	105%
应发工资预算	50945	50945	46515	48730	48730	48730	46515	46515	48730	53160	46515	46515

图 9-16 2014 年各月预算应发工资

AG1306_绩效超额奖预提

编制方法：按照"0"填写。

AG1307_工资附加 ● 养老、失业、医疗保险，消防培训等

编制方法：对应月份应发工资预算×(2013 年 1—8 月实际工资附加÷2013 年 1—8 月实际应发工资)。

（3）福利费、考核提成、服装费。

AG1308_福利费 ● 员工生日、员工活动、员工体检

编制方法：800 元/(人·年) 的福利 +80 元/(人·年)（体检）。
（春节费，高温、中秋、员工活动等固定福利提前一个月编入预算）

AG1309_考核提成 ● 店长考核提成

编制方法如下。
直营店：每月 5 750 元。
特许店：0。

AG1310_服装费 ● 员工购买的工作服，店长服装费

编制方法：截至 2013 年 12 月 31 日，开业大于 12 个月的酒店，2014 年服装费预算按与 2012 年实际服装费大致相当的水平编制；截至 2013 年 12 月 31 日，开业在 0～12 个月的酒店，2014 年服装费月预算在开业小于 12 个月前按实际摊销编制，从第 13 个月起，按每月不大于 300 元编制。

4. 物料用品

物料用品如图 9-17 所示。

图 9-17　物料用品

（1）清洁用品、清洁费。

AG1402_ 清洁用品　●用来做清洁卫生的各项物料用品

编制方法：
2014 年各月清洁用品预算按各月考核总收入预算乘以 0.2% 编制。
2013 年各月清洁用品费用×(1+各月出租率增长比例)。

AG1403_ 清洁费　●清洁公司提供清洁服务发生的费用

编制方法：
截至 2013 年 12 月 31 日，开业大于 24 个月的酒店，2014 年清洁费预算按与 2013 年该项费用实际大致相当的水平编制；截至 2013 年 12 月 31 日，开业小于 24 个月的酒店，该项费用预算可按照各月 2014 年清洁用品预算×65%。

莫泰品牌所有酒店排污费合同不再续签。
如每季度烟道清洁、抽排油烟机清洗费、外墙清洗费等可单独列入清洁费预算。

（2）服务用品。

`AG1404_ 服务用品` • 为客人服务所使用的一次性用品

编制方法：

若 2013 年 1—8 月服务用品实际使用效率在 2.7 元/(间·天) 以下的，则 2014 年各月客用品预算按当月房间数×预算出租率×当月天数×2013 年 1—8 月服务用品的实际使用效率编制。

若 2013 年 1—8 月服务用品实际使用效率在 2.7 元/(间·天) 以上的，则 2014 年各月客用品预算按当月房间数×预算出租率×当月天数×2.7 元/(间·天) 编制。

其中，2013 年 1—8 月服务用品的实际使用效率等于 2013 年 1—8 月实际合计服务用品÷(2013 年 1—8 月实际房间数×2013 年 1—8 月实际出租率×2013 年 1—8 月合计有效每月天数)。

2014 年快捷推行桶装水酒店的费用效率应相应下调。

2013 年 1—8 月实际各个数据见经营预算表。

(3) 棉织品计提、餐厨具。

棉织品计提编制方法：

开业 12 个月以内：2014 年各月棉织品计提金额预算按实际开业采购棉织品每月摊销额编制，从开业第 13 个月开始，按照计提公式计提。

开业 12 个月以上，棉织品计提公式分为两种：

原计提公式——营业收入×1.2%

新计提公式——(2.4 元×标准双人房数＋1.8 元×大床房数)×每月天数×月实际出租率

备注：大床房数＝总房数－标准双人房数

酒店计提时分别用两种公式计算，按"孰低"原则确定计提费用。

餐厨具编制方法：截至 2012 年 12 月 31 日

开业大于 12 个月的酒店：

无餐饮模式变更：参考 2013 年实际发生。

有餐饮模式变更：参考变更后的实际发生。

开业小于 12 个月的酒店：

2014 年餐厨具预算按实际开业餐厨具月摊销额编制。

从开业第 13 个月起，2014 年当月餐厨具预算按对应月份的餐饮收入×0.8% 编制。

(4) 低值易耗品、洗涤费、物料用品摊销。

低值易耗品编制方法：

开业 12 个月以内，2014 年低值易耗品预算按实际开业低值易耗品月均摊销额编制，从开业第 13 个月开始，2014 年低值易耗品预算按每月不高于 1 300 元编制。

开业 12 个月以上：参考 2013 年同期数据。

快捷品牌更换防毒面具。

洗涤费编制方法：

当月房间数×预算出租率×当月天数×2013 年 1—8 月洗涤费的实际使用效率编制。

单间夜洗涤费标杆在 4.7 元以下 (原则上不超过 2013 年实际)。

物料用品摊销编制方法：

开业 12 个月以内，2014 年物料用品摊销预算按实际开业物料用品摊销月均摊销额编制,从开业第 13 个月开始,2014 年物料用品摊销预算按每月不高于 1 100 元编制。

开业 12 个月以上:参考 2013 年同期数据。

5. 能源费用

2014 年预算所有能源费用的费用效率(单间夜成本)不应高于 2013 年实际。

实际使用效率可以参考管理平台,新店可参考同城市同类店龄酒店数据。

月末数据采集表不合理的酒店可参考工程抄表数据×单价。

(1) 水费、电费。

水费编制方法:

2014 年年水费预算按房间数×年预算出租率×365×2013 年 1—8 月水费的实际使用效率编制,再按预估情况分配 2014 年各月预算数值。其中,2013 年 1—8 月水费的实际使用效率=2013 年 1—8 月实际合计水费÷(2013 年 1—8 月实际房间数×2013 年 1—8 月实际出租率×2013 年 1—8 月合计有效每月天数)。

电费编制方法:

截至 2013 年 12 月底,开业大于 24 个月酒店,2014 年年电费预算按房间数×年预算出租率×365×2013 年 1—8 月电费的实际使用效率编制,再按预估情况分配 2014 年各月预算数值;截至 2013 年 12 月底,开业小于 24 个月酒店,2014 年年电费预算按房间数×年预算出租率×365×2013 年 1—8 月同类店龄酒店电费的实际使用效率编制,再按预估情况分配 2014 年各月预算数值,原则上,由于出租率的增长,2014 年 1—8 月同类店龄酒店电费的实际使用效率不大于该店 2013 年 1—8 月电费的实际使用效率。其中,2013 年 1—8 月电费的实际使用效率等于 2013 年 1—8 实际合计电费÷(2013 年 1—8 月实际房间数×2013 年 1—8 月实际出租率×2013 年 1—8 月合计有效每月天数),2013 年 1—8 月同类店龄酒店电费的实际使用效率请查询管理平台酒店费用分析。

(2) 燃气费、采暖费。

燃气费编制方法:

若 2013 年内无餐饮变更,则 2014 年燃气费预算按 2013 年 1—8 月合计的燃气费×1.5 编制,再按酒店的实际情况将预算分配到各月;若 2013 年内餐饮由三餐变早餐(或早餐变三餐),则 2014 年燃气费预算按 2013 年 1—8 月实际合计的燃气费×1.5-3 000×2013 年三餐月份数编制,或 2013 年 1—8 月实际合计的燃气费×1.5+3 000×2013 年早餐月份数编制,再按酒店实际分配到对应月份。

采暖费编制方法:

采暖费 2014 年对应月份预算按酒店 2014 年实际当月应缴纳的采暖费编制预算。

其中,2014 年实际当月应缴纳的采暖费请咨询对应事业单位。

例如:北京 11 月中旬—3 月中旬有采暖,故分配应在 1 月、2 月、3 月、11 月、12 月,其他月份不应有采暖费。

6. 酒店维修保养费

酒店维修费用预提总额/月=酒店考核总收入/月×3%

酒店维修费用预提(酒店自提部分)/月=(基准数额×酒店客房数量×出租率+考核总收入/月×0.7%)÷2

(1) 基准数额。

客房数量100间以下：130元/(间·月)。
客房数量100（含100）~140间（含140间）：120元/(间·月)。
客房数量141~200间（含200间）：110元/(间·月)。
客房数量201~300间（含300间）：105元/(间·月)。
客房数量301间以上：100元/(间·月)。

（2）出租率：酒店当月实际的出租率。
（3）考核总收入：酒店当月实际营业收入（包括客房收入及其他收入）。

酒店维修费用预提（公司统筹部分）/月 = 酒店实际考核总收入/月×3% - 酒店维修费用预提（酒店自提部分）/月

例：北京×××店（客房146间）
基准数额：146间，取110元/(间·月)
出租率：酒店实际出租率100.8%
考核总收入：2007年1月酒店考核总收入90万元
酒店维修费用预提总额（1月份）= 90万元×3% = 27 000元
酒店维修费用预提（酒店自提部分）（1月份）=（146×110×100.8% + 900 000×0.7%）÷2≈11 244（元）（该费用由酒店自行安排使用，按照财务流程进行审批，用于酒店的日常维修）。
酒店维修费用预提（公司统筹部分）(1月份) = 27 000元 - 11 244元 = 15 756元（该费用由公司维护部负责统筹使用，用于门店的大修改造项目）。以上数据为假定数据。

说明：

各酒店在使用酒店维修费用预提（酒店自提部分）时要注意严格控制，原则上各酒店自提部分的使用分为上半年（1—6月）和下半年（7—12月）两个考核段。

上半年任意一个月的维修实际支出，可以透支上半年（1—6月）酒店维修费用预提（酒店自提部分）的额度，但不得透支到下半年的酒店自提部分；酒店上半年自提部分可以累积到下半年使用，但全年的自提部分不可以累积到第二年使用。

如果酒店实际的年累计维修费用支出大于酒店自提年累计总额，则超出部分将在店长考核GOP中扣除。

维护部将会组织酒店在7月和第二年的1月，解释上半年累计、全年累计的维修费用支出大于酒店自提累计总额的原因。如果有合理的理由和其他难以克服的因素，维护部则会酌情给门店以支持。

酒店在制作2014年维护费用预算时，要将下列专项费用做进预算。
电梯维保费用（按月分摊）。
消防维保费用（按月分摊）。
监控维保费（按月分摊）。
空调清洗保养费（深度清洗至少一年一次，一般安排在春季，费用50~80元/台）。
该费用放在4—6月之间的任一个月。
锅炉（燃烧器）、热泵保养费（至少一年一次）。
公安上传系统维护费（按月分摊）。
中央空调/VRV机组的保养费用（一年一次）。

空调/锅炉的水处理费用（一年一次）。
Wi-Fi 的年维护费用（约 200 元/月），按月分摊。
日常维修费用一般在 30 元×房间数/月。
酒店在装饰面方面投入的大额专项费用（常用常新）。

7. 其他费用

(1) 交通差旅费、印刷及文具费、邮电费。

交通差旅费编制方法：

年会：根据 2013 年实际。

城区经营例会：200 元×4 次。

交通费：（400 元/月 + 600 元补贴）×12。

印刷及文具费编制方法：

2014 年各月预算按 0.8×房间数×当月预算出租率×当月有效天数编制。

参考 2013 年实际。

邮电费编制方法：

2014 年无宽带调整，2014 年各月预算按与 2013 年相应月份大致相当的水平编制。

若 2014 年宽带有调整，2014 年各月预算按 2013 年调整后的月宽带费 + 2013 年月均电话、邮递费编制。

可参考惠达给出的预算"酒店清单（内网和外网）"、清单内没有的酒店可参照"如家有线网络线路价目表"。

若酒店存在两个供应商并存的现象，需查看合同到期时间，再做预算。

(2) 有线电视费、金融机构手续费。

有线电视费编制方法：

2014 年各月预算按 2013 年实际每月有线电视（或 IPTV）缴费 + 6.5×数码房间数×当月有效天数编制。

供应商是惠达的按照惠达给出的费用做预算。

金融机构手续费编制方法：2014 年各月金融机构手续费预算按当月预算考核总收入×（2013 年实际 1—8 月信用卡手续费÷2013 年实际 1—8 月考核总收入 + 0.05%）编制。

(3) 其他。

编制方法：

先从 2012 年 1—8 月合计实际其他费用中扣除长期房屋租赁费（未签合同的物业费支付时选择）、其他业务支出（代购携程机票的奖励款）、审计费、印花税、房产税。在 2012 年 12 月底开业大于 12 个月的，2013 年其他费用预算按（扣除相应费用口径后的 2012 年 1—8 月合计其他费用 + 2012 年 1—8 月合计实际保险费 + 2012 年 1—8 月合计实际证照费与年检费）÷8×12 编制，再按酒店实际情况分配到 2013 年各月预算当中；在 2012 年 12 月底开业小于 12 个月的，开业在 12 个月以内，2013 年其他费用月预算按（开办期其他费用按调整口径扣除后的月应摊销额 + 保险费 2013 年月摊销额 + 证照费与年检费 2013 年月摊销额）编制，从第 13 个月开始，其他费用按酒店 2013 年保险费月均摊销额 + 证照年检费摊销额 + 预估 2013 年当月实际发生额（一般不超过 1 000 元/月）编制。

明细列举：酒店日常经营中发生的各类保险费用、到政府部门办理各项证照等年检费、办理营业执照等发生的费用、绿化费用、酒店为职工支付的劳动保护费、为职工办理社会保险等的档案存档费、支付给保洁人员人工费和劳务工费用、PCTV费用和其他租赁费（发票是租金）、其他费用。

8. 市场营销

市场营销如图9-18所示。

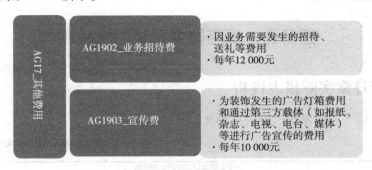

图9-18 市场营销

五、固定资产更新预算编制说明

为规范酒店对于2014年固定资产预算的编制，现对2014年固定资产报废和更新的预算编制，做如下说明：

（1）酒店所有的固定资产项目，都已经罗列在《固定资产编制表》中；若酒店在编制固定资产更新的预算过程中，需要增加新项目，请与财务会计部联系。

（2）酒店根据实际需要填报固定资产的更新计划，请各位店长本着节约利用的原则，诚实反映酒店在2014年度计划更新的固定资产。对严重影响宾客感观度、满意度的固定资产，对严重损害品牌形象的固定资产，优先考虑更新。

（3）折旧未满的固定资产，原则上不予更新。对于已满折旧年限，但仍可使用的固定资产，酒店应本着尽量"维修利用"的原则，延长其使用年限；对于任何填写在预算表中未满折旧年限的支出项目，其残值将由酒店从当年GOP中列支承担。

（4）表中所列出的项目，酒店在2014年不需要更新的，则不需填写。

（5）酒店只需在计划报废、更新某一固定资产的月份栏内，填写对应需要更新的固定资产数量即可；特殊情况（如数量、金额巨大，或其他情况），可以在备注栏内说明原因。

（6）酒店需在2014年10月18日前完成固定资产更新预算编制，并与经营预算编制在同一模板内上传，以免造成数据遗失。

2014年固定资产预算编制要求：

（1）对于空调的报废和更新：挂壁式分体空调，已有过2次维修记录，且有深度清洗保养记录，仍然无法正常工作的，可以报废。一年内报废数量控制在不超过总数的30%。2005年后购机的，质保6年，含压缩机、电机、电控等所有空调部件；6年内免费加氟利昂；VRV多联机空调、中央空调的报废，门店无须做预算，由维护部来安排实施。

（2）对于设备类的报废和更新：如监控、消防设施、热泵、水箱、热水炉、水泵、电梯等，需要经维护部门的认定，才能做进2014年更新预算；在固定资产账目中无法分离的，可以申请纳入2014年大维修项目。

(3) 对于电视机的报废和更新:有图像不清、颜色失真、外壳破损等现象的,允许报废更新,且需要城市总经理签字。

(4) 对于店招的报废和更新:由维护部统一部署实施更新,无须酒店做进固定资产预算;列入升级改造计划的,在升级改造中同步更换;其余需要更新的门店,向城区申请,维护部门认定后实施。

任务三　酒店财务预算日常检视

一、酒店日常实际报表浅析

东北区 4 月第 3 周经营情况周报如图 9-19 所示。

东北区4月第3周经营情况周报

日期:4月14—20日

辽宁北城区过夜房同比周排名

解释条件	情况说明	店名	门市均价	门市均价同比	价格执行率	过夜房出租率	过夜房同比	RevPAR	RevPAR同比	RevPAR指标比	均价	均价同比	出租率	出租率同比
		开发区	189	13.9%	77.17%	79.2%	63.1%	125	506.8%	150.7%	146	32.6%	85.8%	67.1%
		火车	172	-10.1%	75.06%	85.1%	42%	119	74.1%	95.7%	129	-11.7%	92.2%	45.5%
		南街	228	28.1%	76.37%	59.5%	41.2%	114	291.4%	121.9%	174	19.1%	65.7%	45.7%
		南塔鞋	191	-14.5%	70.16%	87.7%	23.5%	125	-7.2%	98%	134	-24.6%	93.4%	17.5%
		中街帅	182	0.2%	65.73%	61.9%	21%	78	26.2%	74.9%	120	-8.3%	65.1%	17.8%
		长客西	160	-4.1%	74.93%	94.6%	18.1%	134	18.6%	119.8%	120	-4%	111.7%	21.3%
		站惠工	263	6.6%	80.91%	100%	17.6%	234	24.9%	111.5%	213	6.8%	110.1%	16%
		大路云	190	-3.8%	77.31%	96.3%	15%	157	8.2%	97.1%	147	-5.4%	107.1%	13.5%
		铁西香	187	-11.3%	76.17%	92.7%	14.8%	156	-10.7%	85.4%	143	-11.3%	109.4%	0.7%
		姑珠	180	1.4%	72.37%	84%	14.8%	123	-3.5%	103.6%	130	-6.8%	94.7%	3.2%
		铁西铁	184	-1.5%	64.39%	84.2%	14.5%	110	-15.2%	75.1%	118	-24.7%	92.6%	10.4%
		朝阳大	117	-28.3%	79.62%	70%	12.3%	69	-4.7%	72.9%	93	-21%	74.1%	12.7%
		顺路	147	1.7%	83.84%	99.7%	9.9%	144	16.7%	119.2%	123	-1.9%	116.6%	18.6%
		大街医	182	-15.8%	74.15%	91.1%	8.6%	130	-20%	91.5%	135	-23.2%	96.6%	3.8%
		阳故宫	195	-1.6%	73.82%	91%	7.4%	140	-4.6%	93.3%	144	-9.9%	97.6%	5.5%
		云峰北	184	-14%	76.34%	98.3%	7.4%	159	-15.2%	89.4%	140	-17.8%	113.2%	3.5%
		日站北	118	-31.6%	81.51%	77.6%	6.9%	80	-24.9%	77.7%	96	-29%	83.8%	4.7%
		站北	200	-25.5%	79.28%	94.2%	5.9%	160	-30.2%	76.7%	159	-28.5%	101.2%	-2.5%
		阳南塔	190	-13.5%	72.52%	92%	5.4%	135	-21%	97.5%	138	-21.5%	97.7%	0.6%
		日火车	197	0%	71.08%	87.4%	5.3%	130	-6.7%	88.8%	140	-10.9%	92.7%	4.1%

图 9-19　东北区 4 月第 3 周经营情况周报

(1) 门市均价就是所有房间平均挂牌价格,即没有折扣的全价均价。

(2) 门市均价同比就是今年同期和去年同期的价格比较。

(3) 价格执行率就是实际平均售价和门市均价的比,体现价格折扣率。

(4) 过夜房出租率就是整晚房费收取的房间数和总房数的比率。

(5) RevPAR 就是每间可卖房的实际收益值,即房费总收入除以总房数。

(6) RevPAR 同比就是今年同期和去年同期的比。

(7) RevPAR 指标比就是实际和预算的比。

(8) 均价就是实际销售的平均房价。

(9) 均价同比就是今年和去年的比。

(10) 出租率就是已售房与可售房的比。

(11) 出租率同比就是今年和去年的比。

二、老店新店检视重点

老店新店检视重点如图 9-20 所示。

	A	B	C	D	E	F	G	H	I	J	K	L	M	N	O
25	老店-过夜房同比及REVPAR同比双下降需解释；新店过夜房出租率下降说明分淡、旺、平季浮动，淡季1、2月（过夜房≤75%需解释）；旺季7、8月（过夜房≤85%需解释）；平季3、4、5、6、9、10、11、12月（过夜房≤80%需解释）	针对新店，在宽容期内不需要做解释	行九州	197	-5.7%	76.04%	89.8%	5%	148	-10.3%	94.9%	150	-12.2%	98.7%	2.1%
26			爱小南	219	-0.6%	76.52%	91.8%	4.8%	162	-4.1%	97.1%	168	-4.4%	96.5%	0.3%
27			中中华	210	-2.3%	63.96%	96.6%	4.5%	137	-11.7%	89.4%	135	-14.3%	101.6%	2.9%
28			路龙	163	-12.5%	68.46%	89.8%	3.4%	122	-26.5%	82%	112	-23.8%	109.5%	-4.1%
29			堡农	179	-3.3%	79.65%	78.4%	2.5%	138	-4.6%	86.1%	142	-6%	97.1%	1.4%
30			北陵公	179	-11.2%	77.01%	98.3%	2.4%	151	-18.7%	93.8%	138	-13.7%	109.4%	-6.8%
31			火车站	185	-4.6%	74.62%	86.9%	0.7%	142	-4.8%	99%	138	-9%	103.3%	4.6%
32			广场医	219	-4.6%	72.84%	94.7%	-0.7%	163	-14.6%	93.3%	159	-13.9%	102.3%	-0.9%
33			车站工	149	0.1%	72.56%	82.2%	-1.1%	101	-4.2%	98.2%	108	-3.4%	93.7%	-0.8%
34			太清之	168	-8.7%	67.48%	83.7%	-1.2%	101	-22.8%	87.4%	113	-18.2%	88.9%	-5.3%
35			东站	201	-4.8%	80.9%	94.1%	-1.4%	173	-8.6%	96.4%	162	-2.3%	106.4%	-7.3%
36			三好街	214	-21.3%	79.16%	96%	-1.4%	179	-26.6%	92.3%	169	-21.5%	106%	-7.3%
37			南京南	203	-2.4%	70.87%	90.8%	-1.6%	138	-20.4%	86.5%	144	-14.9%	96.4%	-6.7%
38			昭马达	163	-5.7%	74.42%	91.7%	-1.6%	121	-9.5%	93.6%	121	-11.4%	100.1%	2.1%
39			熔矿工	143	2.7%	78.94%	89.2%	-2.7%	107	-33.5%	74.3%	113	-32.2%	94.9%	-1.9%
40			大街口	174	-17.4%	79.86%	84.8%	-4.5%	126	-26.5%	82.9%	139	-20.4%	90.9%	-7.6%
41			沈辽西	183	8.5%	70.58%	78%	-8.1%	111	-5.5%	105.9%	129	3.8%	85.9%	-8.4%
42			永安杭	166	0%	80.47%	50.9%	-8.2%	77	-22.5%	64.8%	134	-4.1%	57.7%	-13.7%
43			太原街	219	-1.3%	70.06%	87.6%	-10.4%	141	-26.1%	77.2%	153	-15.8%	92.1%	-12.7%
44			步行街	205	-12%	74.72%	88.1%	-10.5%	158	-25.1%	83.1%	153	-19.1%	103%	-8.2%

图 9-20 老店新店检视重点

（1）老店（24 个月以上店龄）过夜房同比及 RevPAR 同比双下降，预示着酒店生意开始下滑，缺少活力和动力，必须马上做出调整，以应对市场份额的减少。

（2）新店只要过夜房低于 80% 就需要努力争取，开业三个月后就应该稳定在 85% 以上，半年后应该在 90% 以上才算经营成熟，并且要尽量保证总出租率在 100% 左右。

三、酒店预算报表重要规律总结

2015 年预算如图 9-21 所示。

		1月	2月	3月	4月	5月	6月	7月	8月	9月	10月	11月	12月	年合计
7	AG01_门市价	175	175	175	188	200	213	250	250	206	206	175	175	199
8	AG02_房间数	132	132	132	132	132	132	132	132	132	132	132	132	132
9	AG03_出租率	100.0%	85.0%	100.0%	100.0%	100.0%	100.0%	100.0%	100.0%	100.0%	100.0%	100.0%	100.0%	98.8%
10	AG04_房价	140	140	140	150	160	170	200	200	165	165	140	140	160
11	AG05_房价执行率	80.0%	80.0%	80.0%	80.0%	80.0%	80.0%	80.0%	80.0%	80.0%	80.0%	80.0%	80.0%	80.1%
12	AG06_RevPAR	140	119	140	150	160	170	200	200	165	165	140	140	158
13	AG07_收益率	80.0%	68.0%	80.0%	80.0%	80.0%	80.0%	80.0%	80.0%	80.0%	80.0%	80.0%	80.0%	79.2%
14	AG08_客房收入	575,380	442,722	575,380	596,500	657,220	675,700	820,900	820,900	655,900	677,680	556,900	575,380	7,630,562
15	AG09_非客房收入	56,000	50,933	56,000	56,000	56,000	56,000	56,000	56,000	56,000	56,000	56,000	56,000	666,933
16	AG0901_餐饮收入	18,000	12,933	18,000	18,000	18,000	18,000	18,000	18,000	18,000	18,000	18,000	18,000	210,933
17	AG0902_商品收入	10,000	10,000	10,000	10,000	10,000	10,000	10,000	10,000	10,000	10,000	10,000	10,000	120,000
18	AG0903_普卡收入	10,000	10,000	10,000	10,000	10,000	10,000	10,000	10,000	10,000	10,000	10,000	10,000	120,000
19	AG0906_金卡收入	18,000	18,000	18,000	18,000	18,000	18,000	18,000	18,000	18,000	18,000	18,000	18,000	216,000
20	AG0904_其他收入	0	0	0	0	0	0	0	0	0	0	0	0	0
21	AG0905_代扣收入(洗衣费/电话费)													
22	AG10_考核总收入	631,380	493,655	631,380	652,500	713,220	731,700	876,900	876,900	711,900	733,680	612,900	631,380	8,297,495

图 9-21 2015 年预算

(1) RevPAR = 平均房价 × 出租率。
(2) RevPAR = 房费总收入 ÷ 房间总数。
(3) 平均房价上调，通常出租率会下跌。
(4) 平均房价下调，通常出租率会上升。
(5) 出租率比平均房价更能影响 RevPAR。
(6) 当平均房价和出租率同时上升时，RevPAR 肯定上涨。
(7) RevPAR 上涨时，收入必然上涨，利润必然增加。
(8) 收益情况好的时候，价格执行率必须上调，减少折扣比例。
(9) 收益率 = RevPAR ÷ 门市均价。
(10) 收益率越高，酒店回收资本速度越快。

项目小结

通过本项目的学习，主要希望大家了解酒店财务预算管理的内容、目标和原则，最基本的制作方法和检视方法。如需掌握精髓，还需多看报表、多做报表、多分析报表。

思考与练习

一、填空题

1. 预算是预测（　　）情况的重要战略动作。
2. 没有（　　）将是盲目的风险投资，后果不堪设想。
3. 预算科目的健全，可以帮助企业管理者梳理清晰的（　　）。
4. 预算数据的精准，可以帮助企业管理者更有效地达成（　　）。
5. 预算制作的（　　），能直接体现一个管理者的专业水准。
6. 收入要结合市场营销（　　）和战术进行预测。
7. 成本费用要用（　　）来衡量和控制。
8. 一切设定都要以（　　）为前提进行反推考量。
9. 不是利润率越高越好，而是（　　）才行。
10. 必要的（　　）投入，是满足客户需求的最基本因素。
11. 收入越高，（　　）越高。
12. （　　）越高，成本占比越低。
13. 收入越高，利润率（　　）。
14. 收入的增加和成本的增加（　　）。
15. （　　）衡量企业的健康程度，（　　）衡量企业的活力指数。

二、多项选择题

1. 其他费用都包含哪些？
A. 酒店日常经营中发生的各类保险费用。
B. 到政府部门办理各项证照等年检费。
C. 办理营业执照等发生的费用。
D. 绿化费用。
E. 酒店为职工支付的劳动保护费。
F. 为职工办理社会保险等的档案存档费。

G. 支付给保洁人员人工费和劳务工费用。
2. 以下哪些是酒店维护专项费用？
A. 电梯维保费用（按月分摊）。
B. 消防维保费用（按月分摊）。
C. 监控维保费（按月分摊）。
D. 空调清洗保养费（深度清洗至少一年一次，一般安排在春季，费用 50～80 元/台）；该费用放在 4—6 月的任一个月。
E. 锅炉（燃烧器）、热泵保养费（至少一年一次）。
F. 公安上传系统维护费（按月分摊）。
G. 中央空调/VRV 机组的保养费用（一年一次）。
H. 空调/锅炉的水处理费用（一年一次）。
I. Wi-Fi 的年维护费用（约 200 元/月），按月分摊。

三、名词解释题

1. 门市均价
2. 门市均价同比
3. 价格执行率
4. 过夜房出租率
5. RevPAR
6. RevPAR 同比
7. RevPAR 指标比
8. 均价
9. 均价同比
10. 出租率
11. 出租率同比

四、判断题

1. RevPAR = 平均房价 × 出租率。
2. RevPAR = 房费总收入 ÷ 房间总数。
3. 平均房价上调，通常出租率会下跌。
4. 平均房价下调，通常出租率会上升。
5. 出租率比平均房价更能影响 RevPAR。
6. 当平均房价和出租率同时上升时，RevPAR 肯定上涨。
7. RevPAR 上涨时，收入必然上涨，利润必然增加。
8. 收益情况好的时候，价格执行率必须上调，减少折扣比例。
9. 收益率 = RevPAR ÷ 门市均价。
10. 收益率越高，酒店回收资本速度越快。

五、简答题

1. 一个开业 3 年的店，出租率和 RevPAR 同比都在下降，请问该怎么办？
2. 新店半年后依旧达不到 80% 的出租率，请问该如何处理？

参考答案

一、填空题

1. 未来收益
2. 预算
3. 管理内容
4. 经营目标
5. 专业程度
6. 发展战略
7. "率"
8. 利润值
9. 合理
10. 成本
11. 利润
12. 收入
13. 越高
14. 不成正比
15. 利润率　利润值

二、多项选择题

1. ABCDEFG　　2. ABCDEFGHI

三、名词解释题

1. 门市均价就是所有房间平均挂牌价格，即没有折扣的全价均价。
2. 门市均价同比就是今年同期和去年同期的价格比较。
3. 价格执行率就是实际平均售价和门市均价的比，体现价格折扣率。
4. 过夜房出租率就是整晚房费收取的房间数和总房数的比率。
5. RevPAR 就是每间可卖房的实际收益值，即房费总收入除以总房数。
6. RevPAR 同比就是今年同期和去年同期的比。
7. RevPAR 指标比就是实际和预算的比。
8. 均价就是实际销售的平均房价。
9. 均价同比就是今年和去年的比。
10. 出租率就是已售房与可售房的比。
11. 出租率同比就是今年和去年的比。

四、判断题

1. √　2. √　3. √　4. √　5. √　6. √　7. √　8. √　9. √
10. √

五、简答题

1. 一个开业 3 年的店，出租率和 RevPAR 同比都在下降，请问该怎么办？

答：可以考虑降低门市价，或平均房价，提高出租率。加大折扣优惠力度，增加市场占有率，等生意平缓上升至90%以上的过夜房出租率，再适当调整价格，增加收益。

2. 新店半年后依旧达不到80%的出租率，请问该如何处理？

答：新店生意不好，主要原因通常都是宣传不利，应该让更多人知道店的位置、价格和优势，可以多让中介平台进行宣传，提高返佣比例，逐步增加客源，到店后要及时沉淀和转化。店内要经常组织店外销售工作，吸引更多客人，从竞争对手那里抢夺客源。最主要的是要做好店内服务工作，第二销售平台往往最能留住忠诚客户。

参考文献

[1] 张宝学. 酒店业财务管理实务 [M]. 沈阳：辽宁教育出版社，2016.

[2] 孙坚. 经济型酒店职业经理人——财务篇 [D]. 上海：如家管理大学，2009.

项目十

酒店财务分析

学习目标

【知识目标】

1. 了解酒店的利益相关者,掌握财务分析的内容。
2. 熟悉比率分析法,掌握偿债能力分析、营运能力分析、营利能力分析、发展能力分析的运用。
3. 掌握杜邦分析体系。

【技能目标】

1. 能运用各种财务比率,分析酒店的偿债能力、营运能力、营利能力、发展能力。
2. 能运用杜邦分析体系分析酒店的净资产收益率,并对财务指标分解,分析差异产生的原因。

案例导入:

东方酒店部分财务比率如表 10-1 所示。

表 10-1 东方酒店部分财务比率

月份 项目	1	2	3	4	5	6	7	8	9	10	11	12	月平均
流动比率	2.2	2.3	2.4	2.2	2	1.9	1.8	1.9	2	2.1	2.2	2.2	2.1
速动比率	0.7	0.8	0.9	1	1.1	1.15	1.2	1.15	1.1	1	0.9	0.8	0.98
资产负债率/%	52	55	60	55	53	50	42	45	46	48	50	52	51
资产报酬率/%	4	6	8	13	15	16	18	16	10	6	4	2	10
销售净利润率/%	7	8	8	9	10	11	12	11	10	8	8	7	9

分析提示：这是一个看似十分简单的案例，但涉及企业财务、生产、采购和营销等多方面的问题，仔细地分析、研讨此案例，会给你很多启示。

问题1. 该企业生产经营有什么特点？
问题2. 流动比率与速动比率的变动趋势为什么会产生差异？怎样消除这种差异？
问题3. 资产负债率的变动说明了什么问题？3月份资产负债率最高能说明什么问题？
问题4. 资产报酬率与销售净利率的变动程度为什么不一致？

任务一　酒店财务分析概述

一、财务分析的意义和内容

财务分析是根据企业财务报表等信息资料，采用专门方法，系统分析和评价企业财务状况、经营成果以及未来发展趋势的过程。

财务分析以企业财务报告及其他相关资料为主要依据，对企业的财务状况和经营成果进行评价和剖析，反映企业在运营过程中的利弊得失和发展趋势，从而为改进企业财务管理工作和优化经济决策提供重要财务信息。

（一）财务分析的意义

财务分析对不同的信息使用者有不同的意义。具体来说，财务分析的意义主要体现在如下几个方面。

（1）可以判断企业的财务实力，通过对资产负债表和利润表有关资料进行分析，计算相关指标，以了解企业的资产结构和负债水平是否合理，从而判断企业的偿债能力、营运能力及营利能力等财务实力，揭示企业在财务状况方面可能存在的问题。

（2）可以评价和考核企业的经营业绩，揭示财务活动存在的问题。通过指标的计算、分析和比较，能够评价和考核企业的营利能力和资产周转状况，揭示其经营管理的各个方面和各个环节出现的问题，找出差距，得出分析结论。

（3）可以挖掘企业潜力，寻求提高企业经营管理水平和经济效益的途径。企业进行财务分析的目的不仅仅是发现问题，更重要的是分析问题和解决问题。通过财务分析，应保持和进一步发挥生产经营中成功的经验，对存在的问题应提出解决的策略和措施，以达到扬长避短、提高经营管理水平和经济效益的目的。

（4）可以评价企业的发展趋势。通过各种财务分析可以判断企业的发展趋势，预测其生产经营的前景及偿债能力，从而为企业领导层进行生产经营决策、投资者进行投资决策和债权人进行信贷决策提供重要的依据，避免因决策错误给其带来重大的损失。

（二）财务分析的内容

财务分析信息的需求者主要包括企业所有者、企业债权人、企业经营决策者和政府等。不同主体出于不同的利益考虑，对财务分析信息有着不同的要求。

（1）企业所有者作为投资人，关心其资本的保值和增值状况，因此较为重视企业营利能力指标，主要进行企业营利能力分析。

（2）企业债权人因不能参与企业剩余收益分享，主要关注的是其投资的安全性，因此更重视企业偿债能力指标，主要进行企业偿债能力分析，同时也关注企业营利能力分析。

（3）企业经营决策者必须对企业经营理财的各方面包括营运能力、偿债能力、营利能力及发展能力的全部信息予以详尽的了解和掌握，主要进行各方面综合分析，并关注企业财务风险和经营风险。

（4）政府兼具多重身份，既是宏观经济管理者，又是国有企业的所有者和重要的市场参与者，因此政府对企业财务分析的关注点因所具身份不同而异。

（5）为了满足不同需求者的需求，财务分析一般应包括偿债能力分析、营运能力分析、营利能力分析、发展能力分析和现金流获取能力分析等方面。

三、财务分析的局限性

财务分析对于了解企业的财务状况和经营成绩、评价企业的偿债能力和经营能力、帮助企业制定经济决策有着显著的作用。但由于种种因素的影响，财务分析也存在着一定的局限性。在分析中，应注意这些局限性的影响，以保证分析结果的正确性。

（一）资料来源的局限性

1. 报表数据的时效性问题

财务报表中的数据，均是企业过去经济活动的结果和总结，用于预测未来发展趋势，只有参考价值，并非绝对合理。

2. 报表数据的真实性问题

在企业形成其财务报表之前，信息提供者往往对信息使用者所关注的财务状况以及对信息的偏好进行仔细分析与研究，并尽力满足信息使用者对企业财务状况和经营成果信息的期望。其结果极有可能使信息使用者所看到的报表信息与企业实际状况相去甚远，从而误导信息使用者的决策。

3. 报表数据的可靠性问题

财务报表虽然是按照会计准则编制的，但不一定能准确地反映企业的客观实际。例如：报表数据未按通货膨胀进行调整；某些资产以成本计价，并不代表其现在的真实价值；许多支出在记账时存在灵活性，既可以作为当期费用，也可以作为资本项目在以后年度摊销；很多资产以估计值入账，未必客观；偶然事件可能歪曲本期的损益，不能反映营利的正常水平。

4. 报表数据的可比性问题

根据会计准则的规定，不同的企业或同一个企业的不同时期都可以根据情况采用不同的会计政策和会计处理方法，使得报表数据在企业不同时期和不同企业之间的对比在很多时候失去意义。

5. 报表数据的完整性问题

由于报表本身的原因，其提供的数据是有限的。对报表使用者来说，可能不少需要的信息在报表或附注中根本找不到。

（二）财务分析方法的局限性

对比率分析法来说，比率分析是针对单个指标进行分析，综合程度较低，在某些情况下无法得出令人满意的结论;比率指标的计算一般都是建立在以历史数据为基础的财务报表之上的,这使比率指标提供的信息与决策之间的相关性大打折扣。对因素分析法来说,在计算各因素对综合经济指标的影响额时,主观假定各因素的变化顺序,规定每次只有一个因素发生变化,这些假定往往与事实不符。并且,无论何种分析法均是对过去经济事项的反映。随着环境的变化,这些比较标准也会发生变化。而在分析时,分析者往往只注重数据的比较,而忽略经营环境的变化,这样得出的分析结论也是不全面的。

(三) 财务分析指标的局限性

1. 财务指标体系不严密

每一个财务指标只能反映企业的财务状况或经营状况的某一方面,每一类指标都过分强调本身所反映的方面,导致整个指标体系不严密。

2. 财务指标所反映的情况具有相对性

在判断某个具体财务指标是好还是坏,或根据一系列指标形成对企业的综合判断时,必须注意财务指标本身所反映情况的相对性。因此,在利用财务指标进行分析时,必须掌握好对财务指标的"信任度"。

3. 财务指标的评价标准不统一

比如,对流动比率,人们一般认为指标值为 2 比较合理,速动比率则认为 1 比较合适,但许多成功企业的流动比率都低于 2,同行业的速动比率也有很大差别,如采用大量现金销售的企业,几乎没有应收账款,速动比率大大低于 1 是很正常的。相反,一些应收账款较多的企业,速动比率可能要大于 1。因此,在不同企业之间用财务指标进行评价时没有一个统一标准,不便于不同行业间的对比。

4. 财务指标的比较基础不统一

在对财务指标进行比较分析时,需要选择比较的参照标准,包括同业数据、本企业历史数据和计划预算数据。横向比较时需要使用同业标准。同业平均数只有一般性的指导作用,不一定有代表性,不一定是合理性的标志。选同行业一组有代表性的企业计算平均数作为同业标准,可能比整个行业的平均数更有意义。近年来,分析人员更重视把竞争对手的数据作为分析基础。不少企业实行多种经营,没有明确的行业归属,对此类企业进行同业比较更加困难。

趋势分析应把本企业历史数据作为比较基础,而历史数据代表过去,并不代表合理性。经营环境变化后,今年比上年利润提高了,并不一定说明已经达到了应该达到的水平,甚至不一定说明管理有了改进。会计标准、会计规范的改变会使财务数据失去直接可比性,而要恢复可比性成本很大,甚至缺乏必要的信息。

总之,对比较基础本身要准确理解,并且要在限定意义上使用分析结论,避免简单化和绝对化。

任务二 酒店财务比率分析

比率分析法是通过计算各种比率指标来确定财务活动变动程度的方法。财务比率也称为财务指标,是通过财务报表数据的相对关系来揭示企业经营管理的各方面问题,是最主要的财务分析方法。基本的财务报表分析内容包括偿债能力分析、营运能力分析、营利能力分析、发展能力分析四个方面,以下分别加以介绍。

为便于说明,本例题各项财务指标的计算,将主要采用爱华酒店作为例子,该酒店的资产负债表如表10-2所示、利润表如表10-3所示。

表10-2 资产负债表

编制单位:爱华酒店　　　　　　　2012年12月31日　　　　　　　　　　万元

资　产	年末余额	年初余额	负债和所有者权益	年末余额	年初余额
流动资产:			流动负债:		
货币资金	260	135	短期借款	310	235
交易性金融资产	40	70	交易性金融负债	0	0
应收票据	50	65	应付票据	35	30
应收账款	2 000	1 005	应付账款	510	555
预付账款	70	30	预收款项	60	30
应收利息	0	0	应付职工薪酬	90	105
应收股利	0	0	应交税费	55	70
其他应收款	120	120	应付股利	0	0
存货	605	1 640	应付利息	55	35
一年内到期的非流动资产	235	0	其他应付款	240	145
其他流动资产	210	65	一年内到期的非流动负债	260	0
流动资产合计	3 590	3 130	其他流动负债	25	35
非流动资产:			流动负债合计	1 640	1 240
可供出售金融资产	0	0	非流动负债:		
持有至到期投资	0	0	长期借款	2 260	1 235
长期应收款	0	0	应付债券	1 210	1 310
长期股权投资	160	235	其他非流动负债	360	385
固定资产	6 190	4 775	非流动负债合计	3 830	2 930
在建工程	100	185	负债合计	5 470	4 170
固定资产清理	0	70	所有者权益:		
无形资产	100	120	实收资本	3 000	3 000
递延所得税资产	35	85	资本公积	90	60
其他非流动资产	25	0	盈余公积	380	210
非流动资产合计	6 610	5 470	未分配利润	1 260	1 160
			所有者权益合计	4 730	4 430
资产总计	10 200	8 600	负债和所有者权益总计	10 200	8 600

表 10-3 利润表

编制单位：爱华酒店　　　　　　　　　2012 年度　　　　　　　　　　　　万元

项　目	本年金额	上年金额
一、营业收入	15 010	14 260
减：营业成本	13 230	12 525
营业税金及附加	150	150
管理费用	120	110
销售费用	240	210
财务费用	560	490
加：公允价值变动收益	110	190
投资收益	210	130
二、营业利润	1 030	1 095
加：营业外收入	60	95
减：营业外支出	110	35
三、利润总额	980	1 155
减：所得税费用	330	385
四、净利润	650	770

一、偿债能力分析

偿债能力是指企业偿还本身所欠债务的能力。对偿债能力进行分析有利于债权人进行正确的借贷决策；有利于投资者进行正确的投资决策；有利于企业经营者进行正确的经营决策；有利于正确评价企业的财务状况。

偿债能力的衡量方法有两种：一种是比较可供偿债资产与债务的存量，资产存量超过债存量较多，则认为偿债能力较强；另一种是比较经营活动现金流量和偿债所需现金，如果产生的现金超过需要的现金较多，则认为偿债能力较强。

债务一般按到期时间长短分为短期债务和长期债务。偿债能力分析也由此分为短期偿债能力分析和长期偿债能力分析。

（一）短期偿债能力分析

企业在短期（一年或一个营业周期）需要偿还的负债主要指流动负债，因此短期偿债能力衡量的是对流动负债的清偿能力。企业的短期偿债能力取决于短期内企业产生现金的能力，即短期内能够转化为现金的流动资产的多少。所以，短期偿债能力比率也称为变现能力比率或流动性比率，主要考察的是流动资产对流动负债的清偿能力。企业短期偿债能力的衡量指标主要有营运资金、流动比率、速动比率和现金比率。

1. 营运资金

营运资金是指流动资产超过流动负债的部分。其计算公式如下：

$$营运资金 = 流动资产 - 流动负债$$

根据爱华酒店的财务报表数据：

本年年末营运资金 = 3 590 - 1 640 = 1 950（万元）

上年年末营运资金 = 3 130 - 1 240 = 1 890（万元）

计算营运资金使用的"流动资产"和"流动负债",通常可以直接取自资产负债表。资产负债表项目分为流动项目和非流动项目,并且按照流动性强弱排序,方便计算营运资金和分析流动性。营运资本越多则偿债越有保障。当流动资产大于流动负债时,营运资金为正,说明企业财务状况稳定,不能偿债的风险较小。反之,当流动资产小于流动负债时,营运资金为负,此时,企业部分非流动资产把流动负债作为资金来源,企业不能偿债的风险很大。因此,企业必须保持正的营运资金,以避免流动负债的偿付风险。

营运资金是绝对数,不便于不同企业之间的比较。例如,A 酒店和 B 酒店有相同的营运资金(表 10-4),是否意味着它们具有相同的偿债能力呢?

表 10-4　A 酒店和 B 酒店营运资金　　　　　　　　　　　　　　万元

项目	A 酒店	B 酒店
流动资产	600	2 400
流动负债	200	2 000
营运资金	400	400

尽管 A 酒店和 B 酒店营运资金都为 400 万元,但是 A 酒店的偿债能力明显好于 B 酒店,原因是 A 酒店的营运资金占流动资产的比例是 2/3,即流动资产中只有 1/3 用于偿还流动负债;而 B 酒店的营运资金占流动资产的比例是 1/6,即流动资产的绝大部分(5/6)用于偿还流动负债。

因此,在实务中直接使用营运资金作为偿债能力的衡量指标受到局限,偿债能力更多地通过债务的存量比率运算来计算。

2. 流动比率

流动比率是企业流动资产与流动负债之比。其计算公式为:

流动比率 = 流动资产 ÷ 流动负债

流动比率表明每 1 元流动负债有多少流动资产作为保障,流动比率越大,通常短期偿债能力越强。一般认为,生产企业合理的最低流动比率是 2。这是因为流动资产中变现能力最差的存货金额约占资产总额的一半,剩下的流动性较大的流动资产至少要等于流动负债,企业短期偿债能力才会有保证。

运用流动比率分析时,要注意以下几个问题。

(1)流动比率高并不意味着短期偿债能力一定很强。因为,流动比率假设全部流动资产可变现清偿全部负债。实际上各项流动资产的变现能力并不相同,而且变现金额和账面金额有较大差异,流动比率是对短期偿债能力的粗略估计,还需进一步分析流动资产的构成项目。

(2)计算出来的流动比率,只有和同行业平均流动比率、本企业历史流动比率进行比较才能知道这个比率是高还是低。这种比较通常并不能说明流动比率为什么这么高或低,要找出过高或过低的原因还必须分析流动资产和流动负债所包括的内容以及经营上的因素。

在一般情况下,营业周期、流动资产中的应收账款和存货的周转速度是影响流动比率的主要因素。营业周期短、应收账款和存货的周转速度快的企业,其流动比率低一些也是可以接受的。

根据表 10-2 资料,爱华酒店 2012 年年初与年末的流动资产分别为 3 130 万元、3 590

万元,流动负债分别为 1 240 万元、1 640 万元,则该酒店流动比率为:

$$年初流动比率 = 3\ 130 \div 1\ 240 \approx 2.524$$

$$年末流动比率 = 3\ 590 \div 1\ 640 \approx 2.189$$

爱华酒店年初与年末流动比率均大于2,说明该企业具有较强的短期偿债能力。

流动比率的缺点是该比率比较容易人为操纵,并且没有揭示流动资产的构成内容,只能大致反映流动资产整体的变现能力。但流动资产中包含像存货这类变现能力较差的资产,如能将其剔除,其所反映的短期偿债能力更加可信,这个指标就是速动比率。

3. 速动比率

速动比率是企业速动资产与流动负债之比。其计算公式为:

$$速动比率 = 速动资产 \div 流动负债$$

构成流动资产的各项资产,流动性差别很大。其中货币资金、交易性金融资产和各种应收款项,可以在较短时间内变现,称为速动资产;另外的流动资产,包括存货、预付款项、一年内到期的非流动资产和其他流动资产等,属于非速动资产。速动资产主要剔除了存货,原因有三点:①流动资产中存货的变现速度比应收账款要慢得多。②部分存货可能已被抵押。③存货成本和市价可能存在差异。由于剔除了存货等变现能力较差的资产,速动比率比流动比率能更准确、可靠地评价企业资产的流动性及偿还短期债务的能力。

速动比率表明每 1 元流动负债有多少速动资产作为偿债保障。在一般情况下,速动比率越大,短期偿债能力越强。由于通常认为存货占了流动资产的一半左右,因此剔除存货影响的速动比率至少是 1。速动比率过低,企业面临偿债风险,但速动比率过高,会因占用现金及应收账款过多而增加企业的机会成本。影响此比率可信性的重要因素是应收账款的变现能力。因为,应收账款的账面金额不一定都能转化为现金,对于季节性生产的企业,其应收账款金额存在着季节性波动,根据某一时点计算的速动比率不能直观反映其短期偿债能力。此外,使用该指标应考虑行业的差别性。如大量使用现金结算的企业其速动比率大大低于 1 是正常现象。

根据表 10 - 2 资料,爱华酒店 2012 年的年初速动资产为 1 395 万元 (135 + 70 + 65 + 1 005 + 120),年末速动资产为 2 470 万元 (260 + 40 + 50 + 2 000 + 120)。爱华酒店的速动比率为:

$$年初速动比率 = 1\ 395 \div 1\ 240 \approx 1.13$$

$$年末速动比率 = 2\ 470 \div 1\ 640 \approx 1.51$$

爱华酒店 2012 年年初与年末的速动比率都比一般公认标准高,说明短期偿债能力较强。进一步分析可以发现,在爱华酒店的速动资产中应收账款比重很高(分别占72%和81%),而应收账款不一定能按时收回,所以我们还必须计算分析现金比率。

4. 现金比率

现金资产包括货币资金和交易性金融资产等。现金资产与流动负债的比率称为现金比率。其计算公式为:

$$现金比率 = (货币资金 + 交易性金融资产) \div 流动负债$$

现金比率剔除了应收账款对偿债能力的影响,最能反映企业直接偿付流动负债的能力,表明每 1 元流动负债有多少现金资产作为偿债保障。由于流动负债是在一年内(或一个营业周期内)陆续到期清偿,所以并不需要企业时时保留相当于流动负债金额的现金资产。经研究表明，0.2 的现金比率就可以接受。而这一比率过高，就意味着企业过多资源占用在营利能力较低的现金资产上，从而影响企业的营利能力。

根据表 10-2 资料，爱华酒店的现金比率为：

年初现金比率 = (135 + 70) ÷ 1 240 ≈ 0.165

年末现金比率 = (260 + 40) ÷ 1 640 ≈ 0.183

显然，爱华酒店流动比率和速动比率都较高，但现金比率偏低，说明该酒店短期偿债能力还是有一定风险，应缩短应收账期，加大应收账款催账力度，以加速应收账款资金的周转。

（二）长期偿债能力分析

长期偿债能力是指企业在较长的期间偿还债务的能力。企业在长期内不仅需要偿还流动负债，还需要偿还非流动负债，因此，长期偿债能力衡量的是对企业所有负债的清偿能力。企业对所有负债的清偿能力取决于其总资产水平，因此长期偿债能力比率考察的是企业资产、负债和所有者权益之间的关系。其财务指标主要有四项：资产负债率、产权比率、权益乘数和利息保障倍数。

1. 资产负债率

资产负债率是企业负债总额与资产总额之比。其计算公式为：

资产负债率 = (负债总额 ÷ 资产总额) × 100%

资产负债率反映总资产中有多大比例是通过负债取得的，可以衡量企业清算时资产对债权人权益的保障程度。当资产负债率高于50%时，来源主要依靠的是负债，财务风险较大。当资产负债率低于50%时，表明企业资产的主要来源是所有者权益，财务比较稳健。这一比率越低，表明企业资产对负债的保障能力越大，企业的长期偿债能力越强。

事实上，利益主体不同，看待该指标的立场也不同。从债权人的立场看，债务比率越低越好，企业偿债有保证，贷款不会有太大风险；从股东的立场看，其关注的是举债的效益。在全部资本利润率高于借款利息率时，负债比率越大越好，因为股东所得到的利润就会加大。从经营者的角度看，在其进行负债决策时，更关注如何实现风险和收益的平衡。资产负债率较低表明财务风险较低，但同时也意味着可能没有充分发挥财务杠杆的作用，营利能力也较低；而较高的资产负债率表明较大的财务风险和较高的营利能力。只有当负债增加的收益能够涵盖其增加的风险时，经营者才能考虑借入负债。而在风险和收益实现平衡的条件下，是选择较高的负债水平还是较低的负债水平，则取决于经营者的风险偏好等多种因素。

在对该指标进行分析时，应结合以下几个方面：①结合营业周期分析：营业周期短的企业，资产周转速度快，可以适当提高资产负债率。②结合资产构成分析：流动资产占的比率比较大的企业可以适当提高资产负债率。③结合企业经营状况分析：兴旺期间的企业可适当提高资产负债率。④结合客观经济环境分析：如利率和通货膨胀率水平。当利率提高时，会加大企业负债的实际利率水平，增加企业的偿债能力，这时企业应降低资产负债率。⑤结合资产质量和会计政策分析。⑥结合行业差异分析：不同行业资产负债率有较大差异。

根据表 10-2 资料，爱华酒店的资产负债率为：

年初资产负债率 = 4 170 ÷ 8 600 × 100% ≈ 48.49%

年末资产负债率 = 5 470 ÷ 10 200 × 100% ≈ 53.63%

爱华酒店年初资产负债率为48.49%，年末资产负债率为53.63%，有所上升，表明企业负债水平提高。偿债能力强弱还需结合行业水平进一步分析。如果爱华酒店所属行业的平均资产负债率为60%，说明尽管爱华酒店资产负债率上升，财务风险有所加大，但相对于行业水平而言，其财务风险仍然较低，长期偿债能力较强。企业仍有空间进一步提高负债水平，以发挥财务杠杆效应。

2. 产权比率

产权比率又称资本负债率，是负债总额与所有者权益之比，它是企业财务结构稳健与否的重要标志。其计算公式为：

$$产权比率 = 负债总额 \div 所有者权益 \times 100\%$$

产权比率反映了由债务人提供的资本与所有者提供的资本的相对关系，即企业财务结构是否稳定；反映了债权人资本受股东权益保障的程度，或者在企业清算时对债权人利益的保障程度。一般来说，这一比率越低，表明企业长期偿债能力越强，债权人权益保障程度越高。在分析时同样需要结合企业的具体情况加以分析，当企业的资产收益率大于负债成本率时，负债经营有利于提高资金收益率，获得额外的利润，这时的产权比率可适当高些。产权比率高，是高风险高报酬的财务结构；产权比率低，是低风险低报酬的财务结构。

根据表10-2资料，爱华酒店的产权比率为：

$$年初产权比率 = 4\ 170 \div 4\ 430 \times 100\% \approx 94.13\%$$

$$年末产权比率 = 5\ 470 \div 4\ 730 \times 100\% \approx 115.64\%$$

由计算可知，爱华酒店年末的产权比率提高，表明年末该酒店举债经营程度提高，财务风险有所加大。但仍然低于行业水平，行业的产权比率是1.5（行业的资产负债率是60%，因此产权比率是60%÷40%=1.5）。

产权比率与资产负债率对评价偿债能力的作用基本一致，只是资产负债率侧重于分析债务偿付安全性的物质保障程度，产权比率则侧重于揭示财务结构的稳健性以及所有资金对偿债风险的承受能力。

2. 权益乘数

权益乘数是总资产与股东权益的比值。其计算公式为：

$$权益乘数 = 总资产 \div 股东权益$$

权益乘数表明股东每投入1元钱可实际拥有和控制的金额。在企业存在负债的情况下，权益乘数大于1。企业负债比例越高，权益乘数越大。产权比率和权益乘数是资产负债率的另外两种表现形式，是常用的反映财务杠杆水平的指标。

根据表10-2资料，爱华酒店的权益乘数为：

$$年初权益乘数 = 8\ 600 \div 4\ 430 \approx 1.94$$

$$年末权益乘数 = 10\ 200 \div 4\ 730 \approx 2.16$$

3. 利息保障倍数

利息保障倍数是指企业息税前利润与利息费用之比，又称已获利息倍数，用以衡量偿付借款利息的能力。其计算公式为：

$$利息保障倍数 = 息税前利润 \div 全部利息费用$$
$$= (净利润 + 利润表中的利息费用 + 所得税) \div 全部利息费用$$

其中，"息税前利润"是指利润表中扣除利息费用和所得税前的利润；"全部利息费用"是指本期发生的全部应付利息,不仅包括财务费用中的利息费用,还应包括计入无形资产成本的资本化利息。资本化利息虽然不在利润表中扣除,但仍然是要偿还的,利息保障倍数的重点是衡量企业支付利息的能力,没有足够大的息税前利润,利息的支付就会发生困难。

利息保障倍数反映支付利息的利润来源(息税前利润)与利息支付之间的关系,该比率越高,长期偿债能力越强。从长期看,利息保障倍数至少要大于1(国际公认标准为3),也就是说,税前利润至少要大于利息费用,企业才具有清偿负债的可能性。如果利息保障倍数过低,企业将面临亏损、偿债的安全性与稳定性下降的风险。在短期内,利息保障倍数小于1也仍然具有利息支付能力,因为计算净利润时减去的一些折旧和摊销费用并不需要支付现金。但这种支付能力是暂时的,当企业需要重置资产时,势必发生支付困难。因此,在分析时需要比较企业连续多个会计年度(如5年)的利息保障倍数,以说明企业付息能力的稳定性。

根据表10-3资料,假定表中财务费用全部为利息费用,资本化利息为0,则爱华酒店利息保障倍数为:

$$上年利息保障倍数 = (1\,155 + 490) \div 490 \approx 3.36$$
$$本年利息保障倍数 = (980 + 560) \div 560 = 2.75$$

从以上计算结果看,爱华公司的利息保障倍数减少,利息支付能力有所下降,但营利能力还能支付将近3期的利息,有一定的偿债能力,但还需要与其他企业特别是本行业平均水平进行比较来分析评价。

(三) 影响偿债能力的其他因素

1. 可动用的银行贷款指标或授信额度

当企业存在可动用的银行贷款指标或授信额度时,这些数据不在财务报表内反映,但由于可以随时增加企业的支付能力,因此可以提高企业的偿债能力。

2. 资产质量

在财务报表内反映的资产金额为资产的账面价值,但由于财务会计的局限性,资产的账面价值与实际价值可能存在差异,如资产可能被高估或低估、一些资产无法进入财务报表,等等。此外,资产的变现能力也会影响偿债能力。如果企业存在很快变现的长期资产,那么会增加企业的短期偿债能力。

3. 或有诉项和承诺事项

如果企业存在债务担保或未决诉讼等或有事项,那么会增加企业的潜在偿债压力。同样,各种承诺支付事项,也会加大企业偿债义务。

4. 经营租赁

企业存在经营租赁时,就意味着企业要在租赁期内分期支付租赁费用,即有固定的、经常性的支付义务。也即经营租赁的负债未反映在资产负债中,因此经营租赁作为一种表外融资方式,会影响企业的偿债能力,特别是经营租赁期限较长、金额较大的情况。因此,如果企业存在经营租赁,则应考虑租赁费用对偿债能力的影响。

二、营运能力分析

营运能力主要指资产运用、循环的效率高低。一般而言,资金周转速度越快,说明企业的资金管理水平越高,资金利用效率越高,企业可以以较少的投入获得较多的收益。因此,营运能力指标是通过投入与产出(主要指收入)之间的关系反映。企业营运能力分析主要包括:流动资产营运能力分析、固定资产营运能力分析和总资产营运能力分析三个方面。

(一)流动资产营运能力比率分析

反映流动资产营运能力的指标主要有应收账款周转率、存货周转率和流动资产周转率。

1. 应收账款周转率

应收账款在流动资产中占有举足轻重的地位,及时收回应收账款,不仅增强了企业的短期偿债能力,也反映出企业管理应收账款的效率。反映应收账款周转情况的比率有应收账款周转率(次数)和应收账款周转次数。

应收账款周转次数是一定时期内商品或产品销售收入净额与应收账款平均余额的比值,表明一定时期内应收账款平均收回的次数。其计算公式为:

$$应收账款周转次数 = 销售收入净额 \div 应收账款平均余额$$
$$= 销售收入净额 \div (期初应收账款 + 期末应收账款) \div 2$$

应收账款周转天数指应收账款周转一次(从销售开始到收回现金)所需要的时间。其计算公式为:

$$应收账款周转天数 = 计算期天数 \div 应收账款周转次数$$
$$= 计算期天数 \times 应收账款平均余额 \div 销售收入净额$$

通常,应收账款周转次数越高(或周转天数越短)表明应收账款管理效率越高。

在计算和使用应收账款周转率指标时应注意的问题:①销售收入指扣除销售折扣和折扣后的销售净额。从理论上讲,应收账款是由赊销引起的,其对应的收入应为赊销收入,而非全部销售收入。但是赊销数据难以取得,且可以假设现金销售是收账时间为零的应收账款,因此只要保持计算口径的历史一致性,使用销售净额不影响分析。销售收入数据使用利润表中的"营业收入"。②应收账款包括会计报表中"应收账款"和"应收票据"等全部赊销账款在内,因为应收票据是销售形成的应收款项的另一种形式。③应收账款应为未扣除坏账准备的金额。应收账款在财务报表上按净额列示,计提坏账准备会使财务报表上列示的应收账款金额减少,而销售收入不变,其结果是,计提坏账准备越多,应收账款周转率越高、周转天数越少,对应收账款实际管理欠佳的企业反而会得出应收账款周转情况更好的错误结论。④应收账款期末余额的可靠性问题。应收账款是特定时点的存量,容易受季节性、偶然性和人为因素的影响。在用应收账款周转率进行业绩评价时,最好使用多个时点的平均数,以减少这些因素的影响。

应收账款周转率反映了企业应收账款周转速度的快慢及应收账款管理效率的高低。在一定时期内周转次数多(或周转天数少)表明:

(1)企业收账迅速,信用销售管理严格。
(2)应收账款流动性强,从而增强企业短期偿债能力。
(3)可以减少收账费用和坏账损失,相对增加企业流动资产的投资收益。
(4)通过比较应收账款周转天数及企业信用期限,可评价客户的信用程度,调整企业信用政策。

根据表 10-2、表 10-3 资料,爱华酒店 2012 年度销售收入净额为 15 010 万元,2012

年应收账款、应收票据年末数为 2 050（2 000＋50）万元，年初数为 1 070（1 005＋65）万元，假设年初、年末坏账准备均为零。2012 年该酒店应收账款周转率指标计算如下：

$$应收账款周转次数 = 15\,010 \div [(2\,050 + 1\,070) \div 2] \approx 9.62（次）$$

$$应收账款周转天数 = 360 \div 9.62 \approx 37.42（天）$$

运用应收账款周转率指标评价企业应收账款管理效率时应将计算出的指标与该企业前期、与行业平均水平或其他类似企业相比较来进行判断。

2. 存货周转率

在流动资产中，存货所占比重较大，存货的流动性将直接影响企业的流动比率。存货周转率的分析同样可以通过存货周转次数和存货周转天数反映。

存货周转率（次数）是指一定时期内企业销售成本与存货平均资金占用额的比率，是衡量和评价企业购入存货、投入生产、销售收回等各环节管理效率的综合性指标。其计算公式为：

$$存货周转次数 = 销售成本 \div 存货平均余额$$

$$存货平均余额 = （期初存货 + 期末存货）\div 2$$

其中，销售成本为利润表中"营业成本"的数据。

存货周转天数是指存货周转一次（存货取得到存货销售）所需要的时间。其计算公式为：

$$存货周转天数 = 计算期天数 \div 存货周转次数$$

$$= 计算期天数 \times 存货平均余额 \div 销售成本$$

根据表 10－2、表 10－3 资料，爱华酒店 2012 年度销售成本为 13 230 万元，期初存货为 1 640 万元，期末存货为 605 万元，该公司存货周转率指标为：

$$存货周转次数 = 13\,230 \div [(1\,640 + 605) \div 2] \approx 11.79（次）$$

$$存货周转天数 = 360 \div 11.79 \approx 30.53（天）$$

一般来讲，存货周转速度越快，存货占用水平越低，流动性越强，存货转化为现金或应收账款的速度就越快，这样会增强企业的短期偿债能力及营利能力。通过存货周转速度分析，有利于找出存货管理中存在的问题，尽可能降低资金利用水平。在具体分析时，应注意几点：①存货周转率的高低与企业的经营特点密切联系，应注意行业的可比性。②该比率反映的是存货整体的周转情况，不能说明企业经营各环节的存货周转情况和管理水平。③应结合应收账款周转情况和信用政策进行分析。

3. 流动资产周转率

流动资产周转率是反映企业流动资产周转速度的指标。流动资产周转率（次数）是一定时期销售收入净额与企业流动资产平均占用额的比率。其计算公式为：

$$流动资产周转次数 = 销售收入净额 \div 流动资产平均余额$$

$$流动资产周转天数 = 计算期天数 \div 流动资产周转次数$$

$$= 计算期天数 \times 流动资产平均余额 \div 销售收入净额$$

其中，流动资产平均余额 =（期初流动资产 + 期末流动资产）÷ 2

在一定时期内，流动资产周转次数越多，表明以相同时间完成的周转额越多，流动资产利用效果越好，流动资产周转次数越少，表明流动资产在经历生产销售各阶段所占用的时间越短，可相对节约流动资产，增强企业营利能力。

根据表 10-2、表 10-3 资料，爱华酒店 2012 年销售净额 15 010 万元，2012 年流动资产期初数为 3 130 万元，期末数为 3 590 万元，则该酒店流动资产周转指标计算如下：

$$流动资产周转次数 = 15\,010 \div [(3\,130 + 3\,590) \div 2] \approx 4.47\,(次)$$

$$流动资产周转天数 = 360 \div 4.47 \approx 80.54\,(天)$$

（二）固定资产营运能力分析

反映固定资产营运能力的指标为固定资产周转率，固定资产周转率是指企业年销售收入净额与固定资产平均净额的比率。它是反映企业固定资产周转情况，从而衡量固定资产利用效率的一项指标。其计算公式为：

$$固定资产周转率 = 销售收入净额 \div 固定资产平均净值$$

其中，固定资产平均净值 = （期初固定资产净值 + 期末固定资产净值）÷ 2

固定资产周转率高，说明企业固定资产投资恰当，结构合理，利用效率高；反之，如果固定资产周转率不高，则表明固定资产利用效率不高，提供的生产成果不多，企业的营运能力不强。

根据表 10-2、表 10-3 资料，爱华酒店 2011 年、2012 年的销售收入净额分别为 14 260 万元、15 010 万元，2012 年年初固定资产净值为 4 775 万元，2012 年年末为 6 190 万元。假设 2011 年年初固定资产净值为 4 000 元，则固定资产周转率计算如下：

$$2011\,年固定资产周转率 = 14\,260 \div [(4\,000 + 4\,775) \div 2] \approx 3.25\,(次)$$

$$2012\,年固定资产周转率 = 15\,010 \div [(4\,775 + 6\,190) \div 2] \approx 2.74\,(次)$$

通过以上计算可知，2012 年固定资产周转率为 2.74 次，2011 年固定资产周转率为 3.25 次，说明 2012 年度周转速度要比上年慢，其主要原因在于固定资产净值增长幅度要大于销售收入净额增长幅度，说明企业营运能力有所减弱，这种减弱幅度是否合理，还要视酒店目标及同行业水平的比较而定。

（三）总资产营运能力分析

反映总资产营运能力的指标是总资产周转率。总资产周转率是企业销售收入净额与企业资产平均总额的比率。其计算公式为：

$$总资产周转率 = 销售收入净额 \div 平均资产总额$$

如果企业各期资产总额比较稳定，波动不大，则平均总资产 = （期初总资产 + 期末总资产）÷ 2。

如果资金占用的波动性较大，则企业应采用更详细的资料进行计算，如按照各月份的资金占用额计算：

$$月平均总资产 = （月初总资产 + 月末总资产）\div 2$$

$$季平均占用额 = （1/2\,季初 + 第一月末 + 第二月末 + 1/2\,季末）\div 3$$

$$年平均占用额 = （1/2\,年初 + 第一季末 + 第二季末 + 第三季末 + 1/2\,年末）\div 4$$

在计算总资产周转率时，分子分母在时间上应保持一致。这一比率用来衡量企业资产整体的使用效率。总资产由各项资产组成，在销售收入既定的情况下，总资产周转率的驱动因素是各项资产。因此，对总资产周转情况的分析应结合各项资产的周转情况，以发现影响企业资产周转的主要因素。

根据表10-2、表10-3资料，2011年爱华酒店销售收入净额为14 260万元，2012年为15 010万元，2012年年初资产总额为8 600万元，2012年年末为10 200万元。假设2011年年初资产总额为7 800万元，则该酒店2011年、2012年总资产周转率计算如下：

2011年总资产周转率 = 14 260 ÷ [(7 800 + 8 600) ÷ 2] ≈ 1.74

2012年总资产周转率 = 15 010 ÷ [(8 600 + 10 200) ÷ 2] ≈ 1.6

从以上计算可知，爱华酒店2012年总资产周转率比上年减慢，这与前面计算分析固定资产周转速度减慢结论一致，该酒店应扩大销售额，处理闲置资产，以提高资产使用效率。

总之，各项资产的周转率指标用于衡量各项资产赚取收入的能力，经常和企业营利能力的指标结合在一起，以全面评价企业的营利能力。

三、营利能力分析

不论是投资人、债权人还是经理人员，都会非常重视和关心企业的营利能力。营利能力就是企业获取利润、实现资金增值的能力。因此，营利能力指标主要通过收入与利润之间的关系、资产与利润之间的关系反映。反映企业营利能力的指标主要有销售毛利率、销售净利率、总资产净利率和净资产收益率。

（一）销售毛利率

销售毛利率是销售毛利与销售收入之比，计算公式如下：

$$销售毛利率 = 销售毛利 ÷ 销售收入$$

其中，销售毛利 = 销售收入 - 销售成本。

销售毛利率反映产品每销售1元所包含的毛利润是多少，即销售收入扣除销售成本后还有多少剩余可用于各期费用和形成利润。销售毛利率越高，表明产品的营利能力越强。将销售毛利率与行业水平进行比较，可以反映企业产品的市场竞争地位。那些销售毛利率高于行业水平的企业意味着实现一定的收入占了更少的成本，表明它们在资源、技术或劳动生产率方面有竞争优势。而那些销售毛利率低于行业水平的企业则意味着在行业中处于竞争劣势。此外，将不同行业的销售毛利率进行横向比较，也可以说明行业间营利能力的差异。

根据表10-3资料，可计算爱华酒店销售毛利率如下：

2011年销售毛利率 = (14 260 - 12 525) ÷ 14 260 ≈ 12.17%

2012年销售毛利率 = (15 010 - 13 230) ÷ 15 010 ≈ 11.86%

（二）销售净利率

销售净利率是净利润与销售收入之比，其计算公式为：

$$销售净利率 = 净利润 ÷ 销售收入$$

销售净利率反映每1元销售收入最终赚取了多少利润，用于反映产品最终的营利能力。在利润表上，从销售收入到净利润需要扣除销售成本、期间费用、税金项目。因此，将销售净利率按利润的扣除项目进行分解可以识别影响销售净利率的主要因素。

根据表10-3资料，可计算销售净利率如下：

2011年销售净利率 = 770 ÷ 14 260 ≈ 5.40%

2012年销售净利率 = 650 ÷ 15 010 ≈ 4.33%

从上述计算分析可以看出，2012年各项销售利润率指标均比上年有所下降。说明企业营利能力有所下降，企业应查明原因，采取相应措施，提高营利水平。

（三）总资产净利率

总资产净利率指净利润与平均总资产的比率，反映每1元资产创造的净利润。其计算公式为：

$$总资产净利率 = (净利润 \div 平均总资产) \times 100\%$$

总资产净利率衡量的是企业资产的营利能力。总资产净利率越高，说明企业资产的利用效果越好。影响总资产净利率的因素是销售净利率和总资产周转率。

$$总资产净利率 = 净利润 \div 平均总资产 = 销售净利率 \times 总资产周转率$$

$$销售净利率 = 净利润 \div 销售收入$$

$$总资产周转率 = 销售收入 \div 平均总资产$$

因此，企业可以通过提高净利率、加速资产周转来提高总资产净利率。

据表10-2、表10-3资料，爱华酒店2011年净利润为770万元，年末总资产8 600万元；2012年净利润650万元，年末总资产10 200万元。假设2011年年初总资产7 800万元，则爱华酒店总资产净利率计算如下：

2011年总资产净利率 = 770 ÷ [(7 800 + 8 600) ÷ 2] × 100% ≈ 9.39%

2012年总资产净利率 = 650 ÷ [(10 200 + 8 600) ÷ 2] × 100% ≈ 6.91%

由以上计算结果可知，总资产净利率下降明显，表明企业营利能力减弱。结合前面计算的销售净利率和总资产周转率发现，销售净利率和资产周转率均下降是总资产净利率下降的原因，表明企业产品的营利能力和资产运用效率均存在问题。企业应进一步分析产品营利能力和资产周转能力下降的原因，通过提高销售净利率和资产周转率改善企业整体营利水平。

四、发展能力分析

衡量企业发展能力的指标主要有销售收入增长率、总资产增长率、营业利润增长率等。

（一）销售收入增长率

该指标反映的是相对化的销售收入增长情况，是衡量企业经营状况和市场占有能力、预测企业经营业务拓展趋势的重要指标。在实际分析时应考虑企业历年的销售水平、市场占有情况、行业未来发展及其他影响企业发展的潜在因素，或结合企业前两年的销售收入增长率进行趋势性分析判断。其计算公式为：

$$销售收入增长率 = 本年销售收入增长额 \div 上年销售收入 \times 100\%$$

其中，本年销售收入增长额 = 本年销售收入 - 上年销售收入。

在计算过程中，销售收入可以使用利润表中的"营业收入"数据。销售收入增长率大于零，表明企业本年销售收入有所增长。该指标值越高，表明企业销售收入的增长速度越快，企业市场前景越好。

据表10-3资料，爱华酒店2011年销售收入为14 260万元，2012年销售收入为15 010万元。则爱华酒店销售收入增长率为：

2012年销售收入增长率 = (15 010 - 14 260) ÷ 14 260 × 100% ≈ 5.26%

（二）总资产增长率

总资产增长率是企业本年资产增长额同年初资产总额的比率，反映企业本期资产规模的增长情况。其计算公式为：

$$总资产增长率 = 本年资产增长额 \div 年初资产总额 \times 100\%$$

其中，本年资产增长额 = 年末资产总额 - 年初资产总额。

总资产增长率越高，表明企业在一定时期内资产经营规模扩张的速度越快。但在分析时，需要关注资产规模扩张的质和量的关系，以及企业的后续发展能力，避免盲目扩张。

据表10-2资料，爱华酒店2012年年初资产总额为8 600万元，2012年年末资产总额为10 200万元。则爱华酒店总资产增长率为：

$$2012年总资产增长率 = (10\ 200 - 8\ 600) \div 8\ 600 \times 100\% = 18.60\%$$

（三）营业利润增长率

营业利润增长率是企业本年营业利润增长额与上年营业利润总额的比率，反映企业营业利润的增减变动情况。其计算公式为：

$$营业利润增长率 = 本年营业利润增长额 \div 上年营业利润总额 \times 100\%$$

其中，本年营业利润增长额 = 本年营业利润 - 上年营业利润。

据表10-3资料，爱华酒店2011年营业利润为1 095万元，2012年营业利润为1 030万元，则爱华酒店营业利润增长率为：

$$2012年营业利润增长率 = (1\ 030 - 1\ 095) \div 1\ 095 \times 100\% = -5.94\%$$

任务三　酒店财务综合分析

财务分析的目的在于全面、准确、客观地揭示与披露企业财务状况和经营情况，并借以对企业经济效益优劣做出合理的评价。显然，要达到这样一个分析目的，仅仅测算几个简单孤立的财务比率，或者将一些孤立的财务分析指标堆砌在一起，彼此毫无联系地考察，不可能得出合理、正确的综合性结论，有时甚至会得出错误的结论。因此，只有将企业偿债能力、营运能力、投资收益实现能力以及发展趋势等各项分析指标有机地联系起来，作为一套完整的体系，相互配合使用，做出系统的综合评价，才能从总体意义上把握企业财务状况和经营情况的优劣。

综合分析的意义在于能够全面、正确地评价企业的财务状况和经营成果，因为局部不能替代整体，某项指标的好坏不能说明整个企业经济效益的高低，除此之外，综合分析的结果在进行企业不同时期比较分析和不同企业之间比较分析时消除了时间上和空间上的差异，使之更具有可比性，又利于总结经验、吸取教训、发现差距、赶超先进。进而，从整体上、本质上反映和把握企业生产经营的财务状况和经营成果。

企业综合绩效分析通常采用杜邦分析法。杜邦分析法又称杜邦财务分析体系，简称杜邦体系，利用各主要财务比率之间的内在联系，对企业财务状况和经营成果进行综合系统评价的方法。该体系是以权益净利率为龙头，以总资产净利率和权益乘数为分支，重点揭示企业获利能力及杠杆水平对权益净利率的影响，以及各相关指标间的相互作用关系。因其最初由美国杜邦酒店成功应用，所以得名。

杜邦财务分析体系是根据各主要财务比率指标之间的内在联系，建立财务分析指标体系，综合分析企业财务状况的方法。杜邦财务分析体系的特点，是将若干反映企业盈利状况、财务状况和营运状况的比率按其内在联系有机结合起来，形成一个完整的指标体系，并最终通过净资产收益率（或资本收益率）这一核心指标来综合反映。通过杜邦财务分析体系，一方面可从企业销售规模、成本水平、资产营运、资本结构方面分析净资产收益率增减变动的原因；另一方面可协调企业资本经营、资产经营和商品经营关系，促使净资产收益率达到最大化，实现财务管理目标。

杜邦分析法将净资产收益率（权益净利率）分解如图10-1所示。其分析关系式为：

净资产收益率 = 销售净利率 × 总资产周转率 × 权益乘数

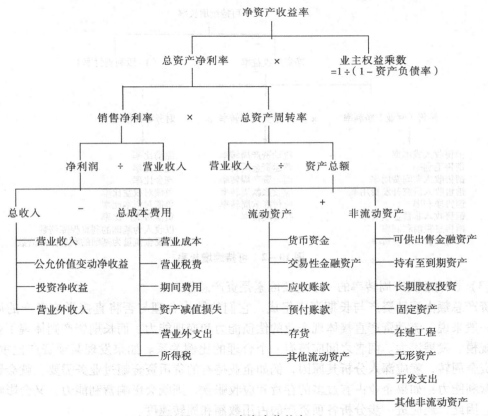

图10-1 净资产收益率

运用杜邦分析法需要抓住以下几点。

（1）净资产收益率是一个综合性最强的财务分析指标，是杜邦分析体系的起点。

财务管理的目标之一是使股东财富最大化，净资产收益率反映了企业所有者投入资本的获利能力，说明了企业筹资、投资、资产营运等各项财务及管理活动的效率，而不断提高净资产收益率是使所有者权益最大化的基本保证。所以，这一财务分析指标是企业所有者、经营者都十分关心的。而净资产收益率高低的决定因素主要有三个，即销售净利率、总资产周转率和权益乘数。这样，在进行分解之后，就可以将净资产收益率这一综合性指标发生升降变化的原因具体化，从而它比只用一项综合性指标更能说明问题。

（2）销售净利率反映了企业净利润与销售收入的关系，它的高低取决于销售收入与成本总额的高低。

要想提高销售净利率,一是要扩大销售收入,二是要降低成本费用。扩大销售收入既有利于提高销售净利率,又有利于提高总资产周转率。降低成本费用是提高销售净利率的一个重要因素,从图10-1中可以看出成本费用的基本结构是否合理,从而找出降低成本费用的途径和加强成本费用控制的办法。如果企业财务费用支出过高,就要进一步分析其负债比率是否过高。如果管理费用过高,就要进一步分析其资产周转情况等。从图10-2中还可以看出,提高销售净利率的途径是提高其他利润。为了详细地了解企业成本费用的发生情况,在具体列示成本总额时,还可根据重要性原则,将那些影响较大的费用单独列示,以便为寻求降低成本的途径提供依据。

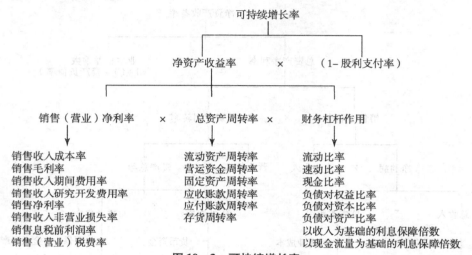

图10-2 可持续增长率

(3) 影响总资产周转率的一个重要因素是资产总额。

资产总额由流动资产与长期资产组成,它们的结构合理与否将直接影响资产的周转速度。一般来说,流动资产直接体现企业的偿债能力和变现能力,而长期资产则体现了企业的经营规模、发展潜力。两者之间应该有一个合理的比例关系。如果发现某项资产比重过大,影响资金周转,就应深入分析其原因,例如企业持有的货币资金超过业务需要,就会影响企业的营利能力;如果企业占有过多的存货和应收账款,则既会影响营利能力,又会影响偿债能力。因此,还应进一步分析各项资产的占用数额和周转速度。

(4) 权益乘数主要受资产负债率指标的影响。

资产负债率越高,权益乘数就越高,说明企业的负债程度比较给企业带来了较多的杠杆利益,同时,也带来了较大的风险。

【例10-1】 某企业有关财务数据如表10-5所示,分析该企业净资产收益率变化的原因(表10-6)。

表10-5 财务数据   元

年度	净利润	销售收入	平均资产总额	平均负债总额	全部成本	制造成本	销售费用	管理费用	财务费用
2011	10 284.04	411 224.01	306 222.94	205 677.07	403 967.43	373 534.53	10 203.05	18 667.77	1 562.08
2012	12 653.92	757 613.81	330 580.21	215 659.54	736 747.24	684 261.91	21 740.96	25 718.20	5 026.17

表 10-6　分析该企业净资产收益率变化的原因

年度	2011	2012
净资产收益率/%	10.23	11.01
权益乘数	3.05	2.88
资产负债率/%	67.2	65.2
总资产净利率/%	3.36	3.83
销售净利率/%	2.5	1.67
总资产周转率/%	1.34	2.29

（1）对净资产收益率的分析。该企业的净资产收益率在 2011—2012 年出现了一定程度的好转，从 2011 年的 10.23% 增加至 2012 年的 11.01%。企业的投资者在很大程度上依据这个指标来判断是否投资或是否转让股份，考察经营者业绩和决定股利分配政策。这些指标对企业的管理者也至关重要。

$$净资产收益率 = 权益乘数 \times 总资产净利率$$
$$2011 年 \quad 10.23\% = 3.05 \times 3.36\%$$
$$2012 年 \quad 11.01\% = 2.88 \times 3.83\%$$

通过分解可以明显地看出，该企业净资产收益率的变动是资本结构（权益乘数）变动和资产利用效果（总资产净利率）变动两方面共同作用的结果，而该企业的总资产净利率太低，显示出很差的资产利用效果。

（2）对总资产净利率的分析。

$$总资产净利率 = 销售净利率 \times 总资产周转率$$
$$2011 年 \quad 3.36\% = 2.5\% \times 1.34$$
$$2012 年 \quad 3.83\% = 1.67\% \times 2.29$$

通过分解可以看出 2012 年该企业的总资产周转率有所提高，说明资产的利用得到了比较好的控制，显示出比前一年更好的效果，表明该企业利用其总资产产生销售收入的效率在增加；总资产周转率提高的同时销售净利率减少，阻碍了总资产净利率的增加。

（3）对销售净利率的分析。

$$2011 年 \quad 2.5\% = 10\,284.04 \div 411\,224.01$$
$$2012 年 \quad 1.67\% = 12\,653.92 \div 757\,613.81$$

该企业 2012 年大幅提高了销售收入，但是净利润的提高幅度却很小，分析其原因是成本费用增多，从表 10-2 可知：全部成本从 2011 年的 403 967.43 万元增加到 2012 年的 736 747.24 万元，与销售收入的增加幅度大致相当。

（4）对全部成本的分析。

$$全部成本 = 制造成本 + 销售费用 + 管理费用 + 财务费用$$
$$2011 年 \quad 403\,967.43 = 373\,534.53 + 10\,203.05 + 18\,667.77 + 1\,562.08$$
$$2012 年 \quad 736\,747.24 = 684\,261.91 + 21\,740.96 + 25\,718.20 + 5\,026.17$$

在例 10-1 中，导致该企业净资产收益率小的主要原因是全部成本过大。也正是因为全部成本的大幅提高，净利润提高幅度不大，而销售收入大幅增加，就引起了销售净利率的降低，显示出该企业销售营利能力的降低。总资产净利率的提高当归功于总资产周转率的提高，销售净利率的减少却起到了阻碍的作用。

(5) 对权益乘数的分析。

$$权益乘数 = 资产总额 \div 权益总额$$

2011 年　3.05 = 306 222.94 ÷ (306 222.94 − 205 677.07)

2012 年　2.88 = 330 580.21 ÷ (330 580.21 − 215 659.54)

该企业下降的权益乘数，说明企业的资本结构在2011—2012年发生了变动，2012年的权益乘数较2011年有所减小。权益乘数越小，企业负债程度越低，偿还债务能力越强，财务风险有所降低。这个指标同时也反映了财务杠杆对利润水平的影响。该企业的权益乘数一直处于2~5，也即负债率在50%~80%，属于激进战略型企业。管理者应该准确把握企业所处的环境，准确预测利润，合理控制负债带来的风险。

(6) 结论。

对于该企业，最重要的就是要努力降低各项成本，在控制成本上下功夫，同时要保持较高的总资产周转率。这样，可以使销售净利率得到提高，进而使总资产净利率有大的提高。

项目小结

通过本项目的学习，要求学生掌握财务分析的内容、比率分析法、杜邦分析体系。

思考与练习

一、单项选择题

1. 下列公式中不正确的是（　　）。
   A. 经营净收益 = 净利润 − 非经营净收益
   B. 经营所得现金 = 经营净收益 + 非付现费用
   C. 净收益营运指数 = 经营净收益 ÷ 净利润
   D. 销售现金比率 = 经营活动现金流量净额 ÷ 经营所得现金

2. 影响速动比率可信性的重要因素是（　　）。
   A. 存货的变现能力　　　　　　　　B. 交易性金融资产的变现能力
   C. 长期股权投资的变现能力　　　　D. 应收账款的变现能力

3. 下列关于财务分析的说法错误的是（　　）。
   A. 以企业财务报告为主要依据
   B. 对企业的财务状况和经营成果进行评价和剖析
   C. 反映企业在运营过程中的利弊得失和发展趋势
   D. 为改进企业财务管理工作和优化经济决策提供重要的财务信息

4. 某企业上一年营业收入为36 000万元，流动资产总额为4 000万元，固定资产总额为8 000万元。假定没有其他资产，则该企业上一年的总资产周转率为（　　）次。
   A. 3.0　　　　　B. 3.4　　　　　C. 2.9　　　　　D. 3.2

5. 某企业2007年和2008年的销售净利率分别为7%和8%，资产周转率分别为2和1.5，两年的资产负债率相同，与2007年相比，2008年的净资产收益率变动趋势为（　　）。
   A. 上升　　　　　B. 下降　　　　　C. 不变　　　　　D. 无法确定

6. 在下列财务分析主体中，必须对企业运营能力、偿债能力、营利能力及发展能力的全部信息予以详尽了解和掌握的是（   ）。
  A. 企业所有者   B. 企业债权人
  C. 企业经营决策者   D. 税务机关

7. 下列有关杜邦分析法的描述中，不正确的是（   ）。
  A. 杜邦分析法以总资产收益率为起点
  B. 杜邦分析法以总资产净利率和权益乘数为核心
  C. 重点揭示企业营利能力及权益乘数对净资产收益率的影响
  D. 权益乘数主要受资产负债率指标的影响

8. 下列各项中，不会影响市盈率的是（   ）。
  A. 上市公司营利能力的成长性   B. 投资者所获报酬率的稳定性
  C. 利率水平的变动   D. 每股净资产

9. 下列各项中，不属于财务分析局限性的是（   ）。
  A. 资料来源的局限性   B. 分析方法的局限性
  C. 分析对象的局限性   D. 分析指标的局限性

10. 在财务绩效评价计分中，如果资产负债率≥100%，指标得分为（   ）。
  A. 1   B. 0.8   C. 0.9   D. 0

11. 企业所有者作为投资人，关心其资本的保值和增值状况，因此较为重视企业的（   ）。
  A. 营利能力指标   B. 偿债能力指标
  C. 发展能力指标   D. 营运能力指标

12. 资产负债率属于（   ）。
  A. 构成比率   B. 效率比率   C. 结构比率   D. 相关比率

13. 下列指标中，属于效率比率的是（   ）。
  A. 流动比率   B. 资本金利润率
  C. 资产负债率   D. 流动资产占全部资产的比重

14. 在下列财务绩效定量评价指标中，属于反映企业营利能力状况的基本指标的是（   ）。
  A. 营业利润增长率   B. 总资产报酬率
  C. 总资产周转率   D. 资本保值增值率

二、多项选择题

1. 下列属于管理绩效定性评价中的基础管理评价指标的内容有（   ）。
  A. 采购与销售   B. 商业诚信
  C. 企业文化建设   D. 法律事务

2. 下列各项中，属于评价企业债务风险状况基本指标的有（   ）。
  A. 资产负债率   B. 已获利息倍数
  C. 速动比率   D. 或有负债比率

3. 关于比率分析法中比率指标类型的有关说法中，不正确的有（   ）。
  A. 构成比率反映投入与产出的关系
  B. 效率比率反映部分与总体的关系

C. 相关比率反映有关经济活动的相互关系
D. 可以利用构成比率指标，考察企业相互关联的业务安排得是否合理，以保障经营活动顺畅进行

4. 以下关于杜邦分析法的计算公式中，不正确的有（　　）。
A. 总资产净利率＝销售净利率×总资产周转率
B. 净资产收益率＝销售毛利率×总资产周转率×权益乘数
C. 净资产收益率＝资产净利率×权益乘数
D. 权益乘数＝资产÷股东权益＝1÷（1＋资产负债率）

5. 财务分析的意义包括（　　）。
A. 可以判断企业的财务实力
B. 可以评价和考核企业的经营业绩，揭示财务活动存在的问题
C. 可以挖掘企业潜力，寻求提高企业经营管理水平和经济效益的途径
D. 可以评价企业的发展趋势

6. 关于因素分析法下列说法不正确的有（　　）。
A. 在使用因素分析法分析某一因素对分析指标的影响时，假定其他因素都不变
B. 在使用因素分析法时替代顺序无关紧要
C. 差额分析法是连环替代法的一种简化形式
D. 因素分析法的计算结果都是准确的

7. 下列各项中，在其他因素不变的情况下，可以减少总资产周转率的有（　　）。
A. 用银行存款购置固定资产　　B. 平均应收账款余额增加
C. 现金多余时将其购买有价证券　　D. 营业收入减少

8. 企业进行财务评价的方法包括（　　）。
A. 杜邦分析法　　B. 沃尔评分法　　C. 功效函数法　　D. 功效系数法

三、判断题

1. 中大公司2011年比2010年净资产收益率增加了5个百分点，采用因素分析法计算分析得知，由于销售净利率提高使得净资产收益率增加了6个百分点，由于总资产周转率下降使得净资产收益率下降了2个百分点，则可以得知企业的权益乘数提高了1个百分点。（　　）

2. 比率分析法中的比率指标包括构成比率、效率比率、相关比率和定基动态比率。（　　）

3. 企业所有者作为投资人必须对企业经营理财的各个方面，包括营运能力、偿债能力、营利能力及发展能力的全部信息予以详尽的了解和掌握，主要进行各方面综合分析，并关注企业财务风险和经营风险。（　　）

4. 在财务分析中，将通过对比两期或连续数期财务报告中的相同指标，确定其增减变动的方向、数额和幅度，来说明企业财务状况或经营成果的变动趋势的方法称为比率分析法。（　　）

5. 财务报表是按照会计准则编制的，所以能准确地反映企业的客观实际。（　　）

6. 管理层讨论与分析是上市公司定期报告的重要组成部分，这些信息在财务报表及附注中得到充分揭示，对投资者的投资决策相当重要。（　　）

7. 财务绩效定量评价基本计分是按照加权平均法计分原理，将评价指标实际值对照行业评价标准值，按照规定的计分公式计算各项基本指标得分。（　　）

8. 某公司今年与上年相比，销售收入增长10%，净利润增长8%，平均资产总额增加12%，平均负债总额增加9%。可以判断，该公司净资产收益率比上年下降了。（　　）

9. 比率指标的计算一般都是建立在以预算数据为基础的财务报表之上的，这使比率指标提供的信息与决策之间的相关性大打折扣。（　　）

10. 在财务分析中，将通过对比两期或连续数期财务报告中的相同指标说明企业财务状况或经营成果变动趋势的方法称为比较分析法。（　　）

11. 资产负债率越高，则权益乘数越低，财务风险越大。（　　）

四、计算分析题

1. 某企业今年销售收入为1 000万元，销售净利率为20%，该公司的普通股股数为50万股，目前每股市价25元，公司计划下一年每季度发放现金股利每股0.25元。下一年度资金预算需700万元，按资产负债率50%的比例筹资。要求：

（1）计算每股收益。

（2）计算市盈率。

（3）计算公司下一年尚需从外部筹措的权益资金为多少？

2. A公司是国内具有一定知名度的大型企业集团，近年来一直致力于品牌推广和规模扩张，每年资产规模保持20%以上的增幅。为了对各控股子公司进行有效的业绩评价，A公司从2010年开始采用了综合绩效评价方法，从营利能力、资产质量、债务风险和经营增长状况等四个方面对各控股子公司财务绩效进行定量评价。同时，A公司还从战略管理、发展创新、经营决策、风险控制、基础管理、人力资源、行业影响和社会贡献等八个方面对各控股子公司进行管理绩效定性评价。

为便于操作，A公司选取财务指标中权数最高的基本财务指标——净资产收益率作为标准，对净资产收益率达到15%及以上的子公司总经理进行奖励，奖励水平为该总经理当年年薪的20%。下表为A公司下属的M控股子公司2011年的相关财务数据：

项　　目	金额/亿元
营业收入	7.48
利息支出	0.12
利润总额	0.36
净利润	0.26
平均负债总额	3.06
平均资产总额	6.8

经过对M公司业绩指标的测算，M公司最终财务绩效定量评价分数为83分，管理绩效定性评价分数为90分。另已知M公司2010年的综合绩效评价分数为80分。

要求：

（1）分别计算M公司2011年的下列财务指标：①息税前利润；②财务杠杆系数；③营业净利率；④总资产周转率；⑤权益乘数；⑥净资产收益率。

（2）测算 M 公司 2011 年的综合绩效分数以及绩效改进度，并根据绩效改进度对 M 公司经营绩效的变化情况进行简要评价。

（3）判断 A 公司仅使用净资产收益率作为标准对子公司总经理进行奖励是否恰当，并简要说明理由。

3. A 公司今年的资料如下：

资料一：

A 公司资产负债表

12 月 31 日　　　　　　　　　　　　　　　　　　　万元

资产	年初	年末	负债及所有者权益	年初	年末
货币资金	100	90	短期借款	100	100
应收账款	120	180	应付账款	250	150
存货	230	360	应付利息	50	20
流动资产合计	450	630	一年内到期的非流动负债	50	30
			流动负债合计	450	300
			长期借款	100	200
			应付债券	150	200
			非流动负债合计	250	400
			负债合计	700	700
非流动资产合计	950	770	所有者权益合计	700	700
总计	1 400	1 400	总计	1 400	1 400

假设不存在优先股，发行在外普通股的加权平均数为 500 万股。

A 公司利润表

万元

项　目	全年
一、营业收入	840
减：营业成本	504
营业税金及附加	60
销售费用	20
管理费用	20
财务费用	40
加：投资收益	0
二、营业利润	196
营业外收支	0
三、利润总额	196
减：所得税费用	78.4
四、净利润	117.6

资料二：公司上年营业净利率为 16%，总资产周转率为 0.5 次，权益乘数为 2.2，净资

产收益率为17.6%。

要求：

（1）计算今年的总资产周转率、销售净利率、权益乘数和净资产收益率。（时点指标用平均数）

（2）利用连环替代法分析销售净利率、总资产周转率和权益乘数变动对净资产收益率的影响。

（3）假设目前公司股票的每股市价为9.6元，计算公司的市盈率。

答案部分

一、单项选择题

1.

【正确答案】D

【答案解析】本题考核销售现金比率。销售现金比率＝经营活动现金流量净额÷销售收入。

2.

【正确答案】D

【答案解析】本题考核速动比率。速动比率是用速动资产除以流动负债，其中应收账款的变现能力是影响速动比率可信性的最主要因素。

3.

【正确答案】A

【答案解析】选项A的正确说法应该是：财务分析以企业财务报告及其他相关资料为主要依据。

4.

【正确答案】A

【答案解析】本题考核总资产周转率的计算。总资产周转率＝营业收入÷资产总额，本题中"假定没有其他资产"，所以资产总额＝流动资产总额＋固定资产总额，上年的总资产周转率＝营业收入÷（流动资产总额＋固定资产总额）＝36 000÷（4 000＋8 000）＝3.0（次）。

5.

【正确答案】B

【答案解析】净资产收益率＝销售净利率×资产周转率×权益乘数，因为资产负债率不变，所以权益乘数不变，假设权益乘数为A，则2007年的净资产收益率＝7%×2×A＝14%×A，2008年的净资产收益率＝8%×1.5×A＝12%×A，所以，与2007年相比，2008年的净资产收益率下降了。

6.

【正确答案】C

【答案解析】本题考核财务分析的内容。企业经营决策者必须对企业经营理财的各个方面，包括运营能力、偿债能力、营利能力及发展能力的全部信息予以详尽的了解和掌握，主要进行各方面综合分析，并关注企业财务风险和经营风险，所以选项C是正确答案；企业所有者作为投资人，关心其资本的保值和增值状况，因此较为重视企业营利能力指标，主要进行企业营利能力分析；企业债权人因不能参与企业剩余收益分享，首先关注的是其投资的安全性，因此更重视企业偿债能力指标，主要进行企业偿债能力分析，同时也关注企业营利能力分析；税务机关作为政府组织，根据其职能，主要关注企业与税收相关的活动。

7.

【正确答案】A

【答案解析】杜邦分析法以净资产收益率为起点，以总资产净利率和权益乘数为核心，重点揭示企业营利能力及权益乘数对净资产收益率的影响，以及各相关指标间的相互影响作用关系。权益乘数 = 1 ÷ (1 – 资产负债率)。

8.

【正确答案】D

【答案解析】影响企业市盈率的因素有三个：①上市公司营利能力的成长性；②投资者所获报酬率的稳定性；③利率水平的变动。

9.

【正确答案】C

【答案解析】财务分析的局限性主要表现为资料来源的局限性、财务分析方法的局限性和财务分析指标的局限性。

10.

【正确答案】D

【答案解析】如果资产负债率≥100%，指标得0分。

11.

【正确答案】A

【答案解析】企业所有者作为投资人，关心其资本的保值和增值状况，因此较为重视企业营利能力指标。

12.

【正确答案】D

【答案解析】相关比率，是以某个项目和与其有关但又不同的项目加以对比所得的比率，反映有关经济活动的相互关系。比如，将负债总额与资产总额进行对比，可以判断企业长期偿债能力。

13.

【正确答案】B

【答案解析】效率比率指标是所费和所得的比率，反映投入与产出的关系。如成本利润率、销售利润率以及资本金利润率等。

14.

【正确答案】B

【答案解析】财务绩效定量评价指标中，反映企业营利能力状况的基本指标包括净资产收益率和总资产报酬率；营业利润增长率是反映企业经营增长状况的修正指标；总资产周转率是反映企业资产质量状况的基本指标；资本保值增值率是反映企业经营增长状况的基本指标。

二、多项选择题

1.

【正确答案】AD

【答案解析】本题考核管理绩效定性评价的相关内容。商业诚信是社会贡献评价指标的内容，企业文化建设是人力资源评价指标的内容。

2.

【正确答案】AB

【答案解析】本题考核对于企业债务风险状况基本指标的掌握。选项C、D是评价企业债务风险状况的修正指标。

3.

【正确答案】ABD

【答案解析】比率指标的类型主要有构成比率、效率比率和相关比率三类。构成比率反映部分与总体的关系、效率比率反映投入与产出的关系，所以选项A、B不正确；可以利用相关比率指标，考察企业相互关联的业务安排得是否合理，以保障经营活动顺畅进行，所以选项D不正确。

4.

【正确答案】BD

【答案解析】净资产收益率＝资产净利率×权益乘数＝销售净利率×总资产周转率×权益乘数，总资产净利率＝销售净利率×总资产周转率，权益乘数＝资产÷股东权益＝1÷（1－资产负债率）。

5.

【正确答案】ABCD

【答案解析】财务分析的意义主要体现在以下四方面：①可以判断企业的财务实力；②可以评价和考核企业的经营业绩，揭示财务活动存在的问题；③可以挖掘企业潜力，寻求提高企业经营管理水平和经济效益的途径；④可以评价企业的发展趋势。所以本题应该选A、B、C、D。

6.

【正确答案】BD

【答案解析】因素分析法是依据分析指标与其影响因素的关系，从数量上确定各因素对分析指标的影响方向和影响程度的一种方法。因素分析法具体有两种：连环替代法和差额分析法。连环替代法是将分析指标分解为各个可以计量的因素，并根据各个因素之间的依存关系，顺次用各因素的比较值（通常即实际值）替代基准值（通常即标准值或计划值），据以测定各因素对分析指标的影响。差额分析法是连环替代法的一种简化形式，是利用各个因素的比较值与基准值之间的差额，来计算各因素对分析指标的影响。使用因素分析法分析某一因素对分析指标的影响时，假定其他因素都不变，顺序确定每一个因素单独变化产生的影响。使用因素分析法时应当注意：①因素分解的关联性；②因素替代的顺序性；③顺序替代的连环性；④计算结果的假定性：由于因素分析法计算的各因素变动的影响数，会因替代计算顺序的不同而有差别，因此计算结果不免带有假定性，即它不可能使每个因素计算的结果都达到绝对准确。

7.

【正确答案】BD

【答案解析】本题考核总资产周转率的计算。总资产周转率＝销售收入净额÷平均资产总额，资产总额包括流动资产和长期资产，其中固定资产属于长期资产，流动资产＝现金有价证券＋应收账款＋存货＋其他流动资产。选项 A，用银行存款购置固定资产，流动资产减少，但是长期资产等额增加，所以资产总额不变，总资产周转率不变，所以选项 A 不是答案；平均应收账款余额增加，则平均资产总额增加，会导致总资产周转率下降，所以选项 B 是答案；现金和有价证券都属于流动资产，现金减少，同时有价证券等额增加，资产总额不变，则总资产周转率不变，因而选项 C 不是答案；当销售收入减少、其他因素不变时，会导致总资产周转率下降，所以选项 D 是答案。

8.
【正确答案】ABCD
【答案解析】财务评价的方法包括杜邦分析法、沃尔评分法、功效系数法（功效函数法），所以选项 A、B、C、D 都正确。

三、判断题

1.
【正确答案】错
【答案解析】本题考核因素分析法。中大公司 2011 年比 2010 年净资产收益率增加了 5 个百分点，采用因素分析法计算分析得知由于销售净利率提高使得净资产收益率增加了 6 个百分点，由于总资产周转率下降使得净资产收益率下降了 2 个百分点，只能说明企业权益乘数的变化使得净资产收益率提高了 1 个百分点，而不是权益乘数提高了 1 个百分点。

2.
【正确答案】错
【答案解析】定基动态比率属于比较分析法中的比率指标。

3.
【正确答案】错
【答案解析】企业经营决策者必须对企业经营理财的各个方面，包括运营能力、偿债能力、营利能力及发展能力的全部信息予以详尽的了解和掌握，主要进行各方面综合分析，并关注企业财务风险和经营风险。

4.
【正确答案】错
【答案解析】本题考核的是比较分析法的定义。在财务分析中，将通过对比两期或连续数期财务报告中的相同指标，确定其增减变动的方向、数额和幅度，来说明企业财务状况或经营成果的变动趋势的方法称为比较分析法。

5.
【正确答案】错
【答案解析】财务报表虽然是按照会计准则编制的，但不一定能准确地反映企业的客观实际。例如：报表数据未按照通货膨胀进行调整；某些资产以成本计价，并不代表其现在真实价值；许多支出在记账时存在灵活性，既可以作为当期费用，也可以作为资本项目在以后年度摊销；很多资产以估计值入账，但未必正确；偶然事件可能歪曲本期的损益，不能反映营利的正常水平。

6.

【正确答案】错

【答案解析】管理层讨论与分析是上市公司定期报告的重要组成部分,这些信息在财务报表及附注中并没有得到充分揭示,对投资者的投资决策却相当重要。

7.

【正确答案】错

【答案解析】财务绩效定量评价基本计分是按照功效系数法计分原理,将评价指标实际值对照行业评价标准值,按照规定的计分公式计算各项基本指标得分。

8.

【正确答案】对

【答案解析】本题考核杜邦财务分析体系的核心公式。根据杜邦财务分析体系:净资产收益率=销售净利率×总资产周转率×权益乘数=(净利润÷销售收入)×(销售收入÷平均资产总额)×[1÷(1-资产负债率)],今年与上一年相比,销售净利率的分母销售收入增长10%,分子净利润增长8%,表明销售净利率在下降;总资产周转率的分母平均资产总额增加12%,分子销售收入增长10%,表明总资产周转率在下降;资产负债率的分母平均资产总额增加12%,分子平均负债总额增加9%,表明资产负债率在下降,即权益乘数在下降。今年和上年相比,销售净利率下降了,总资产周转率下降了,权益乘数下降了,由此可以判断,该公司净资产收益率比上一年下降了。

9.

【正确答案】错

【答案解析】比率指标的计算一般都是建立在以历史数据为基础的财务报表之上的,这使比率指标提供的信息与决策之间的相关性大打折扣。

10.

【正确答案】对

【答案解析】比较分析法是通过对比两期或连续数期财务报告中的相同指标来说明企业财务状况或经营成果变动趋势的一种方法。

11.

【正确答案】错

【答案解析】权益乘数=1÷(1-资产负债率),所以资产负债率越高,权益乘数越大,财务风险越大。

四、计算分析题

1.

【正确答案】(1) 每股收益=1 000×20%÷50=4(元/股)

(2) 市盈率=每股市价÷每股收益=25÷4=6.25

(3) 公司预期保留盈余=1 000×20%-(0.25×4)×50=150(万元)

需要筹集的权益资金=700×(1-0.5)=350(万元)

公司需从外部筹措的权益资金=350-150=200(万元)

【提示】在预期保留盈余的计算中,0.25×4表示的是一年发放的每股股利,其中0.25是每季度每股发放的股利,乘以4才是一年的每股股利。

2.

【正确答案】（1）①息税前利润 = 利润总额 + 利息 = 0.36 + 0.12 = 0.48
②财务杠杆系数 = 0.48 ÷ 0.36 ≈ 1.33
③营业净利率 = 0.26 ÷ 7.48 ≈ 3.48%
④总资产周转率 = 7.48 ÷ 6.8 = 1.1（次）
⑤权益乘数 = 6.8 ÷ (6.8 − 3.06) ≈ 1.82
⑥净资产收益率 = 0.26 ÷ (6.8 − 3.06) ≈ 6.95%
（2）M 公司综合绩效评价分数 = 83 × 70% + 90 × 30% = 85.1（分）
绩效改进度 = 85.1 ÷ 80 ≈ 1.06
绩效改进度大于 1，说明经营绩效上升。
（3）A 公司仅使用净资产收益率作为奖励标准不恰当。因为某项指标的好坏不能说明整个企业经济效益的高低。

3.

【正确答案】（1）总资产周转率 = 840 ÷ [(1 400 + 1 400) ÷ 2] = 0.6（次）
销售净利率 = 117.6 ÷ 840 × 100% = 14%
今年权益乘数 = 平均资产总额 ÷ 平均所有者权益 = 1 400 ÷ 700 = 2
净资产收益率 = 117.6 ÷ 700 × 100% = 16.8%
（2）分析对象：
本期净资产收益率 − 上期净资产收益率 = 16.8% − 17.6% = −0.8%
①上期数 16% × 0.5 × 2.2 = 17.6%
②替代销售净利率 14% × 0.5 × 2.2 = 15.4%
③替代总资产周转率 14% × 0.6 × 2.2 = 18.48%
④替代权益乘数 14% × 0.6 × 2 = 16.8%
销售净利率降低的影响 = 15.4% − 17.6% = −2.2%
总资产周转率加快的影响 = 18.48% − 15.4% = 3.08%
权益乘数变动的影响 = 16.8% − 18.48% = −1.68%
（3）今年每股收益 = 117.6 ÷ 500 = 0.24（元/股）
市盈率 = 每股市价 ÷ 每股收益 = 9.6 ÷ 0.24 = 40

参考文献

[1] 马桂顺. 酒店财务管理（第三版）[M]. 北京：清华大学出版社，2015.

[2] 滕晋. 酒店·餐饮服务业会计入门到精通 [M]. 北京：化学工业出版社，2016.

[3] 王兰会. 酒店财务部精细化管理与标准化服务 [M]. 北京：人民邮电出版社，2016.

[4] 陈斯雯，雷雯雯. 新编现代酒店财务管理与成本控制实务大全 [M]. 北京：中国时代经济出版社，2013.

[5] 陈安萍. 酒店财务管理实务 [M]. 北京：中国旅游出版社，2017.

项目十一

酒店集团财务管理

学习目标

【知识目标】

1. 了解集团化酒店与财务结算中心及总部的相互关系。
2. 了解集团财务中心管理的目标与原则。
3. 了解集团框架下各级财务人员的工作内容与流程标准。

【技能目标】

1. 能清楚集团酒店的各种财务关系及行政关系。
2. 能运用集团酒店的通行规则更快地融入集团财务系统运作。
3. 能通过集团酒店财务管理的理论知识进行基础层面的实际操作。

案例导入：

某酒店集团新研发 D 品牌，决定两年内在全球不同城市开 150 家连锁酒店，集团总部 CFO（首席财务官）要求下辖六大"结算中心"做好 D 品牌的财务系统准备工作，并在两个月内对第一批财务人员、酒店店长及以上运营高管进行相关培训。

所有相关集团和运营人员在封闭式培训后，进行理论和实操考试，成绩在 80 分以上的返回城区投入工作，不合格的需要补考，补考不通过将降职或调离相关岗位。

思考：实地走访集团酒店财务部门，调研该集团财务管理方面的主要内容，并体会集团财务管理的重要作用。

任务一 财务结算中心管理架构

一、酒店集团的定义

酒店集团即拥有三个或三个以上的独立运作的酒店品牌，其与原始母公司在股权上是有血缘关系的（图11-1）。比如：如家酒店集团拥有"如家快捷品牌""如家和颐品牌""如家莫泰品牌"等子公司品牌，虽品牌独立运营、自负盈亏，但投资方均有如家酒店管理公司的参与，这样就成为一个利益共享、荣辱共济的集团性酒店企业。

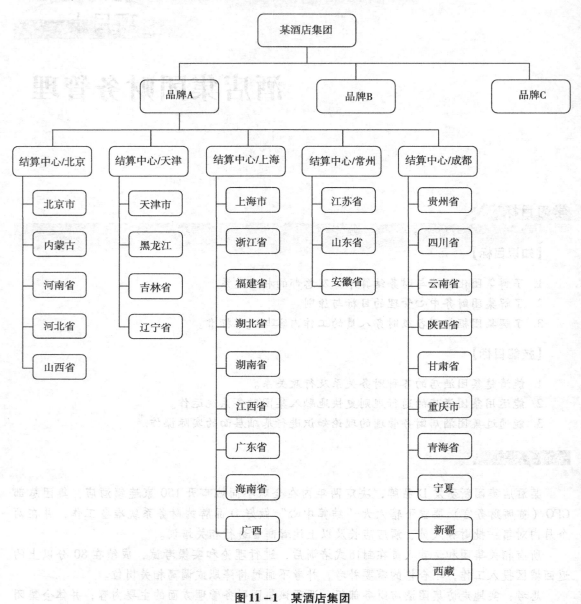

图11-1 某酒店集团

二、酒店集团财务管理的定义和主要内容

酒店集团为更好地控制和服务各子公司，会设立"财务结算中心"在各中心区域或城市，负责每日收集各区域下属直营店及特许店的财务数据报表，联网各店终端系统，监控现场财务运营情况，将每天的营业款进行统一汇总，并按相关规定进行划分及支付动作，从而达到收支平衡、利润清晰可见的作用，为一线及集团高管提供真实、有效、准确、客观的财务分析，指导管理层做出及时准确的判断及决策。

酒店集团财务管理的主要内容包括以下几方面。

(1) 营收账务管理：收支两条线，营业收入是企业生存的根本。集团财务要监管并确保所有旗下酒店都能每天按时存入营业款，并根据实际收入和系统账务数据对比，检查是否账实相符，及时准确地提供各种分析报表给运营一线，方便运营做出正确的战略调整。

(2) 成本控制管理：成本是直接影响净利润值的模块，要合理而不是过度控制成本，一切要以基本达到客人满意为标准，不能以牺牲顾客好感而硬性降低服务和运营成本，否则只会造成"杀鸡取卵"的负面结果。成本控制讲究的是控制比例，让企业健康成长，营养过剩和营养不良都是不可取的。确定好利润比例后就要研究成本比率和成本投入，这是管理者首要做的动作。

(3) 预算检视管理：预算是预计和估算出来的战略方向，有预算就有目标，就有监视点，就能根据预算进行调整，不断完善自己的战术。这也是做奖励和惩戒的基础依据，达成预算要有达成奖，超出预算要有超额奖，如果严重偏离或低于预算，就要合理进行解释和检讨了。

(4) 利润平衡管理：所谓"利润最大化"理论，其实是非常危险的短期行为，作为财务后台部门不能一味关注利润值和利润率。要看该支出的成本费用是否实际支付？如果没有合理的投入，那么利润的真实和稳定就不那么靠谱了。所以，真正的管理行家一定是追求合理利润的"艺术家"，既能让投资人受益，又能让客户满意。

(5) 战略投资管理：世上几乎没有几种产品能够一直满足客户的所有需求，在某一时间段可以是"金牛产品"，但经过鼎盛时期后就有可能很快变成"瘦狗产品"。这样财务系统的投资部门就有必要在之前选取高利润的项目进行尝试，以取代和替换不能持续供给稳定回报的投资项目，实现整个集团资金使用的有效性。

三、集团化酒店与财务结算中心及总部的相互关系

集团化酒店是集团运作的一线，是集团利润的来源。财务结算中心是区域资金使用管控枢纽，直接向集团总部报备，确保达成集团利润目标（图11-2）。类似国家财政部下设各省级财政厅，由省财政厅向下辖县、市征收财税，下达指标任务，并时时监控过程与结果。

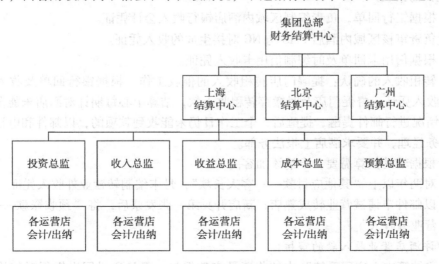

图11-2 集团财务组织架构

备注：各店会计/出纳是集团结算中心和店总的沟通媒介，确保运营健康稳定有序。

任务二　财务结算中心日常工作

一、收入会计

1. 财务数据的审核

（1）收入的审核。

结算中心收入会计依据银行存款回单、收银员交款报告、营业日报表、PMS 日审统计表编制并核对收入凭证，确保收入的正确性、及时性。

FMS 上线酒店：对收入解款基本户已实现工行、交行、招行、华夏四大行对接的酒店，FMS 系统自动将未能匹配上的现金收入进行邮件提醒，结算中心通知酒店查明原因后进行手工勾对和复核。

FMS 未上线酒店：每周二、周五通过网上银行对酒店营业收入解款进行查询，核对确认直营酒店每日营业款及时足额解存银行；编制酒店每日现金收入核对表。

如有异常情况，立即邮件并电话通知店长、财务经理，并作后续跟进及上报。

收入会计根据银行回单等，将入住前客人预付的定金款项编制预收款凭证。

（2）应收信用卡的审核。

审核酒店每日上报的信用卡消费汇总表，确保应收账款——信用卡账款收回的准确性、及时性。

根据酒店上报的酒店连锁信用卡/借记卡预结明细清单、信用卡消费汇总表审核应收信用卡未到账明细清单；对信用卡未达部分邮件通知门店及时追收。

（3）应收预收账款的审核。

审核酒店每日上报的应收预收审核表，次月的第一个工作日将审核好的应收预收款审核表上报给费用会计进行 PWC 报表的编制。

2. 凭证的录入

（1）根据银行回单，负责编制区域内酒店银行收入会计凭证。

（2）负责审核区域内酒店 PMS 与 NC 对接生成的收入凭证。

（3）根据信用卡回单及时编制信用卡收入凭证。

（4）转租收入的确认：提醒门店转租收入的催收工作，根据银行回单及收入记录及时编制转租收入凭证，督促门店及时缴存转租收入款，结算中心每期针对酒店未能及时收到转租收入的情况进行邮件提醒，提醒后 5 个工作日仍未能收到款项的，以邮件和电话方式通知店长、财务经理，并要求酒店上报法务部。

（5）根据辅助核算需要，申请添加客商。

（6）对两年以上"其他应付款——客人长款"，月末编制转营业外收入凭证。

（7）以邮件申请试营业转成熟店；新店开具第一张发票后，将"预收账款——暂收款"转入"主营业务收入"。

3. 特许酒店营业收入款的审核

根据"结算中心应用系统"中的收营员交款报告，每日通过网上银行对特许酒店营业收入解款进行查询确认，如有异常情况，立即以邮件和电话方式通知店长、财务经理，并做后续跟进及上报。

确保特许酒店经营账户余额低于 10 万元，对超过 10 万元的款项，要发现问题并立即整改，以邮件通知酒店财务和店长，将款项转至业主指定账户；对无法解决的，收入会计要在两个工作日内以邮件和电话的方式通知店长、财务经理，并做后续跟进及上报。

4. 月末结账工作

(1) 月末检查各项收入是否及时准确入账，确保 NC 账套收入与 PMS 收入的一致性。

(2) 尚未获得营业执照的试营业酒店夜审、日审、会计处理等与正常酒店程序相同，仅在会计核算时将主营业务收入计入"预收账款——暂收款科目"。待取得营业执照并可以开具第一张发票的当月将预收账款一次转为"主营业务收入"科目。

(3) 月末打印整月的营业收入日报表交费用会计，附在每月的凭证后。

(4) 次月初及时从网上银行导出上月银行对账单并根据对账单负责编制银行余额调节表，交费用会计审核签字，会计主管复核签字。

(5) 负责银行未达账、预收账款账户的跟踪清理。

(6) 及时准确地完成酒店每月、每季、每年的纳税申报、汇算清缴申报工作。

(7) 完成月末自查表中收入会计自查工作，转交费用会计审核。

(8) 根据费用会计提供的二次开发数据进行二次开发的操作。

5. 保管工作

(1) 负责指导各酒店购买印花税票，由酒店粘贴至转租收入合同正本，并将合同正本保管存档。

(2) 负责酒店纳税申报表、申报财务报表的保管存档工作。

(3) 负责协助会计资料的打印、装订、保管存档工作。

6. 税金申报事项

(1) 手工申报税金事项。

申报：结算中心收入会计指导酒店填写当月申报资料，酒店至税务大厅打印税单。

审批：酒店将当天打印的税单（含特殊情况下的空白税单）扫描邮件上报结算中心会计主管申请盖章审批，结算中心会计主管最晚下一个工作日之前完成审批，酒店收到审批邮件的当天打印审批邮件，并随同税单当天快递资金部加盖印鉴章。

盖章：资金部收到快递后根据结算中心审批邮件，完成盖章后最晚下一个工作日之前寄回酒店。

扣税：酒店在收到资金部寄回的税单后，在截至税金最后扣款日（含）的最后 3 个工作日内完成申报纳税。

(2) 网上申报税金事项。

收入会计查询酒店纳税户及基本户资金是否足额，在足额的情况下，按经会计主管审核后的税金进行申报；如纳税户及基本户资金不足，则提醒资金部及时调拨资金到账。

(3) 因各地税务规定的申报时间不一，请根据实际情况及时完成申报工作，规避相应税务风险。

二、费用会计

1. 分录录入

(1) 目前所有已实现 OA 上线的酒店均可由系统自动生成凭证，参照《OA – NC 对接自动生成凭证（用户手册）》，但仍有部分凭证需要费用会计手工进行相应分录的录入工作，遵照《会计手册》要求正确录入相应科目。

（2）每月初，在实际发放工资后，根据 EHR 系统中人事审批的工资及"五险一金"，编制计提/支付工资、"五险一金"、个人所得税的分录。

2. 新开酒店工作

（1）完成新店开办费的转出（①已开业；②证照已齐全）。

（2）完成新店"在建工程"的转出（运营宣布开业 25 日前，26 日后次月转出）。

（3）负责新店在建工程、长期待摊的暂估（运营宣布开业 25 日前，26 日后次月转出）。

（4）费用会计在收到开业通知后，编制在建工程转固定资产、长期待摊费用的会计分录，并由会计主管审核。

3. 固定资产/长期待摊管理

（1）负责酒店固定资产模板固定资产、长期待摊原始新增卡片的录入工作。

（2）负责酒店固定资产模板固定资产、长期待摊报废工作。

（3）负责酒店固定资产模板固定资产、长期待摊调出、调入工作。

（4）负责固定资产、长期待摊凭证生成工作。

（5）将固定资产清单于每年 6 月 30 日发给酒店；负责收集并统计各门店的盘点结果。新店固定资产的盘点：开业后 2 个月内完成第一次盘点工作。

4. 月末结账工作

（1）月末进行固定资产、长期待摊的计提折旧、摊销工作，与总账核对一致。

（2）月末存货的暂估，根据采购平台收货记录进行暂估。

（3）月末编制待摊费用摊销表、预提费用计提表、酒店薪酬福利计算表，报会计主管审核。

月末根据酒店店长审核确认的预提费用相关数据进行审核计提。

维修费用：

酒店维修费用预提总额/月 = 酒店营业额/月 × 3%

酒店维修费用预提（酒店自提部分）/月 =（基准数额 × 酒店客房数量 × 出租率 + 营业额/月 × 0.7%）÷ 2

基准数额：

客房数量 100 间以下：130 元/（间·月）

客房数量 100（含 100 间）~140 间（含 140 间）：120 元/（间·月）

客房数量 140 间以上：110 元/（间·月）

出租率：为酒店本月实际的出租率

营业额：为酒店本月实际的营业额

酒店维修费用预提（公司统筹部分）/月 = 酒店营业额/月 × 3% − 酒店维修费用预提（酒店自提部分）/月

棉织品：

原计提公式：营业收入 × 1.2%

新计提公式：（2.4 元 × 标准双人房数 + 1.8 元 × 大床房数）× 每月天数 × 月实际出租率

备注：大床房数 = 总房数 − 标准双人房数

酒店计提时分别用两种公式计算，按"孰低"原则确定计提费用。

（4）根据会计主管审批的区域审核各项明细表编制相关凭证。

（5）审核银行余额调节表并签字确认，并将银行余额调节表、银行对账单和银行明细账归档保存。

（6）月末负责在 OA 上进行酒店税金的申请，并及时通知收入会计进行税金的申报工作。

（7）月末负责各自酒店费用的自查工作，保证当月费用录入的及时性、正确性。

（8）负责编制月度酒店集团财务报表，在规定时间内完成上报；保存电子版文档；上报报表之后，于每月 15 日之前将酒店报表邮件上报给酒店店长审阅。

（9）负责 NC 系统与固定资产系统的结账工作。固定资产结账前需做好：①固定资产本月折旧计提。②本月新增、减少、调拨、变动的固定资产卡片均已生成凭证在上报报表之前必须保证 NC 系统已结账。

（10）负责编制月度 PWC 手工报表（Package），在规定时间内上报给会计主管审核。

（11）月末费用会计负责结账自查，编制《会计月末结账自查表》报会计主管审核，并打印《会计月末结账自查表》，由收入会计、费用会计、会计主管确认后归档保存。

（12）负责核对 OA 扫描件与酒店报销单据原件一致（不含区域人员报销）。

5. 协助驻店专员完成旅游统计报表

6. 酒店管理平台的录入管理

负责核对、修改酒店自动生成的管理平台数据，对当月新开业店数据录入或以前月份管理平台数据修改，进行手工录入申请。

注：每月管理平台自动取数一般在报表上报后的三个工作日内完成，在此之前录入平台的数据被覆盖（特许店除外）。

7. 酒店 NC 系统管理

具体参照 NC 系统管理权限。

8. 往来账务管理

（1）管理往来账务，核对、分析账龄，对个人借款进行清理和催讨，并将对账单传真件归档保存。

（2）负责区域内酒店、集团内部、外部往来凭证的制单。

（3）进行应收款项的账龄分析。

（4）每年末，应对于 3 年以上未付的应付款审核一次。确定是否还需支付。若已不需支付，则应转入营业外收入。

9. 归档整理工作

（1）负责印花税票金额的计算，指导酒店购买印花税票。

（2）将印花税票粘贴到租赁合同上，并负责租赁合同的保管存档工作。

（3）负责协助会计资料的打印、装订、保管存档工作。

10. 酒店租金管理

房租补充流程：

（1）新开业酒店在尚未办理完成基本户的情况下支付租金，需把租赁合同中的签约公司作为代付款公司，由结算中心费用会计在 5 个工作日内维护租金模板，会计主管审核后报结算中心总部人员维护导入 OA。

（2）资金部在新开业酒店办理完成基本户开设并实现银企直联后，在 2 个工作日内以邮件通知结算中心固定人员（区域经理与总部人员），结算中心财务经理在 1 个工作日内通知费用会计，费用会计在 2 个工作日内更新维护租金模板（变更付款公司及酒店基本账户），会计主管在 1 个工作日内完成审核后报总部人员，总部人员在 1 个工作日内维护导入 OA。

如房租合同中的签约收款方为业主个人，结算中心会计主管在 2 个工作日内以邮件通知法务部签订补充协议，将签约主体由管理公司变更为相应酒店，待法务部发布补充协议生效邮件后，结算中心按照流程变更租金模板。

（3）结算中心如在直营酒店租金流程规定的结算中心审批截止日仍未收到业主管理部的确认邮件，请在最后结算中心审批日发邮件给业主管理部，告知我们正在等待业主管理部的确认邮件，邮件同时抄送其他相关人员。

（4）费用会计审核 OA 租金单据时，在审核备注栏中写明酒店当期租金最后付款日期，标准格式为当期租金最后付款日 20××年××月××日。

租金模板维护要求：

（1）每次费用会计更新租金模板时，对有变动的内容，用黄色标记。

（2）再次明确已经支付的房租，在模板中"是否自动提交申请"一律填"否"。

（3）请所有结算中心统一上报租金模板流程，费用会计填写更新后，必须经会计主管审核后，再发送给总部人员导入。

11. 税金申报事项

（1）费用会计月末计提酒店当月应缴纳税金后登录 OA 提交申请单，经结算中心会计主管复核审批后，由资金部最终审批并调拨资金至纳税户或基本户。

（2）因各地税务规定的申报时间不一，请根据实际情况及时完成申报工作，规避相应税务风险。

（3）结算中心需特别关注新店首次税金的 OA 付款申请，申请前请事先确认酒店是否开通网上申报缴纳税金功能，如尚未开通，按照手工申报税金流程操作指导酒店完成纳税申报。如遇不可自动扣款或网银付款，税务局要求只能现金支付税金的，需在 OA 申请中将收款方选择店长备用金账户，并指导酒店现金缴税。

三、会计主管

1. 凭证的审核管理

（1）审核收入会计、费用会计编制的凭证。

（2）审核 OA 自动生成的凭证。

（3）审核收入会计 FMS 手工对账，进行对账复核工作。

（4）会计主管负责所有会计资料的打印、装订、保管存档工作。

2. FMS 系统手工对账复核

（1）目的：对已做对账处理的数据进行复核处理。

（2）在查询区域中输入查询条件，查询出已经手工对账过的数据。

（3）在列表区域中勾选符合条件的记录，完成后可以点击"复核"或"撤销"按钮。

3. 月末结账管理

（1）月末督促费用会计进行区域内酒店、集团内部、外部往来的核对工作。
月末根据公司往来会计给的往来差异表，进行酒店与各个公司的内部往来的核对。

（2）审核会计月末结账自查表和银行余额调节表，并确认归档。

（3）月末审核待摊费用明细表、预提费用明细表、酒店薪酬福利计算表。

（4）负责审核月度 PWC 手工报表（Package）。

（5）负责审核手工录入或纠错的管理平台数据。

4. 酒店税务的沟通协调

（1）参照《关于酒店税务工作维护规定》中结算中心的部分执行。

（2）负责酒店及管理公司印花税票金额的复核工作。

（3）指导酒店印花税贴置以及自查。

（4）对外财务资料提供的规定：①核定征收的酒店不对外提供任何财务资料，若有特殊需求的，报领导审批。②查账征收的酒店，日常提供常规财务资料，非常规的报领导审批。

5. 酒店租金管理

（1）新开业酒店在尚未办理完成基本户的情况下支付租金，需把租赁合同中的签约公司作为代付款公司，由结算中心费用会计在 5 个工作日内维护租金模板，会计主管审核后报结算中心总部人员维护导入 OA。

（2）资金部在新开业酒店办理完成基本户开设并实现银企直联后，在 2 个工作日内以邮件通知结算中心固定人员（区域经理与总部人员），结算中心财务经理在 1 个工作日内通知费用会计，费用会计在 2 个工作日内更新维护租金模板（变更付款公司及酒店基本账户），会计主管在 1 个工作日内完成审核后报总部人员，总部人员在 1 个工作日内维护导入 OA。

如房租合同中的签约收款方为业主个人，结算中心会计主管在 2 个工作日内以邮件通知法务部签订补充协议，将签约主体由管理公司变更为相应酒店，待法务部发布补充协议生效邮件后，结算中心按照流程变更租金模板。

四、区域财务经理

1. 高风险事项全面监督和管理

（1）酒店房租管理。
结算中心如在《直营酒店租金流程》规定的结算中心审批截止日仍未收到业主管理部的确认邮件，请在结算中心最后审批日发邮件给业主管理部，告知我们正在等待业主管理部的确认邮件，邮件同时抄送其他相关人员。

（2）营业款的缴存解款。

（3）酒店转租收入管理。

（4）酒店借用公章需审批至首席运营官（COO）并在截止日前及时归还。

（5）特许酒店审计整改事项及时完成。

（6）酒店税务沟通协调。

（7）结算中心各岗位员工请假离岗期间，财务经理必须指定人员完成其工作，并承担相应责任。

具体详见《高风险事项》章节。

2. 财务管理工作

（1）全面负责管理区域财务结算中心的各项工作。

（2）负责特许酒店财务管理工作。

（3）负责区域结算中心人员的招聘、任免、培训工作。

（4）负责区域内财务人员的日常财务工作指导和考核。

（5）负责区域内酒店店长相关财务工作的培训和指导。

（6）协助内审部顺利完成结算中心的各项检查工作。

3. 审核审批工作

（1）负责审核区域结算中心酒店和管理公司账务，编制区域直营/特许酒店财务经理月末自查表，在规定时间内完成上报。

（2）每季度末区域财务经理负责填制《长期资产减值准备核对问卷》，对可能发生减值的因素进行减值评估。报表部高级经理对《减值准备问卷》和《减值评估》进行复核。

（3）负责审核、审批区域内酒店及管理公司年度所得税的清算等事宜。

（4）区域财务经理审核收入会计每周五天查询确认的特许酒店营业收入解款情况；审核收入会计每周二、周五查询确认的直营酒店营业收入解款情况。

（5）负责审核特许酒店月末结账自查表。

4. 内外部协调工作

（1）负责各部门、各城区酒店之间的协调沟通工作。

（2）负责与政府部门的协调，更好地合理化利用好各公司的税收优惠政策，以降低公司的税收负担率。

（3）协助酒店协调与当地各级税务及财政部门之间的关系，维护其正常运作。

（4）负责区域内年度报表的外部审计与协调工作。

5. 负责酒店公章的保管和使用

酒店借用公章需审批至COO并在截止日前及时归还。

6. 酒店税务的沟通协调

参照《关于酒店税务工作维护规定》中结算中心的部分执行。

7. 以下工作事项由区域财务经理安排结算中心相关人员完成

（1）人员培训及工作指导。

负责区域内酒店新入职驻店专员的培训工作。

负责区域内酒店店长、驻店专员的日常财务工作指导。

负责完成区域内酒店驻店专员的培训工作，并做好培训记录归档保存。

定期组织区域内驻店专员的集中培训，进行日常业务和实际操作的指导。

负责酒店纳税申报系统的培训。

负责区域内特许酒店财务工作的培训与指导。

负责统计每月培训的酒店名单，跟进培训事宜。

负责结算中心的培训、指导工作；负责结算中心自查工作，确保结算中心各项财务工作合规无误；归档保存培训反馈意见表；统计每月结算中心内部培训统计表，并在规定的时间内上报该统计表。

负责并落实城区直营和特许酒店的培训工作，根据"新店培训、老店定期培训、老店新聘人员培训"来区分不同的培训性质并按规定制作酒店培训统计表。

(2) 数据审核。

每季度负责审核内用房的统计和免房券的统计。

负责审核特许店的管理平台数据。

负责审核特许酒店会计月末自查表。

(3) 负责按时监督酒店完成税金的手工申报；负责酒店和管理公司的所得税清算。

(4) 协助酒店协调当地各级税务及财政部门之间的关系，维护酒店的正常运作。

(5) 特许酒店财务管理工作。

每半年一次对特许酒店进行财务工作的培训，并做好培训记录归档保存，于5月31日及11月30日前上报。

每半年一次的定期和每半年至少一次的不定期对特许酒店现场审计工作，并做好特许店管理方案统计表与特许酒店定期不定期检查底稿的合并汇总工作；此两张工作表于5月31日及11月30日前上报完毕。

督促特许酒店完成审计整改事项，特许酒店定期不定期检查底稿的整改反馈工作于6月15日及12月15日前上报。

8. 结算中心各岗位员工请假离岗期间，财务经理必须指定人员完成其工作，并承担相应责任。

五、大区财务经理

1. 高风险事项监督和管理

(1) 酒店房租管理。

(2) 酒店营业款核对。

(3) 酒店转租收入管理。

(4) 酒店借用公章需审批至COO并在截止日前及时归还。

(5) 特许酒店审计整改事项及时完成。

(6) 酒店税务沟通协调。

(7) 结算中心各岗位员工请假离岗期间，财务经理必须指定人员完成其工作，并承担相应责任。

2. 财务管理工作

(1) 全面负责管理区域内各财务结算中心的各项工作。

(2) 负责区域内特许酒店财务管理工作。

(3) 负责区域内各结算中心区域财务经理的招聘、任免、培训工作。

(4) 负责区域内各结算中心区域财务经理的日常财务工作指导和考核。

(5) 负责区域内酒店店长相关财务工作的培训和指导。

(6) 协助内审部顺利完成结算中心的各项检查工作。

3. 审核审批工作

负责审核、审批区域内酒店及管理公司缴纳的各种税费、年度所得税的清算事宜和房租的审批。

4. 内外部协调工作

(1) 负责财务与酒店之间的协调工作。

(2) 负责部门之间的协调与沟通工作。

(3) 负责与政府部门的协调，更好地合理化利用好各公司的税收优惠政策，以降低公司的税收负担率。

(4) 协助酒店协调与当地各级税务及财政部门之间的关系，维护其正常运作。

(5) 负责区域内年度报表的外部审计与协调工作。

5. 结算中心各岗位员工请假离岗期间，财务经理必须指定人员完成其工作，并承担相应责任

任务三　高风险事项

1. 酒店房租

(1) 参照《直营酒店租金流程》中结算中心负责的部分执行。

(2) 特别注意事项。

结算中心审核10天，而非10个工作日，恰逢节假日期间会造成审核天数的减少，请特别关注，避免延误。

结算中心如在《直营酒店租金流程》规定的结算中心审批截止日仍未收到业主管理部的确认邮件，请在最后结算中心审批日发邮件给业主管理部告知我们正在等待业主管理部的确认邮件，邮件同时抄送其他相关人员。

新开业酒店在尚未办理完成基本户的情况下支付租金，需把租赁合同中的签约公司作为代付款公司，由结算中心费用会计在5个工作日内维护租金模板，会计主管审核后报结算中心总部人员维护导入OA。

资金部在新开业酒店办理完成基本户开设并实现银企直联后，在2个工作日内以邮件通知结算中心固定人员（区域经理与总部人员），结算中心财务经理在1个工作日内通知费用会计，费用会计在2个工作日内更新维护租金模板。

如房租合同中的签约收款方为业主个人，结算中心会计主管在2个工作日内以邮件通知法务部签订补充协议，将签约主体由管理公司变更为相应酒店，待法务部发布补充协议生效邮件后，结算中心按照流程变更租金模板。

对于同一家酒店的首次房租付款由开发部申请，非首次房租付款均由结算中心维护租金模板申请；对于同一家酒店开发部仅限于申请首次租金（仅可做第一次房租的申请），如以后发生该酒店签订补充协议、原合同作废重新签订新合同等情况全部由结算中心维护租金模板申请付款。

2. 酒店营业款的核对

(1) FMS上线酒店：对收入解款基本户已实现中国工商银行、交通银行、招商银行、华夏银行四大行对接的酒店，FMS系统自动将未能匹配上的现金收入进行邮件提醒，结算中心通知酒店在查明原因后进行手工复核。

(2) FMS未上线酒店：每周二、周五通过网银对酒店营业收入及时足额解存银行核对。

(3) 特许（方案一、方案二、方案四）酒店每日营业款及时足额解存银行核对。

确保特许酒店（针对方案一、方案二、方案四）经营账户余额低于 10 万元。对超过 10 万元的款项，要发现问题并立即整改，对无法解决的，要在两个工作日内以邮件和电话的方式通知店长、财务经理。

（4）对任何异常情况，收入会计要立即以邮件和电话的方式通知店长、财务经理，并作后续跟进及上报。

3. 酒店转租收入

提醒门店转租收入的催收工作，根据银行回单及收入记录及时编制转租收入凭证。督促门店及时缴存转租收入款，结算中心每期针对酒店未能及时收到转租收入的情况，进行邮件提醒，提醒后 5 个工作日仍未能收到款项的，以邮件和电话的方式通知店长、财务经理，并要求酒店上报法务部。

4. 酒店借用公章需审批至 COO 并在截止日前及时归还

5. 特许酒店审计

（1）审计分类：定期检查报告、不定期检查报告。

（2）审计频率：每半年一次；不定期突击审计的频率为每半年至少一次（根据实际情况增加）。

（3）审计期间：4 月 1 日—9 月 30 日；10 月 1 日—次年 3 月 31 日。

（4）审计报告汇总上报时间：每年 5 月 31 日和 11 月 30 日（如遇周末，则提前到前一个工作日）。

（5）发现问题及时跟踪整改。

6. 酒店税务的沟通协调

（1）参照《关于酒店税务工作维护规定》中结算中心的部分内容执行。

（2）指导酒店印花税贴置及自查。

印花税的缴纳及印花税票的粘贴工作需在应税凭证（如合同、账簿等）取得成立后 1 个月内完成。

指导酒店正确计算并购买印花税票并粘贴。

（3）对外财务资料提供的规定。

核定征收的酒店不对外提供任何财务资料，若有特殊需求的，报领导审批。

查账征收的酒店，日常提供常规财务资料，非常规的报领导审批。

7. 酒店原始单据未及时上交事项统计

酒店原始单据（包括发票、银行回单等）不能按时上交结算中心的定期汇总上报；每月 20 日之前汇总截至上月月末已付款未收到原始单据的清单，每月 21 日上报总部。

8. 结算中心各岗位员工请假离岗期间，财务经理必须指定人员完成其工作，并承担相应责任

任务四　酒店财务工作须知

一、日审管理

1. 收入管理

（1）酒店根据在店客人余额表、欠款离店客人余额表编制应收预收审核表，并于下班

前将应收预收审核表以邮件形式上报结算中心会计（如遇节假日顺延）审核入账。

（2）确保酒店营业外的收入录入PMS"商务收入"，店长自主使用其中的40%，但必须上报上级领导审批并抄给区域财务经理；店长定期检查"登记使用记录本"并签字确认。

（3）快捷操作方法：酒店在每天12点前进行PMS系统中PMS日审的操作，在审核无误后"保存"上传，确保收入及时、准确的传输；并打印一份快递至结算中心；如果PMS日审有差异，驻店专员按照日审流程及时进行PMS日审纠错，在纠错完毕后由前台写明原因、店长审核并签字，快递至结算中心。

2. 信用卡管理

酒店进行信用卡的审核工作：将信用卡结算单与收银员交款报告中的信用卡数据进行核对，编制信用卡消费汇总表；将信用卡回单在信用卡消费汇总表上核销，每日随同应收预收审核表于下班前以邮件形式上报结算中心收入会计（如遇节假日顺延），次月第二个工作日驻店专员根据信用卡消费汇总表编制应收信用卡未到账明细清单，于下班前以邮件形式上报结算中心收入会计；对信用卡未达部分及时追收。

3. 营业款管理

酒店驻店专员收到酒店的营业收入款，在核对无误后，每天须将现金存入银行，不得坐支；周五、周六、周日三天的营收款于下周一分三笔存入银行，不得将三天营收款合并一笔存入；如酒店当日发生负封包，可与次日营业款合并解存银行；现金解款单于每周五前（除有特殊情况外）汇总快递给财务结算中心进行账务处理。

4. 支票收入管理

（1）驻店专员需确保客户房款已打款（或支票）入酒店银行账户，方可通知前台进行支票结账，不得出现未收到房费预先结支票的现象。

（2）驻店专员需在结完支票后详细记录该笔支票收入的来源：协议公司名称、到账日期、到账金额及结款金额，并及时将邮件发送至结算中心收入会计进行入账。

5. 转租收入管理

店长负责保管转租收入合同，应严格按照合同催收、缴存转租收入款，及时将银行回单快递至结算中心。

二、资产的管理

1. 固定资产的管理

（1）盘点时间。

固定资产每年6月30日盘点；新开酒店在运营宣布开业后的2个月内进行初次盘点。

（2）盘点流程。

在盘点前，酒店根据结算中心提供的固定资产明细表，编制固定资产盘点表并打印。

酒店应根据固定资产流程进行操作，在盘点结束后，参与盘点人员及店长在盘点表上签字确认，由店长负责将固定资产盘点表邮件发送至结算中心费用会计。

2. 固定资产盘点差异的处理

店长作为资产最终负责人负责按运营流程处理盘点中发现的差异，店长须在盘点后2个工作日内向上级主管经理汇报盘点差异及原因，并将邮件抄送给财务结算中心，上级主管经理复核差异后，报COO审批，并抄COO助理，COO助理须将COO批复后的邮件发给区域结算中心,并抄送店长备存;运营内部差异处理审批需在两周内完成,编制"盘点差异表"由店长签字确认后反馈给相关区域结算中心,如为资产租赁公司资产,则由区域结算中心汇总反馈给总部租赁公司会计。

结算中心或总账会计负责审核存货及固定资产"盘点差异表",并完成财务会计内部审批,将审批结果汇总报送报表部。

三、数据采集的管理

1. 数据上报的管理

(1) 驻店专员整理报销单据,并在 OA 中申请,经 OA 审批通过并完成付款后,在 OA 系统中打印付款单据,粘贴发票等相关附件,连同所有报销单据一起快递到结算中心。

(2) 费用区间:上月 26 日至本月 25 日,每年 1 月、12 月除外。

每年 1 月费用区间为 1 月 1 日至 1 月 25 日。

每年 12 月费用区间为 11 月 26 日至 12 月 31 日。

(3) 上报内容:月末数据采集表 1、月末数据采集表 2。

(4) 上报时点:每月 27 日之前,12 月为次年首月第 2 个工作日前上报。

对于月末数据采集表 1 中涉及的费用项目,如酒店未能在规定日期(每月 27 日之前)上报的,结算中心将根据酒店上月该项费用实际发生额计提入账;12 月除外。

(5) 酒店确保月末数据采集表中数据准确、及时、完整,经店长签字确认后,上报结算中心费用会计处。

(6) 将银行回单、银行对账单、报销单据、相关报表等财务资料及时正确地快递到结算中心,建议每周至少快递一次原始单据至结算中心,如结算中心有具体要求,请按要求执行。

2. 报表上报的管理

(1) 店长审核的财务报表具体有利润表、主营业务收入明细表、营业费用明细表、财务费用明细表、GOP 指标表。

(2) 每月财务结算中心上报报表之后,于次月 15 日之前将酒店报表邮件上报给酒店店长审阅,酒店店长在次月 20 日之前完成报表的审阅工作并以邮件形式回复,如有疑问可与结算中心沟通确认;结算中心在次月 20 日之前如未收到店长回复,视同店长审阅通过。

四、酒店税务管理

1. 开业前

(1) 拜访当地税务部门,了解酒店设立、税务登记证办理程序及相关政策。

(2) 了解当地税收优惠及减免等相关政策。

(3) 办理酒店税务登记证。

(4) 税收征收方式了解(核定征收、查账征收)。

2. 开业后

(1) 日常发票维护。

发票的申购、领用、注销。

发票保管在酒店驻店专员处,酒店驻店专员负责发票的收发存,发票收发都有记录,发票连号并按序发放，按序使用。作废的发票三联均写明"作废"或盖"作废"章。前台在领用发票时要签收，在发票使用完后前台操作人员凭已使用的发票的存根联去酒店驻店专员处领取空白发票。机打发票/定额发票（两联）：前台凭使用发票的存根联去酒店驻店专员处领取空白发票。机打发票（一联）：前台凭税控机内打印"发票汇总表"去酒店驻店专员处领取空白发票。

正确、规范地开具发票（开票日期正确、开票内容符合酒店经营范围、开票金额大小写正确等）；小商品销售应单独开具发票；如酒店被认定为增值税一般纳税人，则需按规定开具增值税发票。

发票的保管（不可外借发票）；注销的发票要妥善保管，以便备查；在购买新发票时，需按当地税务要求上缴旧发票核销后，方可进行新购。

(2) 酒店接到税务机关的任何通知（书面或口头）后，在2个工作日内书面通知结算中心财务经理及会计主管，抄送城区总经理，并且电话通知结算中心财务经理。

3. 税金申报事项

(1) 手工申报税金事项。

申报：结算中心收入会计指导酒店填写当月申报资料，酒店至税务大厅打印税单。

审批：酒店将当天打印的税单（含特殊情况下的空白税单）扫描邮件上报结算中心会计主管申请盖章审批，结算中心会计主管最晚下一个工作日之前完成审批，酒店收到审批邮件的当天打印审批邮件，并随同税单于当天快递给资金部加盖印鉴章。

盖章：资金部收到快递后根据结算中心审批邮件，完成盖章后最晚下一个工作日之前寄回酒店。

扣税：酒店在收到资金部寄回的税单后，在截至税金最后扣款日（含）的最后3个工作日内完成申报纳税。

(2) 网上申报税金事项。

收入会计查询酒店纳税户及基本户资金是否足额，在足额的情况下，按经会计主管审核后的税金进行申报；如纳税户及基本户资金不足，则提醒资金部及时调拨资金到账。

(3) 因各地税务规定的申报时间不一，请根据实际情况及时完成申报工作，规避相应税务风险。

(4) 结算中心需特别关注新店首次税金的OA付款申请，申请前请事先确认酒店是否开通网上申报缴纳税金功能，如尚未开通，按照手工申报税金流程操作指导酒店完成纳税申报。如遇不可自动扣款或网银付款，税务局要求只能以现金支付税金的，需在OA申请中将收款方选择店长备用金账户，并指导酒店现金缴税。

4. 印花税管理

(1) 印花税的缴纳及印花税票的粘贴工作需在应税凭证（如合同、账簿等）取得成立后1个月内完成。

(2) 房屋租赁合同由结算中心代为粘贴印花税票。

(3) 除"房屋租赁合同"以外的所有应税凭证，酒店根据当地税务规定的印花税税率自行购买印花税票进行粘贴。

(4) 印花税票应粘贴在应税凭证上，并由纳税人在每枚税票的骑缝处盖戳注销或者画销。已贴用的印花税票不得重用。应税凭证已贴满，可在该凭证上粘贴附页，并加盖骑缝章,印花税票可贴在附页上。如当地税务不提供印花税票,将完税凭证复印件粘贴在合同附页上。

五、印章管理

(1) 酒店公章由财务结算中心保管(新开酒店公章刻制完毕后需寄送结算中心保管),酒店参照《印章管理暂行规定》申请和使用公章。

(2) 若酒店借用酒店公章,则需审批至COO,注意审批邮件必须写明事由和归还日期,酒店需在到期归还日前及时归还公章。

六、其他相关管理工作

(1) 每月负责酒店个人所得税申报。

(2) 负责协调酒店与当地各级税务部门及财政部门之间的关系;协调酒店与各政府职能部门之间的关系。

(3) 积极配合财务部门的各项工作。

七、管理平台填写说明

(1) 所有直营成熟店(财务有利润表的第二个月)不再手工输入管理平台,实现从NC自动取数。

(2) 自动取数范围不包括以下两类直营酒店和特许店:①运营宣布开业,但财务未开业酒店。新店从运营宣布开业至取得营业执照第一个月都需手工录入管理平台;为与运营保持统一口径,所有当月25日以后开业的酒店,当月25日至月底的营收和相应成本费用也应填入管理平台。②财务开业(有利润表)当月的酒店。

以上两类酒店仍需要手工输入管理平台,故需区域财务经理在次月2日前将手工录入管理平台的清单发给财务会计部统计,以便技术部开通手工输入权限;输入规则不变,需等平台取数完成后再手工录入,在次月15日前完成录入及审核。

(3) 为防止手工修改权限失控,对手工修改管理平台做以下要求:①如确实需要手工修改管理平台数据的,请于每月2日前一并填入管理平台手工录入申请表中,并请详细写明原因。②待CFO审批同意后方可开通权限。

项目小结

本项目主要讲述了集团酒店财务的组织架构、目标意义、管控内容、运作方式等。希望能够帮助读者初步了解一下集团化酒店是如何设置和运转的,为将来从事相关行业岗位奠定一些基础理论知识,方便今后更好更快地融入集团化酒店运营体系。

思考与练习

一、填空题

1. 酒店集团即拥有( )的独立运作的酒店品牌,其与原始母公司在股权上是有血缘关系的。

2. 酒店集团为更好地控制和服务各子公司,会设立( )在各中心区域或城市。

3. 集团财务要监管并确保所有旗下酒店都能每天按时存入( ),并根据实际收入和系统账务数据对比，检查是否账实相符。

4. 要合理而不是过度控制（　　），一切要以基本达到客人满意为标准。
5. 成本控制讲究的是（　　），让企业健康成长，营养过剩和营养不良都是不可取的。
6. 预算是（　　）出来的战略方向，有预算就有目标，就有监视点，就能根据预算进行调整。
7. 财务后台部门不能一味关注（　　），要看该支出的成本费用是否实际支付。
8. 真正的管理行家一定是追求（　　）的"艺术家"，既能让投资人受益，又能让客户满意。
9. 财务结算中心是区域资金使用（　　），直接向集团总部报备。
10. 利润 =（　　）- 成本。

二、多项选择题

1. 月末结账工作：（　　）
A. 月末检查各项收入是否及时准确入账，确保 NC 账套收入与 PMS 收入的一致性。
B. 月末打印整月的营业收入日报表交费用会计，附在每月的凭证后。
C. 次月初及时从网上银行导出上月银行对账单并根据对账单负责编制银行余额调节表，交费用会计审核签字，会计主管复核签字。
D. 负责银行未达账、预收账款账户的跟踪清理。
E. 及时准确地完成酒店每月、每季、每年的纳税申报、汇算清缴申报工作。

2. 手工申报税金事项：（　　）
A. 申报：结算中心收入会计指导酒店填写当月申报资料，酒店至税务大厅打印税单。
B. 审批：酒店将当天打印的税单（含特殊情况的空白税单）扫描邮件上报结算中心会计主管申请盖章审批，结算中心会计主管最晚下一个工作日之前完成审批，酒店收到审批邮件的当天打印审批邮件，并随同税单当天快递给资金部加盖印鉴章。
C. 盖章：资金部收到快递后根据结算中心审批邮件，完成盖章后最晚下一个工作日之前寄回酒店。
D. 扣税：酒店在收到资金部寄回的税单后，在截至税金最后扣款日（含）的最后 3 个工作日内完成申报纳税。

3. 往来账务管理：（　　）
A. 管理往来账务，核对、分析账龄，对个人借款进行清理和催讨，并将对账单传真件归档保存。
B. 负责区域内酒店、集团内部、外部往来凭证的制单。
C. 进行应收款项的账龄分析。
D. 每年年末，应对于 3 年以上未付的应付款审核一次。确定是否还需支付，若已不需支付，则应转入营业外收入。

三、判断题

1. 审计分类：定期检查报告、不定期检查报告。（　　）
2. 审计频率：每半年一次；不定期突击审计的频率为每半年至少一次（根据实际情况增加）。（　　）
3. 审计期间：4月1日—9月30日；10月1日—次年3月31日。（　　）

4. 审计报告汇总上报时间：每年 5 月 31 日和 11 月 30 日（如遇周末，则提前到前一个工作日）。（　　）

四、简答题

请简述集团财务中心对集团发展的重要性。

参考答案

一、填空题

1. 三个或三个以上

2. 财务结算中心

3. 营业款

4. 成本

5. 控制比例

6. 预计和估算

7. 利润值和利润率

8. 合理利润

9. 管控枢纽

10. 收入

二、多项选择题

1. ABCDE　　2. ABCD　　3. ABCD

三、判断题

1. √　　2. √　　3. √　　4. √

四、简答题

关键点举例：

（1）财务中心是集团运营的"舵"，指引集团向正确的方向前进。

（2）财务中心可以第一时间检视集团资金运转情况，是运营一线的"眼"。

（3）财务中心提供的数据报表是企业调整战略战术的基础依据。

（4）没有财务中心的存在，集团和一线运营就失去了最重要的联系和互动。

（5）集团财务中心就像一个球队的"守门员"，是集团公司最重要的也是最后一道防线，不可或缺，无法取代。

参考文献

[1] 张宝学. 酒店业财务管理实务 [M]. 沈阳：辽宁教育出版社，2016.

[2] 孙坚. 经济型酒店职业经理人——财务篇 [D]. 上海：如家管理大学，2009.

参考文献

[1] 左桂谔. 酒店财务管理 [M]. 北京：北京大学出版社，2012.
[2] 章勇刚. 酒店财务管理 [M]. 北京：中国人民大学出版社，2014.
[3] 宋涛. 酒店财务管理 [M]. 武汉：华中科技大学出版社，2014.
[4] 张立俭，焦念涛，王光健. 酒店经理人财务管理 [M]. 北京：清华大学出版社，2013.
[5] 陈斯雯，雷雯雯. 新编现代酒店财务管理与成本控制实务大全 [M]. 北京：中国时代经济出版社，2013.
[6] 马桂顺. 酒店财务管理（第三版）[M]. 北京：清华大学出版社，2015.
[7] 周倩，杨富云. 酒店财务管理实务 [M]. 北京：清华大学出版社，北京交通大学出版社，2011.
[8] 科特. 饭店业管理会计（中文第二版）[M]. 徐虹，译. 北京：中国旅游出版社，2015.
[9] 盛锦春. 财务管理 [M]. 北京：北京邮电大学出版社，2015.
[10] 中国注册会计师协会. 财务成本管理 [M]. 北京：中国财政经济出版社，2016.
[11] 王兰会，孟庆华. 财务管理职位工作手册（第3版）[M]. 北京：人民邮电出版社，2012.
[12] 张宝学. 酒店业财务管理实务 [M]. 沈阳：辽宁教育出版社，2016.
[13] 孙坚. 经济型酒店职业经理人——财务篇 [D]. 上海：如家管理大学，2009.
[14] 滕晋. 酒店·餐饮服务业会计入门到精通 [M]. 北京：化学工业出版社，2016.
[15] 王兰会. 酒店财务部精细化管理与标准化服务 [M]. 北京：人民邮电出版社，2016.
[16] 陈安萍. 酒店财务管理实务 [M]. 北京：中国旅游出版社，2017.
[17] 章晓盛，黄丽丽. 新编酒店财务管理 [M]. 广州：广东旅游出版社，2004.